세 가지 어두운 성격 특질(Dark Triad)

민나 라인스(Minna Lyons) 저

이동귀 · 박종철 · 오현주 · 이나희 · 손하림 공역

박영story

역자 서문

영국 리버풀 대학교 심리학과 소속의 성격심리학 및 범죄심리학 연구자인 Minna Lyons의 저서 『The Dark Triad of Personality: Narcissism, Machiavellianism, and Psychopathy in Everyday Life』는 인간 성격의 어두운 측면을 탐구하는 책입니다. 그러나 이 책은 단순히 범죄자나 병리적 사례를 다루는 데 그치지 않습니다. 우리가 일상에서 마주하는 인간관계, 직장 생활, 리더십, 연애와 같은 장면 속에서 나르시시즘, 마키아벨리니즘, 사이코패시가 어떻게 드러나고 작동하는지를 생생하게 보여줍니다. 독자들은 이를 통해 인간의 어두운 성격이 어떻게 때로는 매력으로 비치기도 하고, 또 때로는 갈등과 상처의 근원이 되기도 하는지를 균형 있게 이해할 수 있을 것입니다. 이 책은 심리학을 전공하는 이들뿐 아니라, 인간관계와 행동의 복잡성을 더 깊이 이해하고 싶은 모든 독자에게 과학적 근거와 실용적 통찰을 동시에 제공합니다.

나르시시즘은 끝없는 인정 욕구를 동력으로 삼아 과시적 언행과 성취 과장을 통해 자신이 특별함을 증명하려 합니다. 이들은 늘 "내가 없었으면 어떻게 했겠어?"라거나 "이건 내가 이뤄낸 성과야."라는 식으로 말하며, 타인의 관심과 찬사를 독차지하려 합니다. 때로는 자신의 성취를 부풀리고, 다른 사람의 공로마저 자신에게 돌리며, 관심이 줄어드는 순간 불안과 분노를 느끼기도 합니다. 마키아벨리니즘은 차가운 계산과 전략적 조종으로 타인을 수단화하며, 권력과 성취를 위해 관계마저 거래처럼 다룹니다. 이들은 "사람은 믿는 게 아니라 활용하는 거야." 혹은 "결국 중요한 건 결과야."라는 말을 서슴없이 내뱉으며, 신뢰와 감정보다는 자신의 이익과 목적 달성에만 집중합니다. 상황을 분석하고 사람을 배치하며, 상대가 자신도 모르게 자신의 계획에 따라 움직이도록 만드는 데 능숙합니다. 반면 사이코패시는 충동과 자극 추구에 이끌려 죄책감 없이 타인의 고통을 무시하고 위험을 감수합니다. "재미있으면 되는 거 아니야?", "걸리지만 않으면 괜찮아."와 같은 말은 이들의 전형적인 사고방식을 잘 드러냅니다. 순간의 쾌락을 위해 규칙을 깨거나 위험한 행동을 선택하고도, 타인에게 끼친 피해에 대해 아무런 죄책감을 느끼지 못합니다. 오히려 위험과 혼란 속에서 짜릿함을 경험하며, 그 즉흥성과 무책임함은 주변 사람들에게 큰 상처를 남깁니다. 결국 나르시시스트는 칭송을, 마키아벨리언은 권력과 성취를, 사이코패스는 즉각적 자극을 중심에 두고 살아갑니다. 그들의 전형적인 말과 행동은 각자의 내적 동기를 적나라하게 드러내며, 이 차이가 인간관계의 방식과 삶의 궤적을 결정짓는 중요한 요인이 됩니다.

'연세대학교 상담심리연구실'에서는 내담자들과 함께하는 과정에서 역자들은 자주 이런 질문을 접하게 됩니다. "그 사람은 왜 그렇게 행동할까요? 도무지 이해가 안 됩니다. 같이 지내는 게 너무 힘들어요. 그런데도 쉽게 벗어나지 못하겠어요." 바로 이런 물음들이 이 책을 번역하게 된 계기였습니다. 갈등과 상처를 남기는 사람들의 행동 이면에는 어떤 성격적 특성이 자리하고 있을까요? 어두운 성격을 탐구하는 것은 단순히 '특이한 사람'을 이해하는 차원을 넘어, 우리가 일상에서 마주하는 인간관계의 본질을 더 깊이 들여다보고, 때로는 자기 자신을 비추는 거울이 되기도 합니다.

번역 과정은 순탄치 않았습니다. 여러 역자가 힘을 모았지만 코로나19 팬데믹과 각자의 삶의 과제가 겹쳐 작업이 지연되었고, 서로 다른 문투를 하나로 맞추는 일도 쉽지 않았습니다. 적절한 용어 선택을 두고 고심하며 직역과 의역 사이에서 균형을 찾고자 애썼으나, 부족한 점이 있다면 모두 역자들의 책임입니다. 그럼에도 묵묵히 기다려 주신 박영스토리 노현 대표님께 깊은 감사와 송구스러움을 전합니다.

이 책이 독자 여러분께 단순한 지식의 전달을 넘어, 인간의 복잡한 내면을 성찰하고 관계 속에서의 어려움을 새로운 시선으로 바라보는 계기가 되기를 바랍니다. 어두운 성격을 이해하는 것은 곧 인간을 더 입체적으로 이해하는 길이며, 그 안에서 우리는 더 나은 관계와 삶을 위한 통찰을 얻을 수 있을 것입니다.

2026년 1월
역자 일동

목차

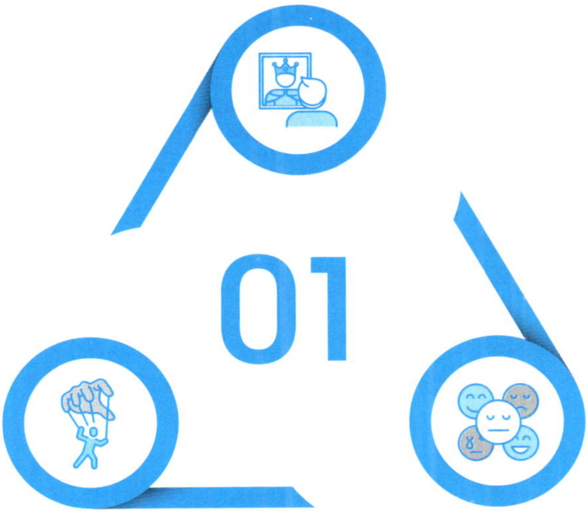

어두운 성격의 3요소 소개

The Dark Triad of Personality

제 1 장

어두운 성격의 3요소 소개

1.1 어두운 성격 3요소란?

> 바람둥이(노는 것을 즐기는)인 잭(Jack)/조디(Jodie)는 도박을 좋아하며, 동시에 여러 명의 이성과 연애하는 것을 즐긴다. 그/그녀는 세상과 사람들을 냉소적인 시각으로 바라본다. 잭/조디는 다른 사람들이 자신을 이용하기 전에 먼저 그들을 이용하는 것이 최선이라고 믿는다. 또한, 잭/조디는 자신이 어떤 일이든 잘 해내며, 따라서 인생에서 가장 좋은 것만을 누릴 자격이 있다고 생각한다. 그/그녀는 공감 능력이 거의 없으며, 타인을 자신의 목표 달성을 위한 도구로 대한다. 아울러 잭/조디는 모욕을 쉽게 느끼고, 일이 자신의 뜻대로 되지 않으면 복수를 갈망한다.

지금까지 이야기한 잭과 조디는 허구의 인물이지만, 우리 주변에서도 쉽게 찾아볼 수 있다. 이들은 악의적이고 전형적인 어두운 성격 3요소(Dark Triad of personality) 특성을 지닌 인물들이다. 지난 수십 년 동안, 연구자와 일반 대중 모두는 일상에서 마주치고 싶지 않은 이러한 사회적으로 혐오스러운 성격 특성에 관심을 가져왔다. 폴허스(Paulhus)와 윌리엄스(Williams)가 2002년에 처음 개념을 제안한 이후, 어두운 성격 3요소는 지금까지 수천 편의 학술 논문을 통해 집중적으로 연구되어 왔다. 의심할 여지 없이, 우리는 적대적이고, 이기적이며, 타인을 착취하는 성향을 가진 사람들에게 일종의 이상한 끌림을 느낀다. 심지어 이러한 사람들은 대중문화 속에서 존경의 대상으로 미화되기도 한다(Jonason, Webster, Schmitt, Li, & Crysel, 2012). 이 책은 그동안 축적된 방대한 연구들을 종합하여, 연애 관계에서부터 직장 내 행동에 이르기까지 일상생활에서 어두운 성격 3요소가 지니는 의미와 중요성을 최초로 체계적으로 평가하려는 시도이다.

마키아벨리니즘(Machiavellianism), 나르시시즘(Narcissism), 사이코패시(Psychopathy)로 구성되는 '어두운 성격 3요소'는 서로 겹치는 부분이 있지만 동시에 고유한 특성도 지니고 있다. 이 세 가지 특성은 공통적으로 조작, 냉담, 이기심을 핵심으로 한다(Jones & Figueredo, 2013). 또한 사회적 규범을 무시하는 성향을 보이며, 이는 거짓말, 속임수, 조작, 절도와 같은 사회적 일탈로 이어지곤 한다. 어두운 성격 성향이 강한 개인은 신뢰롭지 못하고 연인을 배려하지 않으며, 직장에서는 동료를 배신하고, 부모로서는 차갑고 통제적인 양육 방식을 보이기도 한다. 즉, 어두운 성격 3요소는 그 영향권 안에 있는 사람들에게 유해한 결과를 초래할 수 있다. 그러나 그렇다고 해서 이 성격의 특성이 전적으로 부정적인 것만은 아니다. 특히 자신에게 이익이 되는 상황에서는 어두운 성격 특성이 강한 사람도 충실한 친구, 유능한 리더, 그리고 영웅적인 보호자가 될 수 있음이 보고되었다(Hart, Richardson, & Tortoriello, 2018; Patton, Smith, & Lilienfeld, 2018; Smith, Hill, Wallace, Recendes, & Judge, 2018).

어두운 성격에는 해로운 핵심 요소뿐 아니라, 각기 독특한 특성들도 존재한다. 마키아벨리니즘은 자신의 이익을 위해 상황에 맞게 협력과 배신을 카멜레온처럼 유연하게 오가는 전략적 특성이 두드러진다. 흥미롭게도, 폴란드인을 대상으로 한 연구에서는 세 가지 특성 중 마키아벨리니즘만이 '유동 지능(fluid intelligence)'의 유의한 긍정적 예측변수로 나타났다(Kowalski 외, 2018). 요컨대, 마키아벨리니즘이 높은 사람은 개인적 이득을 위해 기회를 날카롭게 포착하며, 능숙하게 정치적 책략을 구사하는 인물이라 할 수 있다. 사이코패시는 충동성, 무모한 위험 감수, 그리고 타인에 대한 극히 얕은 공감을 특징으로 한다. 이들은 마키아벨리니즘 성향이 강한 사람보다 행동이 덜 유연하고, 더 즉흥적이며 기회주의적인 면을 보인다. 나르시시즘은 허영심과 웅대함, 그리고 과장된 자기평가로 특징지어진다. 나르시시즘이 높은 사람은 자신이 다른 사람들보다 뛰어난 능력을 가지고 있다고 믿지만, 이러한 믿음은 대체로 현실에 기반하지 않는다. 세 가지 어두운 성격 특성 모두 결국은 이기적 행동과 타인에 대한 배려 부족으로 인해 역기능적 대인관계와 밀접히 연결된다. 이 책의 제4장에서는 연애 관계에서의 어두운 성격 3요소 특성을, 제5장에서는 친구 관계와 우정 네트워크 속 어두운 성격 특성을 다룬다. 반면, 가족 내에서의 영향, 특히 어두운 성격을 지닌 부모가 자녀에게 미치는 영향에 대한 연구는 아직 부족하다. 따라서 본 장의 후반부에서는 어두운 성격 3요소의 기원(병인, etiology) 논의의 일부로서 양육과 가족에 대한 영향을 간략히 다룰 것이다.

임상 표본을 이용한 성격장애 연구에서는 특히 '사이코패시(psychopathy)'와 '나르시시즘(narcissism)'이 주로 다루어져 왔다. 이러한 연구에 참여하는 대상은 성격장애 진단을 받은 뒤 임상 시설이나 법의학(forensic) 시설의 감독과 치료를 받고 있는 사람들이다. 반면, 준임상(subclinical) 혹은 비임상(nonclinical) 집단을 대상으로 한 연구에서는 지역사회 일반인, 대학생, 다양한 인터넷 표본 등이 활용된다. 이러한 집단에서는 어두운 성격 3요소를 "정상"과 "비정상"으로 구분하지 않고, 하나의 '연속적 차원(continuum)'으로 간주하여 연구가 진행된다. 이 책의 제2장에서는 임상적 틀 안에서의 어두운 성격 3요소에 대한 개요를 다루고, 제3장에서는 법의학적 관점에서 어두운 성격 3요소의 함의를 논의할 것이다.

대부분의 성격 연구에서는 어두운 성격 3요소 설문 점수가 연속적인 분포를 보이며, 이는 다른 관심 변수들의 연속 분포와 상관관계를 이룬다. 지금까지 어두운 성격 3요소는 수천 편의 연구를 통해 광범위하게 탐구되어 왔으며, 그 과정에서 범죄, 괴롭힘, 위험 감수, 속임수, 다양한 짝짓기 행동, 도덕성, 인종차별, 공감, 험담, 내부감각수용 인식(interoceptive awareness), 크로노타입(chronotype, 역자주: 생체시계 성향), 사회 인지 등 수많은 개인 내적 또는 대인관계적 변수들과의 관련성이 밝혀졌다. 이와 같은 관련 변수의 목록은 끝없이 이어진다고 해도 과언이 아니다. 이 책에서는 특히 제6장에서 '직장 내 행동'을 중점적으로 다루고, 제7장에서는 급속히 발전하고 있는 연구 분야인 '사이버 세계에서의 어두운 성격 3요소'

를 상세히 설명하고자 한다.

임상심리학과 정신의학에서 사용하는 용어는 성격심리학 연구에서 사용하는 용어와 다소 차이가 있다. 임상 연구에서는 흔히 '진단 범주'를 활용하기 때문에 개인을 '나르시시스트(narcissists)' 혹은 '사이코패스(psychopaths)'라고 지칭한다. 이러한 용어는 사람들을 엄격히 다른 범주로 구분한다는 함의를 담고 있으며, 정상과 비정상을 나누기 위해 임의적 기준값에 의존한다. 반면 성격 연구에서는 이러한 용어 사용을 지양하고, 대신 '자기애적(narcissistic)', '사이코패스적(psychopathic)'이라고 하거나, 더 일반적으로는 '나르시시즘이나 사이코패시 특질이 높다/낮다'라고 표현한다. 따라서 이 책 전반에 걸쳐서는 진단 범주적 용어보다는 성격 연구적 용어를 중심으로 사용할 것이다.

비록 어두운 성격 3요소는 일반적으로 개인의 기질적이고 안정적인 특징으로 개념화되지만, 일부 연구에서는 특히 나르시시즘의 경우 환경적 상황이 그 특성 발현에 영향을 줄 수 있음을 보여준다. 예를 들어, 나르시시즘 수준은 실험적으로 일정 부분 조작 가능하다. 연구참가자들에게 자신의 성취에 대해 생각하게 하거나(Sakellaropoulo & Baldwin, 2007), 스스로를 왕자나 공주라고 상상하게 하는 것(Li 외, 2016)만으로도 나르시시즘이 높아질 수 있다. 지아코민(Giacomin)과 조던(Jordan)(2016)은 다이어리 연구(diary study)를 통해 나르시시즘이 일상에서 어떻게 변동하는지를 조사했다. 그 결과, 스트레스를 받을 때 나르시시즘이 낮아지고, 반대로 타인에 대한 권력 행사나 긍정적인 행동을 했을 때 나르시시즘이 증가하는 것으로 나타났다. 이는 피프(Piff, 2014)의 연구와도 일치하는데, 그는 부유한 사람들이 일반적으로 더 자기애적이지만, 평등주의(모든 사람이 동등하다는 신념)의 이점을 떠올리게 하면 나르시시즘 수준이 감소한다고 보고했다. 따라서 개인마다 나르시시즘의 기본 수준은 다르지만, 나르시시즘은 상황에 따라 변동할 수 있는 일시적 상태로도 이해될 수 있다. 한편, 마키아벨리니즘과 사이코패시의 안정성은 상대적으로 연구가 부족하다. 횡단연구 결과에 따르면 이 두 성향의 설문 점수는 나이가 들면서 감소하는 경향이 있으나, 이는 종단연구가 아닌 횡단연구에 기반한 것이다. 현재까지 알려진 바로는 마키아벨리니즘이나 사이코패시 수준을 실험적으로 조작한 연구는 보고되지 않았다.

세 가지 어두운 성격 특질의 정확한 본질과 그들 간의 상호 관계에 대해서는 여전히 논쟁과 논의가 이어지고 있다. 일부 연구자들은 나르시시즘은 다른 두 특성과 구별되며, 마키아벨리니즘과 사이코패시가 '어두운 한쌍'을 형성해야 한다고 제안해 왔다(Egan, Chan, & Shorter, 2014; Rogoza & Cieciuch, 2018; Vize, Lynam, Collison, & Miller, 2018). 실제로, 91편의 연구 논문을 메타분석한 결과, 사이코패시와 마키아벨리니즘은 나르시시즘보다 서로 더 높은 상관관계를 보였으며(Muris, Merckelbach, Otgaar, & Meijer, 2017), 마키아벨리니즘 척도는 사이코패시의 대체 측정 도구로 고려될 수 있다는 주장도 제기되었다(Vize, Lynam, 외, 2018). 또한, 버틀(Bertl), 피에츠니히(Pietschnig), 트란(Tran), 스티거(Stieger) 및 보라체크(Voracek)(2017)는 2,000명 이상의 지역사회 표본을 대상으로 널리 사용되는 어두운 성격 3요소 측정 도구의 요인 구조를 분석한 결과, 어두운 성격 3요소는 세 가지 독립된 특성이라기보다는 하나의 단일 특성으로 이해하는 것이 더 적절하다고 결론지었다. 그러나 동시에 많은 연구들은 세 가지 특성이 심리사회적 변수들과는 서로 다르게 연관된다는 사실을 보여주었고, 따라서 이들 세 특성을 함께 연구하는 것이 여전히 유용하다는 점도 강조된다.

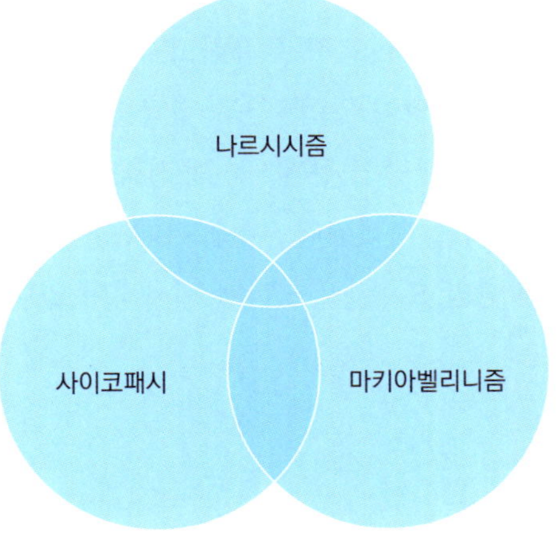

그림 1.1 어두운 성격 3요소 변인 간의 관계를 개괄적으로 보여주는 도식

[그림 1.1]은 세 가지 어두운 성격 특질 간의 관계를 보여준다. 가운데의 더 짙은 색 영역은 세 가지 특질 전체와 개별 특질들 사이에서 공유되는 분산의 비율을 나타낸다. 세 원이 모두 만나는 중앙의 작은 부분은 세 특질 간의 공유 분산을 의미한다. 연구에 따르면, 사이코패시와 마키아벨리니즘은 서로 더 많은 특징을 공유하며, 이 두 특질은 나르시시즘과 공유하는 특징보다 훨씬 더 밀접하게 연관되어 있다. 반면, 가장 낮은 상관관계는 마키아벨리니즘과 나르시시즘 사이에서 발견되었다(Furnham, Richards, & Paulhus, 2013).

다음 절에서 논의하겠지만, 세 가지 특질은 각기 다른 행동들과 서로 다른 상관관계를 보인다. 따라서 연구를 진행할 때 어두운 성격 3요소를 하나의 단일 측정치로 다루기보다는, 각 특질을 별도로 분석하는 것이 더 유용하다. 이전 연구에서는 어두운 성격 3요소와 특정 행동 간의 교차 상관 분석을 실시한 뒤, 세 특질을 동시에 예측변수로 투입하여 공유 분산을 통제하는 회귀분석을 활용해왔다. 이러한 접근은 연구자가 각 특질이 특정 행동에 기여하는 고유한 영향을 확인할 수 있도록 해준다(그러나 이러한 방법론에 대한 주의점은 Vize, Collison, Miller 및 Lynam(2018)의 연구 참조).

지난 수십 년간 수천 편의 연구가 발표되었음에도 불구하고, 여전히 몇 가지 주목할 만한 제한점이 존재하며 이는 [표 1.1]에 요약되어 있다. 전반적으로 대부분의 연구는 서구 문화권에서 비교적 부유하고 교육 수준이 높은 참가자들을 대상으로 한 설문 연구에 치중되어 있어, 연구 결과를 모든 사람들에게 일반화하기 어렵다. 또한, 설문 도구의 타당성 문제, 분석 전략의 한계, 연구 결과의 반복 검증 부족 역시 중요한 문제로 지적된다. 이에 더해, 향후 연구에서 이러한 제한점을 보완하기 위한 개선 방안 또한 [표 1.1]에 제시되어 있다.

표 1.1 어두운 성격 3요소 연구의 제한점 및 제안

비평	내용	문제	대안
표본의 특징	대부분의 연구들이 서양문화권의 부유하며 교육수준이 높은 참여자들을 연구대상으로 한다.	어두운 성격 3요소 특유의 보편적/맥락적 특성 및 관련 행동에 대한 지식이 부족하다.	다양한 문화권의 저소득층부터 초고소득층까지 포함한 모든 사회경제적 계층의 사람들을 대상으로 연구를 수행한다.
횡단 설문조사 연구에 편중	대부분의 연구들이 상관관계를 확인하는 횡단연구 디자인을 활용한다.	인과관계를 확립하기 어렵고, 실험통제 및 생태학적 타당성이 부족하다.	실험연구, 관찰 및 심층면담을 포함하도록 연구 방법론을 확장한다.
반복검증의 부족	연구자들은 기존 연구를 반복 검증하기보다 새로운 아이디어에 중점을 둔다.	작위 가공품인가, 아니면 또 다른 것인가?	이전에 참여하지 않았던 연구자들이 기존 연구를 체계적으로 반복검증해본다.
가설을 사후에 설정/통계적 유의성 조작	연구자들은 유의미한 연구결과를 찾거나 자신의 가설을 증명하기 위해서 데이터를 샅샅이 뒤진다.	유의미하지 않은 관계는 보고되지 않는다.	연구와 가설을 사전에 설정한다.
어두운 성격 3요소의 다차원적인 특징을 도외시	어두운 성격 3요소를 하나의 종합점수로 단정짓거나, 어두운 성격 3요소의 개별 특질을 단일차원의 구성개념으로 보고 연구를 수행한다.	어두운 성격 3요소의 이질성이 무시된다.	어두운 성격 3요소의 다차원적인 특성을 조사할 수 있는 더 긴 측정도구를 사용한다.
구성개념과 측정도구의 융합/ "징글오류 (jingle fallacy)"*	설문조사도구가 어두운 성격 3요소의 특질을 대표하는 것으로 측정도구의 타당성에 지나치게 의존한다. 서로 다른 2개의 측정도구가 똑같은 구성개념을 평가한다고 믿는다.	설문조사도구의 타당도가 충분하지 않을 수도 있고, 특질의 다차원적인 특성을 반영하지 못할 수도 있다.	훌륭한 표준이 되는 측정도구를 사용하여 우선순위를 정하고, 특질들을 연구하는 데 여러 가지 측정도구를 사용한다.

각 특질 간 공분산을 분할하는 분석전략	각 특질 간 공분산을 통계적으로 통제하고 각각의 고유한 특성이 결과변인에 미치는 영향력을 확인하기 위해 다중회기분석을 사용한다.	공분산을 통제한 후의 결과값이 어두운 성격 3요소의 어떤 특성을 나타내는 것인지 확실하지 않다(예: 마키아벨리니즘의 경우 사이코패스 특성을 통제하기 전/후의 특징이 서로 다르다).	0차(zero-order) 분석 전략을 사용한다(예: 각각의 어두운 성격 3요소의 특성과 결과 간의 상관분석을 한 다음, 각 상관의 강도를 비교한다).

* 서로 다른 두 개념을 이름이 같기 때문에 동일할 것이라고 가정하는 오류

출처: Asendorpf, J. B., Conner, M., De Fruyt, F., De Houwer, J., Denissen, J. J., Fiedler, K., & Wicherts, J. M. (2013). Recommendations for increasing replicability in psychology. *European Journal of Personality, 27*(2), 108-119.

Henrich, J., Heine, S. J., & Norenzayan, A. (2010). The weirdest people in the world?. *Behavioral and Brain Sciences, 33*, 61-83.

Vize, C. E., Collison, K. L., Miller, J. D., & Lynam, D. R. (2018). Examining the effects of controlling for shared variance among the dark triad using meta-analytic structural equation modelling. *European Journal of Personality, 32*(1), 46-61.

Watts, A. L., Waldman, I. D., Smith, S. F., Poore, H. E., & Lilienfeld, S. O. (2017). The nature and correlates of the dark triad: The answers depend on the questions. *Journal of Abnormal Psychology, 126*(7), 951-968.

1.1.1 마키아벨리니즘

마키아벨리니즘은 1970년 크리스티(Christie)와 가이즈(Geis)가 출간한 「마키아벨리니즘 연구(Studies in Machiavellianism)」 이후 사회 및 성격심리학 분야에서 활발히 연구되어 온 개념이다. 이 용어는 16세기 철학자이자 외교관, 정치이론가인 니콜로 마키아벨리(Niccolò Machiavelli)에서 유래했으며, 그는 지도자들에게 목표 달성을 위해 기만적 전술을 사용할 것을 조언했다. [그림 1.2]는 16세기 중반 산티 디 티토(Santi di Tito)가 그린 마키아벨리의 초상화이다.

“군주론”(“Il Principe”)에서 마키아벨리는 “범죄적 덕목에 의한 정복(conquest by criminal virtue)”을 논의하며, 군주가 더 큰 권력을 얻기 위해서는 잔혹한 행위(예: 경쟁자 처형)의 비용과 이익을 계산하는 것이 현명하다고 조언했다. 그의 유명한 말 가운데 하나로, 마키아벨리는 군주에게 이렇게 권고했다. “… 자비롭고, 약속을 잘 지키며, 속임수를 쓰지 않고, 신앙심 깊은 것처럼 보이도록 하라. 실제로 군주는 그러해야 한다. 그러나 필요하다면 그 반대로 행동할 수 있도록 성향을 지

녀야 하며, 그 방법을 알고 있어야 한다." 이 인용문을 통해 알 수 있는 것은 마키아벨리즘의 성격소유자는 자신의 목표를 달성하기 위해 유연하게 전략적 조작을 일삼는 행동을 한다는 것이다.

그림 1.2 산티 디 티토(Santi di Tito)가 그린 16세기 초상화(Wikimedia Commons 라이선스 사용 허가에 따름)

실제로 마키아벨리니즘 척도에서 높은 점수를 받은 개인(소위 High-Machs)은 사회적 맥락에 민감하게 반응하며, 필요에 따라 협력 전략과 경쟁 전략을 자유롭게 전환한다(Czibor & Bereczkei, 2012). 마키아벨리니즘 성향이 강한 사람들은 정서적 조작을 사용하는 경향이 있다. 예컨대 두 사람을 서로 경쟁하게 만들거나, 호감을 얻기 위해 칭찬을 하거나, 정서적 기술을 활용해 상대에게 죄책감을 느끼게 만드는 방식이다(Austin, Farrelly, Black, & Moore, 2007). 따라서 이러한 성향을 가진 개인이 마케팅, 비즈니스, 영업과 같은 분야에서 성공을 거두는 것은 놀라운 일이 아니다. 이들 분야에서는 냉철한 의사결정과 전략적 조작 능력이 경력 발전에 중요한 역할을 하기 때문이다.

마키아벨리니즘이 정확히 어떤 특성을 포함하는지에 대해서는 여전히 혼란이 있으며, 이론적 기반도 명확하지 않다(Rauthmann, 2013). 일부 연구자들은 마키아벨리니즘이 사이코패시와 질적으로 구별되지 않으며, 단지 심각성의 정도만 다를 뿐 사이코패시의 준임상적 특성일 수 있다고 주장해 왔다(Mealey, 1995). 그러나 다수의 연구들은 마키아벨리니즘과 사이코패시 간의 뚜렷한 차이를 보고하며, 두 특성을 별개의 성격 특성으로 다루는 것이 더 적절하다고 제안한다. 또한, 마키아벨리니즘은 단일하고 일차원적인 성격 특성이 아니라, 서로 연관된 여러 하위 요인으로 구성되어 있을 가능성도 제기된다. 예컨대 크리스티(Christie)와 가이즈(Geis)(1970)는 마키아벨리니즘이 대인관계에서의 조작적 전술과 인간 본성에 대한 냉소적 관점이라는 두 가지 요소로 구성된다고 보았다. 이러한 구분은 최근 대규모 교차문화 연구에서도 확인되었으며, 특히 조작적 전술 요인은 사이코패시와 관련이 있었으나, 냉소적 관점 요인은 관련이 없다는 결과가 나타났다(Monaghan, Bizumic, & Sellbom, 2018). 그럼에도 불구하고, 지금까지의 많은 어두운 성격 3요소 연구는 마키아벨리니즘을 단일 특질로만 다루어 실제 행동과 타인 인식 간 차이를 충분히 드러내지 못했을 가능성이 있다.

1.1.2 나르시시즘

나르시시즘은 임상, 법의학, 성격 연구 문헌에서 폭넓게 다루어져 온 개념이다. 나르시시즘 성향이 강한 사람들은 허영심이 많고 웅대한 성격적 특질을 지닌다. 그들은 자신이 누구보다도 뛰어나다는 인식 때문에 남들보다 더 많은 것을 받을 자격이 있다고 믿으며, 강한 특권 의식을 보인다. '나르시시즘(narcissism)'이라는 용어는 그리스 신화 속 나르시스(Narcissus)의 이야기에서 비롯되었다. 그는 물에 비친 자신의 모습에 반해 스스로와 사랑에 빠진 젊은 청년으로 묘사된다. 심리학 문헌에서 이 개념은 정신분석학적 흐름 속에서 주목을 받았으며, 특히 지그문트 프로이트(Sigmund Freud)가 1914년에 발표한 에세이 〈나르시시즘에 대하여(On Narcissism)〉를 통해 널리 알려지게 되었다.

키스 캠벨(Keith Campbell)과 동료들(2011)은 나르시시즘을 자기, 대인관계, 자기조절 전략의 세 가지 관점에서 살펴보는 것이 유용하다고 제안하였다. 첫째, 나르시시스트의 자기관점은 자신이 독특하고 특별하다는 인식으로 특징지어진다. 이러한 자기관점은 강한 특권의식과 타인을 지배하려는 의지와 밀접하게 연결되어 있다. 둘째, 자신을 특별한 존재로 여기는 인식 때문에, 나르시시즘이 높은 사람들의 대인관계는 타인에 대한 공감 능력이 낮고 피상적이며 착취적인 특성을 보인다. 이들은 타인을 목표 달성을 위한 도구로 활용하기 때문이다. 셋째, 나르시시스트들은 웅대한 자기상을 유지하기 위해 다양한 자기조절 전략을 사용한다. 그들은 끊임없이 관심과 칭찬을 갈망하고, 타인의 업적에 편승하며, 자신을 모든 것의 중심에 두려 한다. 이러한 전략들이 좌절될 경우, 나르시시스트는 공격적이거나 복수심에 찬 반응을 보일 수 있다. 반대로 전략이 성공할 경우, 이들은 강한 보람을 느끼며 때로는 인생에서 큰 성취를 이룬 것처럼 여길 수 있다.

나르시시즘은 수년에 걸쳐 다양한 방식으로 개념화되어 왔으며, 이는 부분적으로 어떤 측정 도구를 사용했는가에 따라 달라졌다. 예를 들어, 밀러(Miller) 외(2011)가 제안한 구분에 따르면, 나르시시즘은 웅대한(grandiose) 나르시시즘과 취약한(vulnerable) 나르시시즘이라는 두 가지 뚜렷한 유형으로 나눌 수 있다. 웅대한 나르시시즘 수준이 높은 사람들은 대체로 높은 자존감을 보유하며, 대인관계에서 공격적이고, 강압적이며, 지배적인 스타일을 보인다. 반대로 취약한 나르시시즘 수준이 높은 사람들은 불안감과 열등감을 내면에 가지고 있으며, 이를 스스로와 타인으로부터 숨기기 위해 과장되고 웅대한 태도로 자신을 위장하려 한다. 결과적으로, 지배적이고 웅대한 나르시시즘 성향을 지닌 사람들이 취약한 나르시시스트들보다 사회적·심리적으로 더 잘 적응하는 경향을 보인다.

실제로 나르시시즘의 여러 측면은 리더십, 카리스마, 지배 의지와 관련이 있으며, 이는 적어도 일시적인 경력 성공으로 이어질 수 있다. 예를 들어, 미국 대통령들의 업적을 분석한 결과, 웅대한 나르시시즘(취약한 나르시시즘은 아님)의 특성을 가진 것으로 인식되는 대통령들이 위기관리, 대중적 인기, 정책 수립의 수에서 더 성공적인 프로필을 보인 것으로 보고되었다(Watts 외, 2013). 하지만 연구자들은 동시에, 이러한 대통령들이 유해하고 비윤리적인 의사결정에도 관여한 바 있음을 지적하며, 나르시시즘이 가진 '양날의 검' 효과에 대해 경고하였다. 어두운 성격 3요소와 직업적 성공의 관계에 대해서는 제6장에서 더 자세히 살펴볼 것이다.

나르시시즘은 임상적 구성 개념인 '자기애성 성격장애(Narcissistic Personality Disorder, NPD)'로도 널리 연구되어 왔다. 이 진단적 꼬리표가 붙은 사람들 가운데는 범죄를 저지른 경우가 많으며, 정신질환이라는 진단은 개인이 사회적으로 용인되는 규범을 따르지 못한 이유를 어느 정도 설명하는 기능을 한다. 반면, 어두운 성격 3요소 연구는 범주적 질병 진단에는 관심이 없으며, 나르시시즘을 비롯한 성격 특성을 '연속적 차원'으로 탐구하는 데 초점을 둔다. 진화론적 관점을 지닌 연구자들은 이러한 연속체를 적응적 특성으로 보며, 나르시시즘 수준이 높은 사람들은 번식적 성공 가능성이 더 높을 수 있다고 주장한다. 이처럼 성격심리학과 임상 문헌은 나르시시즘을 바라보는 시각이 상당히 다르며, 이에 대해서는 다음 장에서 더 자세히 살펴볼 것이다.

나르시시즘은 비교적 안정적인 성격 특성으로 개념화되어 왔지만, 지난 40여 년간 세대를 거치며 지속적으로 증가하고 있다는 '나르시시즘의 확산(narcissism epidemic)' 현상이 보고되어 왔다. 진 트웬지(Jean Twenge)와 키스 캠벨(Keith Campbell, 2009)에 따르면, 특히 미국의 젊은 대학생들이 이전 세대보다 나르시시즘 측정 점수에서 더 높은 수준을 보였다. 실제로 일부 변화는 짧은 기간(예: 2002~2007) 동안 급격하게 발생했으며, 이는 미국 내 다양한 인종 집단에서도 확인되었다(Twenge & Foster, 2008). 또한, 나르시시즘의 확산은 전통적으로 집단주의 문화를 보이는 국가들에서도 나타나는데, 중국의 사례가 대표적이다(Cai, Kwan, & Sedikides, 2012). 이러한 현상의 원인에 대해서는 여전히 논쟁이 있으나, 연구자들은 소비자 중심주의의 확대, 부의 증가, 미디어와 유명 인사 노출, 소셜 미디어 사용 등을 주요 요인으로 제시한다. 결과적으로, 이기심과 허영심의 증대는 노래 가사, 문학 등 일상생활의 다양한 영역에서도 반영되고 있음을 알 수 있다.

그러나 나르시시즘 확산에 대한 주장에는 상반된 증거도 존재한다는 점을 유념할 필요가 있다. 베첼(Wetzel) 외(2017)는 1990년대, 2000년대, 2010년대에 걸친 대규모 코호트 자료를 분석하면서, 세대별 집단이 '자기애성 성격 검사(Narcissistic Personality Inventory, NPI)' 문항을 서로 다르게 해석했을 가능성을 제시했다. 이러한 '측정 비동등성(measurement nonequivalence)'을 통계 분석에 반영했을 때, 나르시시즘의 일부 측면(예: 리더십, 허영심, 특권 의식)은 세대가 지날수록 오히려 감소하는 양상을 보이기도 했다. 따라서 나르시시즘의 세대 간 증가, 즉 '나르시시즘 유행'에 대한 주장은 보다 신중하게 해석될 필요가 있다.

1.1.3 사이코패시

사이코패시(사이코패스 성향)는 어두운 성격 3요소 중에서도 아마 '가장 어두운(가장 위험한)' 특성일 것이다. 사이코패시는 다른 두 특성보다 타인에 대한 무시와 더 강하게 연관되며, 괴롭힘(Baughman, Dearing, Giammarco, & Vernon, 2012)이나 사디즘(가학증, Carton & Egan, 2017)과 같은 파괴적인 대인관계 행동으로 나타난다. 타인에 대한 무시는 특히 범죄 맥락에서 중요하다. 사이코패시 성향이 강한 사람들은 경범죄(예: 기회를 틈탄 상점 절도; Lyons & Jonason, 2015)에서부터 만성적인 범죄 생활(투옥과 높은 재범률로 이어짐)에 이르기까지 다양한 범죄 활동을 보일 가능성이 높다.

일탈 행동을 보이고 타인을 무시하는 사람들은 오래전부터 존재해 왔다. 사이코패시는 아마도 1800년대에 필리프 피넬(Philippe Pinel)에 의해 심리학의 맥락에서 처음 언급되었는데, 그는 "망상 없는 광기(mania without delirium)"라는 용어를 사용하여 인지적 장애의 명확한 징후는 없지만 도덕적으로 의심스럽고 일탈적인 행동을 보이는 사람들을 설명했다. 클렉클리(Cleckley)는 1941년에 『정상인의 가면(The Mask of Sanity)』을 출간했으며, 이는 사이코패스 성격에 관한 사례 연구를 정리한 역사적 이정표가 되었다. 클렉클리는 저서에서 사이코패스가 자신의 정신적 문제를 감추고 겉으로는 정상적으로 기능하는 사람처럼 위장하는 능력을 지니고 있다고 논의하였다. 사이코패시는 다른 문화에서도 인식되어 왔다. 인류학자 제인 머피(Jane M. Murphy, 1976)는 베링해협의 이누이트 사람들을 연구했는데, 이들은 거짓말을 하고, 속이고, 훔치고, 여성을 성적으로 이용하며, 처벌에 전혀 신경 쓰지 않는 남성들을 '쿤랑에타(kunlangeta)'라고 불렀다. 이누이트족은 이러한 사회적으로 일탈적인 개인들을 조용히 얼음 밖으로 밀어내는 방식으로 처리했다고 전해진다.

사이코패시는 단일 요소로 구성된 개념이 아닐 가능성이 높으며, 여러 하위 구성 요소로 이루어져 있을 수 있다. 사이코패시의 요인이 무엇인지에 대해서는 여전히 논쟁이 이어지고 있다. 사이코패시를 평가하는 척도에 따라 연구 결과가 달라지는 경우가 많다. 이론적·실증적 증거들은 4요인, 3요인, 2요인 모델을 제안해 왔다. 예를 들어, 삼원 모델(triarchic model)에 따르면 사이코패시는 대담성(boldness), 비열성(meanness), 탈억제(disinhibition)로 구성된다(Patrick, Fowles, & Krueger, 2009). 2요인 모델에서는 사이코패시를 1차 사이코패시(요인 1)와 2차 사이코패시(요인 2)로 구분한다. 1차 사이코패시는 냉담함과 무정한 조작과 같은 대인관계적·정서적 요인과 관련이 있는 반면, 2차 사이코패시는 더 위험하고 충동적인 행동과 관련된다. 1차 사이코패시는 죄책감과 공감 능력이 낮다는 점에서 사회에서 권력을 얻는 중요한 도구가 될 수 있어 "성공한" 사이코패시라고 불리기도 한다. 반면 2차 사이코패시는 "성공적이지 않은" 측면으로, 정치적 성공보다는 범죄와 투옥으로 이어질 가능성이 크다.

1.2 어두운 성격 3요소와 다른 성격 특성과의 관계

어두운 성격 3요소가 성격 5요인 모델(Big Five, Five-Factor Model, FFM)과 성격 6요인 모델(Big Six, HEXACO model: 성격 5요인 모델에 정직-겸손(Honesty-Humility)을 추가한 것)과 같은 다른 성격 모델과 어떤 관련성을 가지는지를 밝히기 위한 연구가 많이 진행되어 왔다. 어두운 성격 3요소가 설득력 있는 구성 개념이 되기 위해서는, 이 특성들이 다른 성격 특성과 뚜렷하게 구별되어야 한다.

간단히 살펴보면, 성격 5요인 모델(FFM)은 개방성(openness), 성실성(conscientiousness), 외향성(extraversion), 우호성(agreeableness), 신경증(neuroticism)의 다섯 가지 안정적인 성격 특성으로 구성되어 있다. 개방성이 높은 사람은 창의성이 풍부하고 호기심이 많으며, 모험과 새로운 경험에 적극적이다. 반대로 개방성이 낮은 사람은 더 관습적이고 일상적인 것을 선호하며, 시야를 넓히는 데에 큰 관심을 두지 않는다. 성실성이 높은 사람은 조직적이고, 신뢰할 수 있으며, 자기관리가 철저하다. 반면 성실성이 낮은 사람은 부주의하고, 정돈이 잘 되지 않으며, 신뢰성이 낮다. 외향성이 높은 사람은 다른 사람들을 만나는 것에서 활력을 얻으며, 대체로 긍정적이고 활기차며, 말이 많은 편이다. 외향성이 낮은 사람은 혼자 있는 것을 선호하고, 사회적 상황에서 더 수줍고 내성적인 모습을 보인다. 우호성이 높은 사람은 따뜻하고, 인정이 많으며, 타인에게 도움을 주려는 성향이 강하다. 우호성이 낮은 사람은 상대적으로 더 적대적이고, 협조적이지 않은 경향을 보인다. 신경증이 높은 사람은 불안감을 자주 경험하고, 부정적인 감정을 더 강하게 느낀다. 반대로 신경증이 낮고 정서적 안정성이 높은 사람은 차분하고 안정적이며, 쉽게 걱정하지 않는다. 성격 6요인 모델(HEXACO)은 성격 5요인 모델에 정직-겸손을 추가한 것이다. 정직-겸손 수준이 높은 사람은 성실하고, 공정하며, 겸손하다. 이와 반대로 정직-겸손 수준이 낮은 사람은 정직하지 않고, 거만하며, 불공정한 성향을 보인다.

성격 5요인 모델과 성격 6요인 모델은 지난 수십 년 동안 가장 많이 연구된 성격 패러다임 중 하나이며, 어두운 성격 3요소 역시 상당한 연구의 주제가 되어왔다. 안타깝게도 연구 결과는 연구마다 항상 일관되지 않았는데, 이는 부분적으로 연구에서 사용된 설문지의 차이 때문일 수 있다(Vize, Lynam, 외, 2018). 예를 들어, 일부 연구에서는 어두운 성격 3요소가 모두 낮은 우호성과 관련이 있음을 발견했으며, 이는 어두운 성격 성향이 강한 사람들이 비우호적이고 냉담하며 논쟁적일 수 있음을 시사한다(Jakobwitz & Egan, 2006; Paulhus & Williams, 2002). 그러나 다른 연구에서는 마키아벨리니즘과 사이코패시만이 낮은 우호성과 관련이 있는 것으로 나타났다(Lee & Ashton, 2005). 성격 5요인 모델과 어두운 성격 3요소의 상관을 다룬 22개 연구의 메타분석 결과, 세 가지 특성 모두 우호성과 부적 상관관계를 보였으나, 그 정도는 나르시시즘보다 사이코패시와 마키아벨리니즘에서 훨씬 더 강하게 나타났다(Muris 외, 2017). 이러한 연구들은 사이코패시와 마키아벨리니즘이 낮은 우호성이라는 공통 핵심을 공유하며 서로 유사한 반면, 나르시시즘은 이와 구별된다는 점을 보여준다. 그럼에도 불구하고 낮은 우호성만으로는 나르시시즘의 웅대성, 마키아벨리니즘의 전략적 조작, 사이코패시의 충동성과 같은 어두운 성격 3요소의 주요 특징들을 설명하기 어렵다. 따라서 어두운 성격 3요소는 단순히 낮은 우호성의 한 구성 요소 이상이라고 할 수 있다.

여러 연구에서 이(Lee)와 동료들(Lee & Ashton, 2014; Lee 외, 2013)은 어두운 성격 3요소의 공통 분산뿐 아니라 각 특성의 고유한 분산이 정직-겸손과 의미 있는 관련성을 보인다고 밝혔다. 연구자들은 나르시시즘, 마키아벨리니즘, 사이코패시의 공통 핵심이 성실성, 공정성, 탐욕 회피, 겸손의 부족에 있다고 설명했다. 그러나 무리스(Muris) 외(2017)의 메타분석 결과에 따르면, 어두운 성격 3요소와 정직-겸손의 관계는 특성의 측면에 따라 차별적으로 나타난다고 결론지었다. 예를 들어, 나르시시즘은 겸손 및 탐욕 회피 부족과 강한 부적 상관을 보였으며, 마키아벨리니즘과 사이코패시는 공정성 결여와 낮은 성실성과 관련이 있었다.

신경증과 관련된 연구 결과는 다소 혼란스럽다. 메타분석에 따르면, 모든 어두운 성격 3요소 특성이 낮은 신경증과 관련되어 있어, 이 성향이 강한 개인들이 불안, 공포, 걱정을 잘 표현하지 않을 가능성이 있다고 제안된다(Muris 외, 2017). 그러나 이러한 관계는 연구에서 사용된 측정 척도에 따라 달라진다. 예를 들어, 더 긴 척도를 사용한 연구에서는 마키아벨리니즘(Muris 외, 2017)과 1차 및 2차 사이코패시(Jakobwitz & Egan, 2006)가 신경증 점수와 정적 상관을 보였다. 또 다른 연구에서는 2차 사이코패시가 1차 사이코패시보다 더 신경증적인 변형이라는 결과가 보고되기도 했다(Ross, Lutz, & Bailley, 2004). 따라서 어두운 성격 3요소와 신경증의 관계는 여전히 명확히 규명될 필요가 있지만, 적어도 마키아벨리니즘과 2차 사이코패시는 불안과 걱정을 느끼기 쉬운 경향과 관련이 있다고 말할 수 있다.

심리학에서 사이코패시는 낮은 우호성과 낮은 정직–겸손뿐 아니라 낮은 성실성, 체계적이지 못함, 부주의함과도 관련이 있다. 그러나 이러한 관련성은 1차 사이코패시의 냉담함과 무정함보다는 2차 사이코패시의 반사회성과 충동성과 더 깊은 관련이 있을 수 있다(Jakobwitz & Egan, 2006). 성실성은 직업적 성공을 달성하는 데 중요한 요인으로 밝혀져 있기 때문에, 낮은 성실성은 왜 2차 사이코패시가 "성공하지 못한" 사이코패시로 불리는지를 부분적으로 설명해 준다(Judge, Higgins, Thoresen, & Barrick, 1999).

최근 150개 이상의 연구를 메타분석한 결과(Vize, Lynam 외, 2018), 사이코패시와 마키아벨리니즘은 낮은 우호성과 낮은 성실성으로 특징지어지는 매우 유사한 프로파일을 공유하는 것으로 나타났다. 반면, 나르시시즘은 개방성과 약한 정적 상관을 보였으며, 외향성과는 약한 정도에서 중간 정도의 정적 상관을 보였다. 이는 마키아벨리니즘과 사이코패시로 구성된 어두운 성격 2요소가 신뢰할 수 없음, 정리정돈의 부족, 부주의, 냉담함과 관련이 있는 반면, 나르시시즘은 타인과 함께 하려는 노력과 새로운 경험을 즐기는 성향과 관련이 있음을 시사한다. 표 1.2는 어두운 성격 3요소를 평가하기 위해 더 긴 척도를 사용한 네 가지 연구에서, 어두운 성격 3요소와 성격 5요인 간의 영차 상관관계(zero–order correlations)를 요약한 것이다.

표 1.2 어두운 성격 3요소와 성격 5요인 간의 관계 요약

특질	법칙정립 네트워크 영차 상관
마키아벨리니즘	• 낮은 우호성[a-d] • 높은 신경증[a,b] • 낮은 성실성[a-d]
사이코패시	• 낮은 우호성[a-d] • 높은 신경증[a] • 높은 외향성[b] • 낮은 성실성[b,d] • 높은 개방성[b]
나르시시즘	• 낮은 우호성[a,b,d] • 낮은 성실성[a] • 높은 외향성[b-d] • 높은 개방성[b]

[a]야코보비치(Jakobwitz)와 이간(Egan)(2006).
[b]폴허스(Paulhus)와 윌리엄스(Williams)(2002).
[c]리(Lee)와 애슈턴(Ashton)(2005).
[d]버넌(Vernon) 외(2008).

1.3 정서, 인지, 행동

어두운 성격 3요소의 특성은 개인이 느끼고 행동하며 세상을 인식하는 방식과 뚜렷한 상관성을 보인다. 이 절에서는 대인관계 기능에 영향을 미치는 특성, 즉 공감과 정서지능, 그리고 위험 감수와 충동성에 대해 간략히 살펴보고자 한다.

1.3.1 공감, 정서 지능, 정서 경험

어두운 성격 3요소의 핵심적인 특징 중 하나는 이기심과 냉담함이다. 이 특성이 높은 개인들은 타인에 대한 관심이 거의 없으며, 자신을 우선시하는 경향이 강하다. 낮은 공감 능력과 사회친화적 정서의 결여는 이들의 착취적 성향을 촉진할 수 있다. 즉, 얕은 감정과 죄책감의 부재는 타인을 이용하는 강력한 수단이 될 수 있다.

여러 연구에서 어두운 성격 3요소와 대인관계에서 중요한 특성 간의 연관성을 살펴보았다. 이와 관련해 주목받는 몇 가지 특성은 자신과 타인을 더 잘 이해하게 하고, 상호작용을 원활하게 만드는 사회적 윤활제 역할을 한다. 대표적인 변인으로는 공감, 정서 지능, 감정표현불능증(alexithymia), 마음 이론이 있다. 이들은 서로 구분되는 개념이지만, 모두 타인을 어떻게 이해하는가와 관련이 있다는 공통된 주제를 지닌다. 특히 정서 지능과 감정표현불능증은 개인이 자신의 감정을 얼마나 잘 이해하는지와도 관련이 있으며, 이는 사회적 상호작용을 조절하는 데 중요한 요소이다. [표 1.3]에는 이러한 변인들에 대한 간략한 설명이 제시되어 있다.

정서 지능은 자신과 타인의 감정과 기분을 얼마나 정확히 인식하고 조절하는지와 관련된 여러 하위 영역으로 구성된다. 공감은 타인의 감정을 정확히 파악하는 대인관계적 측면에서 정서 지능과 겹치는 부분이 있다. 공감은 인지적 공감과 정서적 공감 두 가지로 구분된다. 인지적 공감은 타인이 왜 특정한 감정을 느끼는지 이해하는 능력이다. 예를 들어, 누군가 울고 있을 때 인지적 공감이 높은 사람은 그 사람이 무엇 때문에 슬퍼하는지 정확히 알아낼 수 있다. 정서적 공감은 타인이 느끼는 감정을 함께 경험하는 것이다. 따라서 정서적 공감이 높은 사람은 누군가 우는 모습을 보며 절망과 슬픔을 같이 느낄 수 있다. 인지적 공감과 정서적 공감은 상호 배타적인 성격을 가진다. 타인의 감정을 이해하는 사람(인지적 공감)은 반드시 그 감정을 느끼는 것은 아니며, 타인의 감정을 느끼는 사람(정서적 공감)은 반드시 그 원인을 이해하는 것은 아니다. 공감과 관련된 개념으로 감정표현불능증이 있다. 이는 문자 그대로 "감정을 표현할 말이 없다"는 의미로, 자신의 느낌과 정서를 식별하고 설명하는 데 어려움을 겪고, 감정에 대해 생각하는 것을 회피하는 특성을 말한다. 또 다른 관련 능력으로 마음 이론(Theory of Mind)이 있는데, 이는 타인의 정신 상태(예: 감정, 의도, 신념 등)를 추론하고 이해하는 능력이다. 이 개념들은 서로 관련성이 있으나, 용어 사용과 개념 간의 구분, 그리고 이를 측정하는 도구들 때문에 혼란이 생기기도 한다.

표 1.3 자기 자신과 타인 이해와 관련된 특성에 대한 설명

특성	설명
공감(인지적)	타인의 감정의 원천을 이해하는 능력
공감(정서적)	타인이 느끼는 감정을 느끼는 능력
공감(전체적)	인지적 공감 + 정서적 공감
정서지능	자신과 타인의 감정을 이해하고 처리하는 것
마음이론	타인의 감정 상태를 이해하는 것
감정표현불능증	감정을 인식하지 못하거나 표현하지 못하는 것

많은 연구들이 앞서 언급한 개념들과 관련하여 어두운 성격 3요소(각각의 개별 특성과 전체)를 탐구해 왔다. 여기서는 세 가지 특성을 함께 다룬 연구들만 논의하고자 한다. 이러한 접근을 통해 사회적 관계에서 중요한 대인 및 개인 내 능력에 대해 각 특성이 상대적으로 어떤 기여를 하는지 더 명확히 평가할 수 있다. 어두운 성격 3요소의 특성들은 일정 부분 분산을 공유하기 때문에, 각 특성을 개별적으로만 살펴보면 그 관계가 고유한 특성 때문인지, 아니면 다른 한두 특성과 공유하는 특성 때문인지를 구분하기 어렵다.

전반적으로 대부분의 연구에서는 마키아벨리니즘과 사이코패시(반드시 나르시시즘은 아님)가 낮은 공감 능력과 낮은 정서 지능과 관련이 있다고 보고되었다. 페트라이즈(Petrides), 버논(Vernon), 셰르메르(Schermer) 및 베셀카(Veselka)(2011)는 특성 정서지능 설문지를 사용하여 어두운 성격 3요소와 정서 지능 간의 관계를 조사하였다. 그 결과, 나르시시즘은 높은 자기보고 정서지능과 관련이 있었고, 마키아벨리니즘과 사이코패시는 낮은 자기보고된 정서지능과 관련이 있는 것으로 나타났다. 이와 유사하게, 조너슨(Jonason)과 크라우제(Krause)(2013)의 연구에서는 특히 사이코패시가 공감과 부적 상관을 보였으며, 그 관계는 남성보다 여성에게서 더 강하게 나타났다. 조너슨(Jonason), 라이온스(Lyons), 베셀(Bethell) 및 로스(Ross)(2013)의 또 다른 연구에서는 정서지수(공감 지표)와 어두운 성격 3요소 간의 성별 차이를 탐색한 결과, 세 특성 모두 낮은 공감과 관련이 있었으나, 남성에서는 1차 사이코패시(냉담하고 무정한 성향)가 공감과 더 강한 부적 상관을 보였고, 여성에서는 나르시시즘이 공감과 더 강한 부적 상관을 보였다. 반면, 자우크(Jauk), 프로이덴탈러(Freudenthaler) 및 노이바우어(Neubauer)(2016)와 자우크(Jauk) 외(2016)의 연구에서는 상반된 결과가 보고되었는데, 여성의 경우 사이코패시가 특성 공감(자기보고)과 능력 공감(실험 측정) 모두에서 부적 상관을 보였다. 남성의 경우, 나르시시즘은 낮은 정서지능 능력과 관련이 있었고, 사이코패시는 낮은 정서지능 특성과 관련이 있었다. 이러한 차이는 연구마다 사용한 측정 도구가 달랐기 때문일 수 있으며, 특히 나르시시즘 수준이 높은 사람들이 자신의 능력을 과장 보고할 가능성을 고려할 때 실험적 연구의 부족이 중요한 한계로 지적된다.

연구에 따르면 어두운 성격 3요소 성향이 강한 사람들은 감정적 공감 능력이 저하되어 다른 사람들이 느끼는 것을 그대로 느끼지 못하는 경향이 있다는 것이 일반적인 합의이다. 그러나 이러한 특성들이 반드시 낮은 인지적 공감 능력, 즉 다른 사람의 감정의 원인을 이해하는 능력과 관련이 있는 것은 아니다. 예를 들어, 와이(Wai)와 틸리오풀로스(Tiliopoulos)(2012)의 연구에 따르면, 세 가지 특성 모두 감정적 공감 능력과는 부적 상관을 보였지만, 인지적 공감 능력과는 관련이 없었다. 다른 사람을 성공적으로 조종하기 위해서는 다른 사람의 감정을 이해하는 능력이 유리할 것으로 예상된다. 따라서 어두운 성격 3요소가 반드시 뛰어난 인지적 공감 능력과 관련이 있는 것은 아니지만, 이 영역에서 결함이 있는 것도 아닌 것으로 보인다.

얼굴 표정을 기반으로 다른 사람의 감정을 읽는 능력을 연구한 결과는 엇갈린 양상을 보이고 있다. 예를 들어, 자기애 성격척도(NPI)의 문항 중에는 "나는 다른 사람들의 마음을 책 읽듯이 훤히 알 수 있다"라는 항목이 있다. 흥미로운 질문은, 어두운 성격 3요소(특히 나르시시즘)가 강한 사람들이 실제로 뛰어난 정서 인식 능력을 지니고 있는지, 아니면 단지 자신의 능력을 과장하고 있는지에 관한 것이다. 한편으로 감정을 읽는 능력은 높은 공감 능력과 연결되어 친사회적 경향을 강화하고 타인 착취를 줄이는 데 기여한다. 그러나 다른 한편으로 정서 인식 능력은 반사회적 목적으로도 활용될 수 있다. 즉, 공감 능력이 낮고 타인을 착취하려는 태도를 가진 개인은 피해자의 감정을 이해함으로써 이익을 얻을 수 있다. 실제로 나글러(Nagler), 라이터(Reiter), 퍼트너(Furtner) 및 라우트만(Rauthmann)(2014)의 연구에서는 어두운 성격 3요소 성향이 강한 사람들이 조작을 목적으로 하는 '어두운 정서 지능'을 지닐 수 있음을 보여주었다. 즉, 타인의 감정을 읽는 능력은 그들을 조종하기 위한 다음 단계를 계획하는 데 중요한 역할을 할 수 있다.

어두운 성격 3요소와 감정 인식 간의 연구 결과는 일관되지 않았다. 예를 들어, 와이(Wai)와 틸리오풀로스(Tiliopoulos)(2012)는 나르시시즘이 분노 인식의 증가와 관련이 있지만, 슬픔·두려움·행복과는 관련이 없음을 보여주었다. 또한 1차 사이코패시는 행복, 슬픔, 분노 표정을 인식하는 데 취약함과 연관되었다. 콘래스(Konrath), 코르네유(Corneille), 부시먼(Bushman) 및 루미네(Luminet)(2014)의 연구에서도 유사한 결과가 나타났다. 연구자들은 나르시시즘의 착취적 측면이 눈동자 사진을 통한 정서 인식 능력과 관련이 있으나, 이는 부정적 정서 상태에 한정된다고 보고했다. 이러한 연구들은 나르시시스트가 정서의 부정적 측면에 특히 민감할 수 있고, 사이코패스는 보다 폭넓은 범주의 정서 인식 능력이 부족할 수 있음을 시사한다. 다만, 이 연구들은 얼굴이나 눈동자의 정적인 사진 자극을 사용했다는 한계가 있다. 실제 생활에서는 고정된 이미지가 아니라 움직이는 동적 자극에 노출되므로, 이러한 자극은 생태학적 타당성이 부족할 가능성이 있다.

실제로 디메트리오프(Demetrioff), 포터(Porter) 및 베이커(Baker)(2017)의 연구에서는 학부생들에게 진정한 감정을 드러내는 얼굴의 미세한 움직임인 미세표정을 담은 짧은 영상을 시청하게 했다. 연구 결과, 사이코패시 성향이 강한 사람들은 슬픔이 담긴 움직이는 얼굴 표정을 더 잘 인식하는 것으로 나타났다. 또한 사이코패시 중 대인관계 조작 성향이 강한 사람들은 행복과 관련된 미세표정을 감지하는 데 더 서툴렀다. 이러한 결과는 보다 현실적인 자극에 노출되었을 때, 사이코패시 점수가 높은 사람들이 부정적 정서 상태를 식별하는 데 유리함을 시사한다.

감정 인식 능력이 떨어지는 것은 개인이 감정을 유발하는 사건에 반응하는 방식과 관련이 있을 수 있다. 나는 학부생 샬럿 브록만(Charlotte Brockman)과 함께 한 연구에서, 참가자들에게 일반적으로 행복·슬픔·두려움을 유발하는 비디오 클립을 시청하게 했다. 행복 유발 클립에는 전염성 있게 웃는 아기들이 있었고, 슬픔 유발 클립에는 죽은 친구를 위로하려는 개가 등장했으며, 두려움 유발 클립에는 공포 영화의 칼 공격 장면이 포함되었다. 각 클립을 본 뒤 참가자들에게 행복, 슬픔, 두려움의 감정을 표현한 얼굴 사진을 보여주고, 방금 본 영상과 얼굴의 감정이 얼마나 밀접하게 연결되는지를 평가하도록 요청했다. 흥미롭게도, 느껴야 할 감정과 실제로 보고 느낀 감정 간에 불일치가 나타났다. 나르시시즘 성향이 강한 사람들은 두려운 영상을 본 후 행복한 얼굴과 더 강하게 동일시했고, 사이코패시 성향이 강한 사람들은 행복한 영상을 본 후 슬픈 얼굴과 두려운 얼굴과 더 강하게 동일시했다(Lyons & Brockman, 2017). 즉, 나르시시즘과 사이코패시 성향이 강한 개인들은 감정을 다르게 경험할 가능성이 있으며, 이는 다른 사람의 감정을 인식하는 방식에도 영향을 미칠 수 있다.

자신의 감정을 이해하지 못하고 감정에 대해 생각하는 것을 회피하는 것은 감정표현불능의 특징이며, 이는 타인의 감정을 이해하지 못하는 근본적인 원인이 될 수 있다. 자신의 감정을 식별하는 데 어려움을 겪는 사람들은 타인에게도 공감하지 못하는 경향이 있다. 실제로 어두운 성격 3요소와 감정표현불능의 연관성을 조사한 몇몇 연구에서는 어두운 성격 3요소 점수가 높은 사람들이 감정표현불능 척도에서도 더 높은 점수를 받는 것으로 나타났다. 조나슨(Jonason)과 크라우제(Krause)(2013)의 연구에서는 사이코패시가 자신의 감정을 설명하는 데 어려움과 관련이 있었고, 나르시시즘은 감정을 식별하는 데 어려움과 관련이 있었다. 또한 사이코패시와 마키아벨리니즘은 자신의 감정을 생각하기를 회피하는 성향인 외부 지향적 사고와 관련이 있었다. 케언크로스(Cairncross), 베셀카(Veselka), 셰르머(Schermer) 및 버논(Vernon)(2013)의 연구에서는 사이코패시와 마키아벨리니즘은 감정표현불능과 정적 상관을, 나르시시즘은 부적 상관을 보였다. 이러한 결과는 나르시시즘 성향이 강한 사람들이 자신의 감정을 사회적 신호로 활용할 수 있는 능력을 가질 수 있음을 시사한다. 이는 나르시시즘이 어두운 성격 3요소 중 가장 덜 악의적이라는 다른 연구들의 결과와도 맥을 같이한다.

1.3.2 위험 감수와 충동성

충동성과 위험 감수 행동과 관련하여 어두운 성격 3요소에 대한 관심이 상당히 증가해 왔다. 이러한 관심은 부분적으로 진화론적 관점에서 비롯되었는데, 해당 연구들은 혐오적 성격 특성이 빠른 생애사 전략(Life History Strategy, LHS)의 발현인지 여부를 검증하는 데 주로 초점을 두곤 한다(이에 대해서는 이 장의 후반부에서 논의된다). 간단히 말해, 진화 행동과학자들은 환경의 불안정성에 대한 반응으로 위험 감수 행동이 어두운 성격 3요소와 결합하여 하나의 적응적 패키지를 형성할 수 있다고 본다. 이는 미래의 결과를 고려하지 않고도 환경으로부터 즉각적인 이익을 얻는 기능을 한다는 것이다.

인생의 많은 결정에는 일정 정도의 위험 요소가 포함되어 있다. 위험은 다차원적으로 나타나는데, 사회적 위험(예: 친구의 옷차림 선택을 비판하는 것), 신체적 위험(예: 번잡한 도로를 건너는 것), 성적 위험(예: 모르는 여러 명의 파트너와 안전하지 않은 성관계를 갖는 것), 건강상의 위험(예: 스릴을 위해 정체불명의 약을 복용하는 것), 재정적 위험(예: 블랙잭 게임에서 한 주의 임금을 도박하는 것) 등이 있다. 이러한 위험의 비용과 보상은 개인과 상황에 따라 다르게 나타난다. 보상은 주로 지위나 자원의 손실 및 획득과 연결되며, 궁극적으로는 생식 성공(즉, 진화적 적합성)에 기여할 수 있다.

충동성은 위험 감수와 관련이 있지만, 두 특성 간의 관계는 명확히 규정되지 않았다. 해밀턴(Hamilton), 펠튼(Felton), 리스코(Risco), 레주에즈(Lejuez) 및 맥퍼슨(MacPherson)(2014)에 따르면, 위험 감수는 보상의 신호에 대한 반응으로 활성화되는 반면, 충동성은 잠재적 보상이 없음에도 결과를 고려하지 않고 행동하는 것을 의미한다. 연구에서는 충동성과 위험 감수 지표 사이에 비선형적 관계가 있음이 밝혀졌다. 즉, 충동성은 높지만 위험 감수 수준은 낮을 수 있으며, 그 반대의 경우도 존재할 수 있다.

어두운 성격 3요소와 위험에 관한 실증 연구에 따르면, 사이코패시와 나르시시즘은 높은 수준의 위험 감수와 관련이 있는 반면, 마키아벨리니즘이 강한 개인은 삶에 대해 보다 신중한 접근 방식을 취하는 것으로 전반적으로 합의되고 있다. 또한 세 가지 특성 모두 충동성과 관련이 있으며, 이는 미래의 결과를 고려하지 않고 행동하는 경향을 의미한다. 다만 연구 결과는 연구 설계와 참여자 집단에 따라 약간씩 다르게 나타나는데, 이는 표본 특성과 사용된 측정 도구의 차이에 기인한 것으로 보인다.

예를 들어, 독일 청소년 표본을 대상으로 한 말레자(Malesza)와 오스타세브스키(Ostaszewski)(2016)의 연구에서는 나르시시즘과 사이코패시가(마키아벨리니즘은 제외) 자기보고와 실험실 측정 모두에서 위험 행동과 관련이 있는 것으로 나타났다. 크리셀(Crysel), 크로시에(Crosier) 및 웹스터(Webster)(2013)의 연구에서는 약간 다른 결과가 보고되었다. 이들은 어두운 성격 3요소를 짧은 설문으로 측정하여 충동성(설문지)과 위험 감수(도박 실험)를 살펴본 결과, 세 가지 특성이 모두 자기보고 충동성과는 정적 상관을 보였으나 위험한 도박 결정과는 나르시시즘만이 관련이 있었다. 존스(Jones)와 폴허스(Paulhus)(2011)는 기능적 충동성(사회적으로 모험적임)과 비기능적 충동성(자기통제 부족)을 구분해 연구한 결과, 사이코패시와 나르시시즘은 두 유형 모두와 관련이 있었으나, 마키아벨리니즘은 어느 쪽과도 관련이 없음을 발견했다. 그러나 이 결과는 조나슨(Jonason)과 토스트(Tost)(2010)의 연구와는 일치하지 않았는데, 그들은 마키아벨리니즘과 사이코패시(나르시시즘은 아님)가 충동성의 특정 측면(낮은 자기통제, 미래 결과에 대한 고려 부족)과 관련이 있다고 보고했다. 이러한 연구들을 종합하면, 나르시시즘과 사이코패시 수준이 높은 개인은 위험을 감수하는 선택에서 비교적 잘 적응할 수 있으며, 세 가지 어두운 성격 특성 모두 충동적인 삶의 방식(즉, 미래를 고려하지 않고 행동하는 것)과 연결될 수 있다고 결론지을 수 있다.

충동성과 위험 감수와 밀접하게 관련된 다른 행동으로는 물질 사용과 도박이 있다. 연구에 따르면, 사이코패시와 나르시시즘은 위험한 물질 남용의 발생률이 높다는 것과 관련이 있는 반면, 마키아벨리니즘은 그렇지 않다는 결과가 보고되었다(Stenason & Vernon, 2016). 이 중에서도 사이코패시는 나르시시즘보다 위험한 물질 남용과 훨씬 더 강한 연관성을 보인다. 예를 들어, 다양한 사회적 일탈 행동을 조사한 연구에서는 자기보고 약물 사용의 유의한 예측 변인이 사이코패시뿐이라는 결과가 도출되었다(Azizli 외, 2016). 조너선(Jonason), 보먼(Baughman), 카터(Carter) 및 파커(Parker)(2015)의 연구 역시 유사한 결과를 보여주었는데, 사이코패시가 흡연과 음주와 같은 위험 행동과 관련이 있다는 점을 발견했다. 같은 연구에서 사이코패시는 기대수명이 낮은 것과도 관련이 있는 것으로 나타났다. 이러한 결과들을 종합하면, 사이코패시가 음주, 흡연, 약물 사용과 같은 건강에 해로운 위험 행동과 가장 강하게 연관된다고 결론 내릴 수 있다. 나르시시즘은 일부 연구에서 물질 남용과 관련이 있는 것으로 보고되었으나 일관되게 나타나지는 않았으며, 마키아벨리니즘은 물질 사용 측면의 위험 감수와는 관련이 없는 것으로 보인다.

비정상적인 도박 행위와 관련해서 사이코패시는 가장 중요한 예측 요인으로 나타난다. 트롬블리(Trombly)와 자이글러-힐(Zeigler-Hill)(2016)의 연구에 따르면, 세 가지 특성 모두 개별적으로는 도박과 상관관계를 보였으나, 공분산을 통제한 회귀분석에서는 사이코패시만이 유의한 예측변수로 확인되었다. 온라인 실험에서 존스(Jones)(2014)는 참가자들에게 보너스를 제공하여 도박하도록 했으며, 다른 참가자의 보너스를 걸고 도박할 수 있는 기회도 주었으나 이 경우 보복 위험이 따랐다. 그러나 이 상황에서도 지속적인 도박을 예측하는 유의한 요인은 사이코패시뿐이었다. 밀로세비치(Milosevic)와 레저우드(Ledgerwood)(2010)는 병적 도박자의 유형을 검토하면서 반사회적 충동성을 특징으로 하는 유형을 확인했는데, 이들은 충동성과 만성적 자극부족을 포함한 2차 사이코패시의 많은 특징을 보였다. 따라서 도박 행동은 2차 사이코패시와 가장 밀접하게 관련되어 있으며, 충동 조절 문제에 의해 부분적으로 설명될 수 있다고 할 수 있다.

1.4 병인

성격에 관심 있는 사람에게 중요한 질문은 개인차가 어떻게 발달하는가 하는 점이다. 성격 형성에서 가장 중요한 것은 본성(nature)일까, 양육(nurture)일까, 아니면 양자의 상호작용일까? 성격의 어느 정도가 사회적 경험에 의해 설명될 수 있을까? 또한 유전적 소인이 차지하는 비율은 얼마이며, 태아기를 포함한 전 생애의 경험이 이러한 유전적 소인과 어떻게 상호작용하여 개인의 성격 차이를 만들어낼까? 어두운 성격 3요소의 병인(etiology)은 상대적으로 적게 연구되어 왔지만, 그 기원에 관한 연구는 일정한 진전을 보여왔다.

1.4.1 진화론 관점에서 본 어두운 성격 3요소

진화심리학자들은 궁극적으로 왜 개인차가 존재하는지에 관심을 가진다. 진화론은 인간을 포함한 다양한 동물 종에서 나타나는 성격 변이를 이해하는 데 있어 가장 유력한 이론적 틀 중 하나를 제공해 왔다. 초기 진화심리학자들은 성격을 비적응적인 무작위 유전적 노이즈(noise)로 간주했으나, 최근 들어서는 중간 수준의 진화 이론—예컨대 생애사 이론(Life History Theory, LHT), 빈도 의존적 선택(Frequency Dependent Selection), 비용 신호 이론(Costly Signaling Theory)—에서 성격을 분석하는 이론적·실증적 연구가 급증하였다. 요컨대 진화론적 연구자들은 다양한 수준의 성격 변이가 번식 성공과 생존률 향상 측면에서 적응적인지 여부를 탐구하는 데 관심이 있다. 번식 성공은 유전자를 다음 세대에 전달하고, 그 자손이 다시 자신의 유전자를 이어갈 수 있는 능력으로 측정된다. 인간 성격에 대한 연구에서 실제 번식 성공(즉, 자녀와 손자의 수)을 다룬 연구는 상대적으로 적지만, 성관계 횟수나 성욕과 같은 다양한 생식 대체 지표들이 사용되어 왔다.

어두운 성격 3요소는 진화론적 관점을 가진 연구자들 사이에서 인기 있는 연구 주제이다. 사회적으로 일탈적인 행동은 전통적으로 부적응적인 것으로 간주되어 왔으나, 진화심리학자들은 이러한 특성을 번식 성공을 높이기 위한 잠재적 적응 메커니즘으로 다시 바라보고 있다. 가장 널리 알려진 가설 중 하나는 어두운 성격 3요소의 차이가 개인의 생애사 전략(Life History Strategy, LHS) 차이와 관련이 있다는 것이다. 생애사 이론(LHT)에 따르면, 개인은 현재의 번식(예: 파트너 탐색 및 교미)과 미래의 번식(예: 성숙과 성장, 자녀 양육, 안정적 관계 유지)에 투자하는 시간과 노력에서 연속적인 차이를 보인다. 미래의 번식(즉, 양육)에 적은 노력을 기울이고 여러 파트너를 찾는 데 더 집중하는 사람들은 빠른 생애사 전략(fast LHS)을 따른다고 여겨지며, 결과적으로 더 많은 수의 자녀를 가질 수 있다. 피상적인 매력, 위험 감수, 충동성과 같은 특정 특성들은 이러한 빠른 LHS 전략을 따르는 사람들의 번식 노력을 촉진할 수 있다. 반대로 느린 생애사 전략(slow LHS)을 따르는 개인은 성적 파트너 수가 적고, 관계가 안정적이며, 자녀 수도 적은 경향을 보인다. 낮은 충동성과 위험을 감수하는 데 주저하는 성향은 미래에 대한 투자를 가능하게 하는 특성이 될 수 있다.

빠른 생애사 전략(LHS)은 개인이 처한 환경에 따라 부분적으로 달라질 수 있다. 예측 불가능하고 사망률이 높은 환경에서는 젊을 때 자녀를 두는 것을 우선시하여 번식을 가속화하는 것이 적응적일 수 있다. 조기 번식과 많은 자녀 수는 조기 사망 위험에 대한 일종의 보험 역할을 할 수 있다. 궁극적으로 진화는 성공적인 번식을 중심으로 하며, 위험 수준이 높은 환경에서 살아가는 개인은 조기 번식으로부터 이익을 얻을 수 있다. 이러한 관점에서 어두운 성격 3요소는 빠른 생애사 전략을 위한 조건 의존적 전략으로, 번식을 가속화하는 기능을 하는 성격 특성으로 발달한다. 실제로 어두운 성격 3요소 특성(특히 마키아벨리니즘과 사이코패시)이 강한 사람들이 가혹하고 불안정한 환경에서 성장했다는 증거가 있으며(Jonason, Icho, & Ireland, 2016), 이는 이러한 특성이 빠른 생애사 전략에 대한 적응으로 진화했음을 시사한다.

여러 연구에서 반복적으로 확인된 결과 중 하나는, 연속선상에서 높은 수준에 있는 개인들이 안정적인 파트너 관계에 투자하기보다 여러 파트너와의 단기적인 짝짓기에 더 큰 관심을 보인다는 점이다(Koladich & Atkinson, 2016). 이는 모든 어두운 성격 3요소 특성이 빠른 생애사 전략(LHS)과 관련이 있음을 시사한다. 짝짓기 전략에 관한 문헌은 제3장에서 더 자세히 검토할 예정이다. 현재까지의 연구들은 주로 단기적인 짝짓기에 대한 관심을 포함해 빠른 생애사 전략(LHS)의 다양한 대체 변인을 탐구하는 데 집중해 왔다. 반면, 이러한 특성이 높은 개인들의 실제 생식 성공—즉, 생존하고 번식하는 자녀 수—을 다룬 연구는 상대적으로 적다.

다른 연구들에서는 특히 사이코패시가 빠른 생애사 전략(LHS)을 측정하는 다양한 지표들과 정적인 관련이 있다는 결과가 나타났다(Jonason, Koenig, & Tost, 2010). 그러나 어두운 성격 3요소 전체가 아닌 일부 측면만이 빠른 생애사 전략(LHS)과 연관된다는 제안도 있다. 멜리사 맥도널드(Melissa McDonald)와 동료들(McDonald, Donnellan, & Navarrete, 2012)은 마키아벨리니즘, 나르시시즘의 특권의식·착취적 측면, 사이코패시의 충동적 반사회적 측면이 빠른 생애사 전략과 관련이 있는 반면, 사이코패시의 두려움 없는 지배성 및 나르시시즘의 리더십과 웅대한 측면은 느린 생애사 전략과 관련이 있음을 밝혔다. 이러한 결과는 어두운 성격 3요소의 하위 구성 요소들 간 차이를 측정하는 데 더 많은 연구가 필요함을 보여준다. 지금까지 대부분의 연구에서는 이러한 하위 요소들이 충분히 다뤄지지 않았다.

어두운 성격 3요소를 이해하기 위한 또 다른 진화론적 관점은 빈도 의존적 선택(frequency-dependent selection)에서 논의된 '속임수 전략(Cheater Strategy)' 개념이다. 빈도 의존적 선택 이론에 따르면, 행동 전략은 집단 내 다른 개인들이 어떤 전략을 따르는가에 따라 적응적일 수 있다. 속임수 전략은 타인의 복지에 기여하지 않고 환경으로부터 보상을 획득함으로써 생식 성공을 높이는 것을 목표로 하는 행동 전략이다. 이러한 전략은 집단 내 다수가 속임수를 쓰지 않는 환경에서만 유리하다.

고(故) 린다 밀리(Linda Mealey)는 1995년 발표한 시의적절한 리뷰 논문에서 사이코패시가 빈도 의존적 속임수 전략의 특성과 부합한다고 제안했다. 사이코패스(즉, 사이코패시 연속체상의 극단적 상위 집단)는 비교적 드물어 전체 인구의 약 1%를 차지하는 것으로 보인다. 이들은 착취적이고 죄책감과 수치심이 결여되어 있으며, 타인에게 어떤 대가도 지불하지 않고 이익을 얻으려 한다. 이 전략은 사이코패스가 소수일 때에만 효과적이며, 만약 그 수가 많아진다면 더 이상 적응적 전략으로 작동하지 않게 된다.

1.4.2 유전학

인간의 행동과 성격의 많은 측면과 마찬가지로, 어두운 성격 3요소의 유전적 특성에 대해서는 아직 충분히 밝혀지지 않았다. 성격은 매우 복잡한 과정이며, 그 발현은 태아기와 출생 후의 환경, 유전적 요인, 후성유전적 영향이 얽히는 상호작용에 의해 좌우된다. 유전자가 어두운 성격 3요소에 어떤 영향을 미치는지를 밝히려는 시도가 있었으며, 주로 쌍둥이 연구를 통해 이루어졌다. 예를 들어, 버논(Vernon), 빌라니(Villani), 빅커스(Vickers) 및 해리스(Harris)(2008)는 유전율 추정치를 이용해 마키아벨리니즘 분산의 약 31%, 사이코패시 분산의 64%, 나르시시즘 분산의 59%가 유전적 요인으로 설명된다고 밝혔다. 이는 특히 사이코패시와 나르시시즘에서 상당 부분이 유전적으로 결정된다는 점을 시사한다.

그러나 쌍둥이 연구 방법론에도 한계가 존재한다. 쌍둥이 연구에서는 일란성 쌍둥이와 이란성 쌍둥이의 행동 상관성을 비교한다. 만약 일란성 쌍둥이가 이란성 쌍둥이보다 더 비슷하다면, 이는 일란성 쌍둥이가 더 많은 유전자를 공유하기 때문에 유전적 요인에 기인한다고 본다. 쌍둥이 연구는 동일 환경 가정(Equal Environment Assumption, EEA)에 기반하며, 이는 일란성 쌍둥이가 이란성 쌍둥이와 마찬가지로 환경에 의해 비슷하게 대우받는다고 전제한다. 그러나 일란성 쌍둥이는 외모와 행동이 더 유사하기 때문에 이란성 쌍둥이보다 종종 동일한 사람처럼 대우받는 경우가 많다는 증거가 있다. 따라서 동일 환경 가정에 대한 근거는 편향적이며(Fekon, 2014), 쌍둥이 연구 결과는 일정 부분 신중하게 해석할 필요가 있다. 특히 어두운 성격 3요소의 유전적 특성을 다룬 쌍둥이 연구가 아직 소수에 불과하기 때문에, 이를 통해 확실한 결론을 내리기는 어렵다.

다른 방법으로는 분자 수준에서 유전적 기여를 파악하려는 연구가 있다. 이러한 연구는 감정·행동 조절과 관련된 특정 유전자의 차이를 살펴보는 단일 염기 다형성(Single-Nucleotide Polymorphism, SNP) 연구에 집중하거나, 집단 간 유전자 차이가 나타나는 위치를 찾기 위해 전장 유전체 연관 연구(Genome-Wide Association Studies, GWAS)를 수행하기도 한다. 그러나 이러한 방법들이 어두운 성격 3요소 전체를 대상으로 사용된 적은 아직 없다. 현재까지의 연구는 주로 사이코패시에 초점을 맞추었는데, 이는 아마도 사이코패시가 법의학적 맥락에서 중요하게 다뤄지기 때문일 것이다.

여러 유전자, 특히 도파민, 세로토닌, 옥시토신, 모노아민 산화효소 A와 같은 신경전달물질과 효소의 운반 및 합성에 관여하는 유전자들이 이미 사이코패시 발달과 관련이 있음이 밝혀졌다(Wu & Barnes, 2013). 현대 연구의 상당 부분은 사이코패시 발달에서 유전과 환경(G × E)의 상호작용에 주목하고 있다. 예를 들어, 사데(Sadeh) 외(2010)의 연구에서는 사이코패시의 냉담한 특성이 낮은 사회경제적 지위와 연관이 있었으나, 이러한 연관성은 세로토닌 운반체 유전자에 두 개의 긴 대립유전자를 가진 개인에서만 나타났다. 현재까지 알려진 바로는, 어두운 성격 3요소 전체의 발달에서 유전자와 환경의 상호작용을 조사한 연구는 없다. 인간은 복잡한 사회생태적 환경 속에서 살아가는 생물학적 존재이며, 성격 발달은 매우 복잡한 과정이다. 유전이 일정한 역할을 할 가능성은 높지만, 아직 밝혀지지 않은 많은 요인들이 존재한다.

1.4.3 환경적 영향

개인이 태어난 환경은 이후 발달과 성격 차이에 강력한 영향을 미친다. 진화론적 생애사 이론에 따르면, 자원이 부족하고 불안정한 환경은 빠른 생애사 전략(LHS)의 발달을 촉진한다. 이는 높은 사망률 환경에서 조기에 번식을 시작하는 것이 합리적이라는 점에서 직관적으로 이해된다. 진화의 관점에서 중요한 것은 유전자를 다음 세대에 전달하는 것이며, 다양한 종의 개체들은 환경의 질을 감지하는 무의식적 메커니즘을 지니고 있을 가능성이 크다. 이러한 환경적 신호가 무엇인지는 확실하지 않지만, 부모의 양육 수준, 주변의 범죄 및 무질서 정도, 그리고 자원의 이용 가능성 등이 그 예로 제시될 수 있다.

예를 들어, 양육은 아이가 성장하는 사회생태적 환경을 반영할 수 있다. 자원이 부족하고 예측하기 어려운 열악한 환경에서는 부모가 자녀에게 투자하는 노력을 줄일 수 있다. 특히 어린 시절의 예측 불가능성이 이러한 결과를 초래하는 것으로 밝혀졌는데, 예를 들어, 부모의 직업 변화, 거주지 이동, 함께 사는 사람의 변화 등으로 인해 가정이 혼란스러워지는 경우가 이에 해당한다. 어린 시절의 예측 불가능한 환경은 성인기에도 영향을 미치며, 예를 들어 남성의 경우 자녀에 대한 투자 감소로 이어질 수 있다(Szepsenwol, Simpson, Griskevicius, & Raby, 2015). 실제로 어린 시절의 자원 부족과 예측 불가능성을 조사한 연구에서는, 예측 불가능한 어린 시절 환경이 어두운 성격 3요소 성향의 모든 특성에서 더 높은 점수와 관련이 있음을 보여주었다(Jonason 외, 2016). 흥미롭게도, 마키아벨리니즘 성향이 강한 사람들은 경제적으로는 풍족했으나 스트레스가 많고 예측할 수 없는 어린 시절을 보냈다고 보고했다. 따라서 자원의 부족보다는 어린 시절의 예측 불가능성이 성인기의 어두운 성격 3요소 특성을 설명하는 더 중요한 결정 요인일 수 있다.

자녀가 받은 양육 방식이 성인이 된 후의 성격에 어떤 영향을 미치는지를 연구한 자료는 매우 많다. 이러한 연구들 중 상당수가 회고적 방법으로 진행되며,

성인들에게 어린 시절 부모가 자신을 어떻게 대했는지를 회상하도록 요청한다. 어두운 성격 3요소와 양육에 관한 연구에서는, 어머니가 차갑고 무관심했다고 기억하는 경우 안전 애착이 형성되지 않을 수 있으며, 이는 성인이 된 후 마키아벨리니즘적 전략이나 나르시시즘의 일부 측면 발달에 영향을 줄 수 있다고 보고된다(Jonason, Lyons, & Bethell, 2014). 또한 무관심한 어머니에 대한 기억은 여성에게서는 높은 1차 사이코패시와, 남성에게서는 높은 2차 사이코패시와 관련이 있었다(Blanchard, Lyons, & Centifanti, 2016a, 2016b). 즉, 아동기에 받은 부모의 보살핌과 자원이 빠른 생활사 전략(LHS) 및 어두운 성격 3요소로 이어지는 경로 중 하나일 수 있다. 실제로 루카셰프스키(Lukaszewski, 2015)의 연구에 따르면, 자원이 부족한 환경에서 성장한 사람들은 부모의 지지를 덜 받았으며, 이는 빠른 생활사 전략 발달에 영향을 줄 수 있다고 한다.

1.5 어두운 성격 3요소의 성차

전반적으로 남성은 여성보다 위험을 더 감수하고(Byrnes, Miller, & Schafer, 1999), 공격적이며(Archer, 2004), 공감 능력이 낮은 경향을 보인다(Christov-Moore 외, 2014). 이러한 성별 차이는 어린 시절부터 나타나며, 이는 남녀 간의 근본적인 생식 차이에 따른 성 선택의 결과일 수 있다(Martel, 2013). 요약하면, 체내수정이 이루어지는 종에서는 수컷이 여러 파트너와 교미함으로써 번식 성공률을 높일 수 있는 반면, 암컷은 파트너를 신중하게 선택하고 자손에게 양질의 양육을 제공함으로써 번식 성공률을 높일 수 있다. 위험 감수 성향이 높고 공감 능력이 낮은 것은 짝짓기를 위한 동성 간 경쟁에서 유리하게 작용할 수 있다. 이에 따라 어두운 성격 3요소가 남성에게 특화된 짝짓기 적응 전략으로 진화하여 빠른 생활사 전략을 촉진한다는 주장이 제기된 바 있다(Jonason, Li, Webster, & Schmitt, 2009). 특히 사이코패시는 남성에게 더 전형적인 특성과 관련이 있으며, 빠른 생활사 전략(LHS)과 연결되는 특징도 다수 나타난다.

연구에 따르면 어두운 성격 3요소에서 일관된 성차가 발견되었으며, 이러한 특성들은 여성보다 남성에게서 더 두드러지게 나타났다. 메타분석에서 무리스(Muris) 외(2017)는 어두운 성격 3요소의 성차를 다룬 50편의 연구 결과를 종합하였다. 분석 결과, 사이코패시에서는 중간 정도의 성차가 나타났고, 나르시시즘과 마키아벨리니즘에서는 작은 성차가 확인되었다. 어두운 성격 3요소 특성 간의 공유 분산을 통제하여 성차를 분석했을 때는 사이코패시만이 유의한 차이를 보였다. 따라서 어두운 성격 3요소 중에서 사이코패시가 남성에게 특히 두드러지는 특성으로 보인다.

그러나 대부분의 연구는 비교적 젊은 대학생 표본을 대상으로 진행되었다. 그렉 카터(Greg Carter), 캠벨(Campbell) 및 먼서(Muncer)(2014)는 평균 연령 39.5세의 대규모 지역사회 표본을 대상으로 어두운 성격 3요소와 여러 성적·스릴 추구 행동을 측정하였다. 그러나 이들은 자신들이 사용한 간단한 어두운 성격 3요소 척도에서는 성별 차이를 발견하지 못했다. 연구자들은 "앞으로의 연구에서는 여성에게 나타나는 어두운 성격 3요소의 양상을 더 깊이 탐구하고, 짝짓기 전략 영역을 넘어 어두운 성격 3요소 성격이 가지는 이점에도 더 많은 주의를 기울일 필요가 있다(p. 163)"고 제안했다. 따라서 어두운 성격 3요소가 여성에게 어떻게 적응되는지를 규명하는 것뿐만 아니라, 다양한 문화, 연령대, 사회경제적 배경을 포함한 폭넓은 표본 연구가 필요하다. 잠정적으로 성차는 사이코패시에서 두드러지게 나타나며, 남성이 여성보다 높은 점수를 보이는 경향이 있는데, 이는 테스토스테론과 같은 남성 호르몬의 생물학적 과정과 관련될 수 있다(Welker, Lozoya, Campbell, Neumann, & Carre, 2014).

1.6 어두운 성격 3요소의 측정

어두운 성격 3요소를 구성하는 복합적 특성뿐 아니라 개별 특성에 대한 설문지 측정 도구의 수가 점차 증가하고 있다. 이들 설문지는 길이, 신뢰도, 타당성에서 차이를 보일 뿐 아니라, 적용되는 표본(예: 일반인 집단 대 법의학·임상 집단)에 따라서도 활용성이 달라진다. 기존 측정 도구에서 요인 구조를 추출하려는 여러 시도가 있었지만, 연구들마다 상이한 결과를 보고하였다. 따라서 어두운 성격 3요소에 대한 현재의 이해는 이 특성들을 설명하는 명확한 이론보다는, 다양한 연구에서 설문지를 통해 확인된 요인들에 기초한 측면이 있다.

어두운 성격 3요소 연구를 진행할 때는 사용할 설문 도구를 신중히 선택하는 것이 중요하다. 연구 설계에 시간 제약이 크지 않다면 더 길고 전통적인 설문지를 사용하는 것이 바람직하다. 반대로 연구가 장기적이거나 시간적 부담이 큰 경우에는 짧은 복합 측정 도구를 긴 설문지의 합리적인 대안으로 활용할 수 있다.

이번 절에서는 어두운 성격 3요소 연구에서 가장 널리 활용되는 측정 도구들에 대한 간략한 개요를 제시하고자 한다. 물론 임상이나 법의학 연구에서 자주 사용되는 다양한 도구들도 존재하지만, 이들이 반드시 어두운 성격 3요소 연속체를 조사할 때 사용되는 것은 아니다. 가장 일반적으로 활용되는 측정 도구들의 특성은 [표 1.4]에 요약되어 있다.

1.6.1 마키아벨리니즘의 측정

마키아벨리니즘을 연구할 때 가장 널리 사용되는 설문지는 리처드 크리스티(Richard Christie)와 동료들이 개발한 20문항의 MACH－IV 척도이다. 이 척도는 마키아벨리니즘 성향을 지닌 개인의 교활하고 음모적인 특성을 포착하기 위해 고안되었다(Christie & Geis, 1970). 다만, 이 도구의 일부 문항은 다소 시대착오적으로 보일 수 있으나, 아직 이를 대체할 만한 더 나은 도구가 개발되지는 않았다. 대부분의 연구에서는 마키아벨리니즘을 단일 차원으로 다루었지만, 다양한 분석 결과 서로 다른 요인 구조가 추출되어 마키아벨리니즘이 여러 상호 연관된 하위 구성 요소로 이루어질 수 있음을 시사한다. 실제로 연구에 따라 1개에서 5개까지의 요인이 도출되었으며, 각 요인은 서로 다른 명칭과 문항으로 설명되었다(Rauthmann, 2013). MACH－IV는 마키아벨리니즘을 측정하는 대표적 척도로 여겨지지만, 그 자체로 몇 가지 한계가 존재한다.

예를 들어, 마키아벨리니즘이 어떤 요인으로 구성되어 있는지에 대한 논란이 있으며, MACH－IV 척도가 이 특성을 정확히 측정할 수 있는지를 두고도 의견이

엇갈린다. 크리스티(Christie)와 가이즈(Geis)(1970)는 마키아벨리니즘이 대인관계 전술과 인간 본성에 대한 관점이라는 두 가지 주요 영역으로 이루어져 있다고 제안했다. 마키아벨리니즘 성향이 강한 사람들은 인간 본성을 매우 냉소적으로 바라보며, 타인을 악의적이거나 신뢰할 수 없고, 나약하거나 게으르다고 인식한다. 또한 이들은 아첨과 속임수를 중심으로 한 행동 전술을 지지한다. 크리스티와 가이즈(1970)에 따르면 이러한 두 특성은 모두 MACH–IV 척도에서 측정된다. 그러나 이후 추가 요인분석에서는 두 가지를 넘어서는 구성 요소들이 도출되었다. 예컨대, 헌터(Hunter), 거빙(Gerbing) 및 보스터(Boster)(1982)는 전술을 속임수와 아첨으로, 인간 본성을 부도덕성과 냉소로 구분하는 네 가지 요인을 제안했다. 더 최근에 존 라우트만(John Rauthmann)은 마키아벨리니즘의 "핵심"을 MACH–IV의 다섯 문항만으로 측정할 수 있다고 주장했는데, 이 항목들은 해당 특성에 내재된 냉소와 인간혐오를 잘 반영한다(Rauthmann, 2013). 결국 타인에 대한 부정적인 관점이 비도덕적이고 조작적인 행동으로 이어질 수 있지만, 실제 행동 자체보다는 이러한 부정적 관점이 마키아벨리니즘 개념의 중심에 더 가깝다고 볼 수 있다. 마키아벨리니즘의 문제는 명확한 이론적 기반이 부족하다는 점이며(Fehr 외, 1992), 많은 논의가 MACH–IV 설문지에서 추출된 요인 구조를 설명하는 데 집중되어 있다.

표 1.4 어두운 성격 3요소를 측정하는 데 가장 일반적으로 사용되는 도구

측정도구	문항 수	측정하는 특성	인용 수	문항 예시 및 응답 척도
어두운 성격 3요소 단축형 질문지(The Short Dark Triad questionnaire: SD-3)(Jones & Paulhus, 2014)	27	3요소 전체	+200	• 마키아벨리니즘: 미래에 누가 나에게 도움이 되는 사람인지 알 수 없으니 사람들과 직접적인 마찰은 피한다. • 자기애: 내가 없다면 많은 그룹 활동들이 지루해지는 경향이 있다. • 사이코패스: 사람들은 종종 내가 통제가 불가능하다고 한다. • 1=전혀 그렇지 않다. • 5=매우 그렇다.

더티더즌(Dirty Dozen: DD) (Jonason & Webster, 2010)	12	3요소 전체	+400	• 마키아벨리니즘: 나는 내가 원하는 것을 얻기 위해 다른 사람들은 속이는 경향이 있다. • 자기애: 나는 다른 사람들이 나를 우러러봐 주길 바라는 경향이 있다. • 사이코패스: 나는 냉담 혹은 무감각한 편이다. • 1=전혀 그렇지 않다. • 9=매우 그렇다.
자기애성 성격 검사 (Narcissistic Personality Inventory: NPI) (Raskin & Terry, 1988)	40	자기애 (다양한 구성 요소)	+2,200	• 두 개의 문장 중 하나를 선택하세요. A: 겸손은 내게 어울리지 않는다. B: 나는 기본적으로 겸손한 사람이다.
자기보고식 사이코패시 척도 (Self-report psychopathy; SRP-HI) (Paulhus 외, 2009)	64	사이코패스 (1차 및 2차)	+400	• 나는 거짓말탐지기를 이길 수 있을 것 같다(1차 사이코패스). • 나는 운전할 때 속도감을 즐긴다(2차 사이코패스). • 1=전혀 그렇지 않다. • 5=매우 그렇다.
레벤슨 자기보고식 사이코패시 척도 (Levenson's self-report psychopathy scale; LSRPS) (Levenson, Kiehl, & Fitzpatrick, 1995)	26	사이코패스 (1차 및 2차)	+1,100	• 성공이란 어차피 생존경쟁의 결과이다. 나는 패자에게 신경쓰지 않는다(1차 사이코패스). • 나는 여러 번 반복적으로 같은 문제에 봉착한다(2차 사이코패스). • 0=전혀 그렇지 않다. • 4=매우 그렇다.
마키아벨리안 성향 척도 (MACH-IV) (Christie & Geis, 1970)	20	마키아 벨리니즘	+2,000	• 여기저기에서 편법을 쓰지 않고는 앞서 나가기가 어렵다. • 1=전혀 그렇지 않다. • 5=매우 그렇다.

1.6.2 나르시시즘의 측정

나르시시즘을 측정하는 자기보고식 도구는 여러 가지가 있으며, 비임상 집단에서 어떤 도구가 가장 적합한지에 대해서는 여전히 논의가 이어지고 있다. 이러한 도구들은 자기애성 성격장애(NPD)에 대한 DSM 진단 범주에서 비롯되었고, 척도 개발 과정에서 나르시시즘 이론이 활용되었다.

어두운 성격 3요소에서 나르시시즘을 측정하는 데 가장 널리 사용되는 척도 중 하나는 라스킨(Raskin)과 홀(Hall)(1981)이 개발한 40문항 강제선택형 자기애성 성격척도(Narcissistic Personality Inventory, NPI)이다. 이 척도는 사회 및 성격심리학 연구의 약 70%에서 활용되고 있다(Cain, Pincus, & Ansell, 2008). 이 도구는 DSM−III의 자기애성 성격장애(NPD) 진단 범주에서 유래했으며, 지역사회 표본에서 나르시시즘의 연속성을 조사하기 위해 개발되었다. NPI는 40쌍의 문항으로 구성되어 있으며(예: "사람들이 나를 칭찬하면 나는 때때로 당황한다.", "다른 사람들이 계속 그렇게 말해주기 때문에 나는 내가 괜찮은 사람이라고 생각한다."), 참가자는 자기애적 문항을 선택할 때마다 점수를 얻는다. NPI에는 16문항, 13문항 등 다양한 축약판도 있으나, 어두운 성격 3요소 연구에서는 여전히 긴 버전이 가장 널리 사용된다.

요인분석 결과, 자기애성 성격척도(NPI)에서는 서로 다른 요인 구조가 발견되었으며, 이는 점수 체계(예: 강제 선택, 리커트 척도, 참/거짓 형식 등)에 따라 달라질 수 있다(Wetzel, Roberts, Fraley, & Brown, 2016). 예를 들어, 라스킨(Raskin)과 테리(Terry)(1988)의 초기 분석에서는 7요인 모델을 제안했지만, 이후 연구에서는 2개, 3개, 4개, 5개 요인 구조가 제시되기도 했다(Wetzel 외, 2016 참조). 대부분의 연구에서는 개인 내적으로는 적응적인 측면(예: 허영심, 리더십, 권위)과 대인관계적으로는 부적응적인 측면(예: 착취성, 특권의식)을 식별하고 있다. 나르시시즘과 NPI가 다차원적이라는 점은 분명하지만, 어두운 성격 3요소에 대한 대부분의 연구는 이를 충분히 반영하지 못했으며, 이로 인해 다양한 행동에서 적응적·부적응적 나르시시즘이 어떤 역할을 하는지 판단하기가 어렵다.

나르시시즘을 측정하는 설문지는 여러 가지가 있다. 예를 들어, 자기애성 성격장애 척도(NPDS; Narcissistic Personality Disorder Scale)(Ashby, 1978), 오브라이언 다면적 자기애 인벤토리(O'Brien Multiphasic Narcissism Inventory)(O'Brien, 1987),

과민성 자기애 척도(Hypersensitive Narcissism Scale)(Hendin & Cheek, 1997), 그리고 미네소타 다면적 인성검사(MMPI; Minnesota Multiphasic Personality Inventory)(Morey, Waugh, & Blashfield, 1985) 등이 있다. 그러나 이러한 척도들은 어두운 성격 3요소 연구에서는 많이 사용되지 않으므로 여기서는 더 이상 다루지 않는다.

1.6.3 사이코패시의 측정

현재 대부분의 사이코패시 평가는 로버트 헤어(Robert Hare)가 개발한 개정판 사이코패스 체크리스트(Psychopathy Checklist－Revised, PCL－R; Hare, 1991)에 기반한다. 지난 수십 년간 이 도구는 사이코패스 성격을 평가하는 데 있어 '황금 표준(Golden Standard)'으로 활용되어 왔다. 이 체크리스트는 20개 항목으로 구성되어 있으며, 임상가가 각 항목이 피검자에게 얼마나 적용되는지를 평가한다. 그러나 PCL－R은 임상 및 법의학 집단에서 사용되는 척도로, 자기보고식 측정에는 적합하지 않다. 이에 일반인을 대상으로 자기보고식 도구를 개발하기 위해 PCL을 토대로 새로운 척도들이 만들어졌는데, 예를 들어, PCL－R은 비임상적·비법의학적 집단을 대상으로 한 정신병질 자기보고검사(Self－Report Psychopathy Scale, SRP－III; Paulhus, Neumann, & Hare, 2009)를 제작하는 데 본보기로 사용되었다.

1.6.4 복합 측정도구

어두운 성격 3요소 연구의 인기가 높아짐에 따라 최근에는 복합 측정 설문지가 개발되었다. 대표적인 것이 더티 더즌(Dirty Dozen, DD; Jonason & Webster, 2010)과 어두운 성격 3요소 단축형(Short Dark Triad, SD3; Jones & Paulhus, 2014)이다. 단축형 복합 척도의 장점은 응답자가 답해야 하는 문항 수를 크게 줄일 수 있다는 점이다. 기존의 더 길고 전통적인 척도를 사용할 경우 최대 124개 문항에 응답해야 하므로 시간이 오래 걸리고, 설문에서 높은 중도 탈락률을 초래할 수 있다. 단축형 도구는 특히 연구의 다른 부분에서 참가자가 많은 시간을 투자해야 하는 경우 유용하다. 그러나 단축형의 단점은 지나친 간결함으로 인해 척도의 구성타당도가 저해될 수 있다는 것이다. 즉, 단축형 도구의 위험은 본래 측정하고자 하는 특성을 충분히 측정하지 못할 수 있다는 데 있다. 이러한 문제는 다차원적인 성격을 지닌 사이코패시와 나르시시즘에서 특히 두드러지는데, 단축형 척도는 이러한 특성의 미묘한 차이를 포착하지 못한다.

측정 도구가 개발된 지는 오래되지 않았지만, 더티 더즌(DD)과 어두운 성격 3요소 단축형(SD3)은 이미 어두운 성격 3요소 연구에서 널리 활용되고 있으며, 이들의 타당성과 신뢰성은 면밀히 검토되고 있다(예: Maples, Lamkin, & Miller, 2014 참조). 더티 더즌(DD)은 각 하위 특성을 4문항씩 측정하는 총 12문항으로 이루어진 매우 간단한 척도이다. 이 척도는 내적 신뢰도(즉, 각 특성의 4문항이 동일한 개념을 측정함)는 양호한 것으로 입증되었으나, 수렴 타당도(즉, 더 정교하고 긴 척도와의 상관)는 상대적으로 제한적인 것으로 나타났다. 반면, 어두운 성격 3요소 단축형(SD3)은 각 하위 특성을 9문항씩 총 27문항으로 구성하고 있으며, DD보다 내적 신뢰도가 높고 수렴 타당도 또한 더 강하게 보고되고 있다.

어두운 성격 3요소 특성 간의 상관관계는 사용된 측정 도구에 따라 달라질 수 있다. 더티 더즌(DD)은 나르시시즘과 마키아벨리니즘 간의 중복이 0.57로, 어두운 성격 3요소 단축형(SD3)(0.26)이나 더 긴 측정 도구들에 비해 더 크다는 점에서 비판을 받았다(Muris 외, 2017). 이는 나르시시즘과 마키아벨리니즘을 측정하는 질문들이 서로 유사하기 때문일 수 있다. 무리스(Muris) 외(2017)는 마키아벨리니즘과 나르시시즘을 묻는 네 가지 문항이 모두 "타인 지향적"이라는 점을 지적했다. 예컨대, "나는 다른 사람들이 나를 동경하기를 바라는 경향이 있다(나르시시즘)." 또는 "나는 내가 원하는 바를 얻기 위해 다른 사람을 조종하는 경향이 있다(마키아벨리니즘)."와 같은 항목들이 이에 해당한다. 반면, DD의 사이코패시 관련 네 문항은 모두 "자기 지향적"으로, "나는 후회를 잘 하지 않는 편이다."와 같이 개인의 특성을 설명하는 데 중점을 두고 있으며, 타인과의 관계적 맥락은 다루지 않는다. 이러한 의도치 않은 문항 구성상의 공통점이 나르시시즘과 마키아벨리니즘 간 상관을 과도하게 높였을 가능성이 있다.

요약하면, 단축형 어두운 성격 3요소 측정도구는 긴 설문지를 대신할 수 있는 적절한 대안이며, 연구에 시간적 제약이 있을 때 유용하다. 이 중 SD3는 기존 측정도구와의 상관이 더 높아 수렴 타당도가 우수하므로 더 바람직하다. 또한 SD3에서는 사이코패시를 냉담한 정서뿐만 아니라 위험한 행동을 나타내는 하위 척도로 구분할 수 있는 반면, 더티 더즌(DD)은 냉담한 정서 측면만을 측정한다.

1.7 어두운 성격 4요소(Tetrad)

최근 연구자들은 어두운 성격 3요소에 네 번째 관련 특성인 사디즘(sadism)을 추가해야 한다고 제안했다. 사디즘 성향이 강한 사람들은 다른 사람에게 불필요한 고통을 가하는 데에서 즐거움을 얻는다. 오메아라(O'Meara), 데이비스(Davies) 및 해먼드(Hammond)(2011)는 사디스틱 성격을 "타인을 굴욕감에 빠뜨리거나, 장기간 잔인하거나 경멸적인 행동을 지속적으로 보이거나, 권력과 지배를 주장하거나 쾌락을 얻기 위해 의도적으로 신체적·성적·심리적 고통을 가하는 사람"으로 정의했다(p. 523). 사디즘은 정신장애의 공식 분류 체계에는 포함되지 않지만, DSM에서 성도착(paraphilia)을 논의할 때 언급된다. 다만 성적 사디즘은 일상적 사디즘과 반드시 관련이 있는 것은 아니며, 개인은 직장 등 일상적 상호작용에서 가학적으로 행동할 수 있지만 이러한 행동에서 성적 만족을 얻지 않을 수도 있다.

사디즘은 어두운 성격 3요소와 구별된다. 마키아벨리니즘, 나르시시즘, 사이코패시 성향이 강한 사람들이 반드시 타인에게 고통을 주는 것을 즐기는 것은 아니기 때문이다. 이러한 차이로 인해 어두운 성격 3요소에 사디즘을 네 번째 특성으로 포함한 다크 테트라드(Dark Tetrad) 개념이 제안되었다. 최근 다크 테트라드에 관한 연구가 급격히 증가하고 있으며, 연구 결과는 이 개념이 실제로 탐구할 만한 가치가 있음을 보여주고 있다.

사디즘은 어두운 성격 3요소와 밀접하게 연관되어 있다. 샤브롤(Chabrol), 멜리오리(Melioli), 밴 루언(Van Leeuwen), 라저스(Rodgers) 및 가우토디어(Goutaudier)(2015)의 연구에서 고등학생 600여 명을 대상으로 다크 테트라드 설문을 실시한 결과, 네 가지 특성은 서로 상관관계가 있는 것으로 나타났다. 즉, 어두운 성격 3요소에서 높은 점수를 받은 개인은 사디즘 점수도 높게 나타났다. 또한 연구에서는 네 가지 뚜렷한 성격 유형이 확인되었는데, (1) 네 특성 모두 낮은 집단, (2) 마키아벨리니즘과 사디즘이 높은 집단, (3) 사이코패시와 나르시시즘이 높은 집단, (4) 네 특성 모두 높은 집단이었다. 특히 네 특성 모두에서 높은 집단은 약 15%로 소수였으나, 가장 높은 수준의 반사회적 행동과 우울 증상 없는 자살 사고를 보였다. 이 결과는 비임상 청소년 집단에서도 10명 중 1명 이상이 다크 테트라드 성향을 강하게 보이며, 이들이 청소년기의 반사회적 행동의 상당 부분을 설명할 수 있음을 시사한다.

메데도비치(Mededovic)와 페트로비치(Petrovic)(2015)는 어두운 성격 3요소와 관련하여 사디즘을 분석한 결과, 사디즘이 실제로 연관된 구성요소임을 발견했다. 성격 5요인(Big Five)과 관련해서는, 사디즘이 친화성, 정직-겸손, 성실성과 부적으로 연관되어 있다는 결과를 제시했다. 사디즘은 어두운 성격 3요소와 유사한 점이 있지만, 각각의 특성이 충분히 구별되므로 성격 구성 개념으로서 다크 테트라드를 제안할 수 있는 근거가 된다.

에린 버켈스(Erin Buckels), 존스(Jones) 및 폴허스(Paulhus)(2013)는 일상에서 나타나는 사디즘, 즉 지나치게 극단적이거나 불법적이지 않은 행동을 조사하기 위한 일련의 실험을 설계했다. 저자들은 사디즘과 어두운 성격 3요소가 벌레를 죽이거나 사람을 해치려는 의지와 어떻게 연결되는지를 탐구했다. 실험자는 참가자들에게 여러 직업 목록 중 하나를 선택하게 했는데, 그중 하나는 곤충을 박멸하는 직업(커피 분쇄기로 곤충을 죽이는 것)이었다(실험에서 실제 곤충은 해를 입지 않음). 사디즘 성향이 강한 사람들은 이 직업을 선호했을 뿐 아니라 벌레를 으깨는 데에서 더 큰 즐거움을 느낀다고 보고했다. 또한 사디즘은 다른 다크 테트라드 특성과 달리 무고한 피해자에게 공격적인 행동(예: 공범에게 강한 소음을 들려주기)과 관련이 있었다. 이 연구는 사디즘이 마키아벨리니즘, 나르시시즘, 사이코패시와는 달리 추가적인 보상이 없어도 타인에게 고통을 주려는 의지와 그로부터 즐거움을 얻는 성향과 밀접히 관련된다는 사실을 확인했다.

일상에서의 사디즘을 조사한 다른 연구들에서도 사디즘이 실제로 잔인함에서 즐거움을 얻는 성향과 관련이 있음이 밝혀졌다. 사디즘 성향이 강한 사람들은 어두운 성격 3요소 성향이 강한 사람들보다 폭력적인 비디오 게임을 더 자주 즐기는 것으로 나타났으며(Greitemeyer, 2015), 이는 사디즘 경향이 게임이라는 가상 세계에서도 타인에게 해를 가하는 행동으로 확장될 수 있음을 보여준다. 또한, 다른 사람들에게 트롤링(부정적이고 경멸적인 댓글을 남기는 행위, 종종 익명으로)을 하는 사람들은 다크 테트라드 성향이 높았고, 특히 사디즘 성향이 두드러졌다

(Craker & March, 2016; Buckels, Trapnell, & Paulhus, 2014). 사디즘과 사이코패시의 결합은 트롤링에서 특히 독성이 강한 조합으로, 한 연구에서는 인터넷 트롤들에게서 이 두 특성이 전형적으로 발견되었다(Sest & March, 2017). 또한 반 게일(van Geel), 괴만스(Goemans), 토프라크(Toprak) 및 베더(Vedder)(2017)의 연구에서는 다른 세 가지 특성을 통제했을 때, 사디즘이 전통적 괴롭힘과 사이버 괴롭힘 모두를 예측하는 중요한 요인으로 나타났다.

일상적인 사디즘 특성은 10문항으로 구성된 짧은 사디즘적 충동 척도(Short Sadistic Impulse Scale, SSIS; O'Meara, Davies, & Hammond, 2011)나 9문항으로 구성된 사디즘적 성격 평가척도(Assessment of Sadistic Personality, ASP; Plouffe, Saklofske, & Smith, 2017)와 같은 설문지를 통해 측정되어 왔다. 두 척도 모두 일상적이고 비성적인 사디즘을 조사하는 데 활용되었으며, 어두운 성격 3요소 측정 도구와 함께 사용하기에 적합하다.

1.8 결론

어두운 성격 3요소에 관한 연구는 지난 수십 년간 폭발적으로 증가했으며, 많은 연구들이 사회적으로 바람직하지 않은 성격의 프로파일을 규명하는 데 초점을 맞추어 왔다. 어두운 성격 3요소를 다른 성격 특성과 연계하여 살펴본 연구에서는 세 가지 모두 낮은 정직성과 낮은 친화성과 관련이 있음을 보여주었다. 이는 어두운 성격 3요소의 핵심이 부정직, 냉담함, 조작적 성향에 있음을 시사한다. 그 중 나르시시즘은 외향적이고 접근 지향적인 삶의 태도를 특징으로 하며, 어두운 성격 특성 중 "가장 밝은" 측면을 가진 것으로 보인다. 특히 사이코패시는 낮은 공감 능력과 낮은 정서 지능과 관련되어 있어 타인에 대한 착취를 용이하게 할 수 있다. 또한 사이코패시와 나르시시즘은 높은 위험 감수성과 충동성과 관련이 있는 반면, 마키아벨리니즘 성향이 강한 개인들은 삶에 있어 보다 신중한 접근 방식을 보인다.

어두운 성격 3요소 성향이 강한 사람들의 착취적이고 이기적인 본성은 진화론적 관점에서 이러한 특성의 존재를 설명하려는 다양한 이론으로 이어졌다. 가장 널리 적용되는 이론 중 하나는 생활사 이론(LHT)으로, 이 특성들이 빠른 전략의 맥락에서 적응적이며 양육보다 짝짓기를 우선시한다고 본다. 또한 어두운 성격 3요소 특성은 다른 사람을 이용해 환경으로부터 자원을 획득하는 '속임수 전략'을 촉진할 수 있으며, 이는 특정 조건에서 적응적 전략이 될 수 있다.

지난 수십 년간 수천 편의 연구가 축적되었음에도 불구하고, 문헌에는 여전히 많은 공백이 존재하며, 그중 일부는 이후 장에서 다루어질 것이다. 사회적으로 바람직하지 않은 성격을 이해하려는 양질의 연구들이 많이 축적되었지만, 향후 연구에서 반드시 보완되어야 할 몇 가지 한계가 존재한다(표 1.1 참조). 다음 장들에서는 지금까지의 문헌을 요약하면서 어두운 성격 3요소를 임상심리학(제2장)과 법의학적 심리학(제3장)의 틀에서, 그리고 연애(제4장), 우정(제5장), 직장(제6장), 사이버 세계(제7장) 행동 영역에서 탐구한다.

추가 읽을 자료

ABook, A., Visser, B. A., & Volk, A. A. (2015). Unpacking "evil": Claiming the core of the dark triad. *Personality and Individual Differences, 73*, 29–38.

Muris, P., Merckelbach, H., Otgaar, H., & Meijer, E. (2017). The malevolent side of human nature: a meta–analysis and critical review of the literature on the dark triad (narcissism, Machiavellianism, and psychopathy). *Perspectives on Psychological Science, 12*, 183–204.

Paulhus, D. L., & Williams, K. M. (2002). The dark triad of personality: narcissism, Machiavellianism, and psychopathy. *Journal of Research in Personality, 36*, 556–563.

임상 장면에서의 어두운 성격 3요소

The Dark Triad of Personality

제2장

임상 장면에서의 어두운 성격 3요소

2.1 도입

42세의 유부남 A씨는 아내와의 문제를 호소하며 심리치료사를 찾았다. 그는 성공한 기업가이며 경쟁심이 강하다. 사교 모임을 즐기며 그 자리에서 주목받는 것을 좋아하고, 직장에서의 도전적 상황을 즐기며 자신이 문제 해결에 뛰어난 능력을 지니고 있다고 믿는다. 그는 현재 결혼생활을 이어나갈지에 대한 고민으로 치료를 받고 있다. A씨는 결혼 초기부터 아내에게 성적 매력을 느끼지 못했다고 했다. 결혼생활 내내 그는 연인들을 만나 살림을 차리고 금전적 지원을 하다가 관계를 정리하고 또 다른 상대를 만나는 방식으로 지속적인 외도를 해왔다. 그는 이러한 상황이 아내와의 관계에 영향을 주지 않았다고 느끼지만, 다른 사람과 함께라면 더 나은 삶을 살 수 있을지 고민하고 있다(Caligor, Levy, & Yeomans, 2015, p. 415).

캘리거(Caligor) 외(2015)가 제시한 임상 사례 연구는 자기애성 성격장애(NPD) 진단을 받은 사람들에게 흔히 나타나는 문제 유형의 예시였다. 어두운 성격 연속선상의 상단에 있는 사람들의 행동에서 비롯되는 심각한 대인관계 문제로 인해, 어두운 성격 3요소는 임상심리학과 법의학 심리학 분야에서 많은 주목을 받아왔다. 어두운 성격 3요소는 사회적 규범과 도덕적 기준을 위반하거나 왜곡하는 것과 관련이 있으며, 특히 일부일처제를 유지하는 데 무관심한 태도를 포함한다. 이러한 행동으로 고통받는 사람들은 가해자 자신뿐 아니라 그 주변의 연인, 배우자, 친구, 친척, 동료일 수 있다. 실제로 어두운 성격 3요소 성향이 강한 사람과의 유해한 관계에서 살아남은 사람들은 그 성향을 가진 당사자들보다 심리적 개입이 더 필요하다고 느낀다.

어두운 성격이 대인관계에 초래하는 피해를 고려하면, 이러한 성향이 강한 사람들을 단순히 "정신적으로 아픈", 즉 개입이 필요한 정신질환자로 보기보다는 "나쁜", 즉 달리 손쓸 방도가 없는 불쾌하고 까다로운 사람들로 이해하는 것이 더 적절할 수 있다. 이 주제는 실제로 미국 도널드 트럼프(Donald Trump) 대통령의 성격과 행동에 관한 공개적 논의의 소재가 되기도 했다(Box 2.1 참조). 그러나 대인관계에서 나타나는 독성은 어두운 성격 연속선상의 상단에 위치한 사람들의 정신적·신체적 건강에도 영향을 미치므로, 정신병리학 연구와 이론에서도 결코 무시할 수 없는 중요한 문제이다. 따라서 본 장에서는 임상심리학과의 이론적·실무적 연결에 중점을 두며, 어두운 성격 3요소가 건강에 미치는 영향은 제6장에서 다루게 될 것이다.

임상 문헌에서 현재 논의되는 쟁점 중 하나는 용어와 진단 범주의 사용 문제이다. 나르시시스트, 사이코패스라고 부를 것인가, 아니면 자기애적 성격, 사이코패시적 성격이라고 부를 것인가 하는 논란이 있다. 또한 개인을 특정한 유형(예: 사이코패스 vs. 비사이코패스)으로 구분하는 것이 반사회적 성격을 이해하는 데 실제로 도움이 되는지에 대한 의문도 제기된다. 낙인(labelling) 효과가 자기충족적 예언으로 작용하거나, 낙인찍힌 사람들이 사회적 편견과 차별을 경험할 가능성도 논의된다. 여러 성격심리학자들은 이러한 범주화가 정상과 비정상을 가르는 임의적 임계값에 기초한 인위적 임상 구성 개념이라고 지적한다. 따라서 성격(사회적으로 바람직하지 않은 성격 포함)은 별도의 '질환' 범주라기보다 정상적인 개인차가 나타나는 연속선상에서 이해하는 것이 더 적절할 수 있다.

미국정신의학회가 2013년에 발간한 DSM–5(정신질환 진단 및 통계 편람)와 세계보건기구가 2018년에 발간한 ICD–11(국제질병분류) 최신판에서는, 사이코패스 특성(반사회적 성격장애, ASPD)과 나르시시즘을 성격장애로 분류하고 있다. 두 진단 체계 모두 성격장애를 고유한 '군집(clusters)'으로 구분하며, 이는 각 군집 내 장애들이 공유하는 정신병리학적 유사성에 근거한다. 예컨대 DSM에서는 '자기애성 성격장애(NPD)'와 '반사회성 성격장애(ASPD)'가 B군 성격장애에 포함된다. B군 성격장애는 충동 조절 및 감정 조절의 어려움으로 인해 극적이고, 감정적이며, 불규칙한 행동을 보이는 것이 특징이다. 최신 DSM 판본은 성격장애의 단순한 존재 여부뿐만 아니라 장애의 심각도를 평가하는 척도를 포함함으로써 진단의 정확도를 높일 것으로 기대되었다. 그러나 이 진단 체계는 여전히 많은 비판을 받고 있다. 사실, 성격장애를 정신질환으로 규정하는 개념 자체가 여러 이유로 격렬한 논쟁의 대상이며, 이에 대해서는 본 장 후반부에서 더 자세히 다룰 것이다.

BOX 2.1 도널드 트럼프(Donald Trump)는 악의적 나르시시즘(malignant narcissism)의 특징을 가지고 있는가?

심리학 분야에서는 전문가가 대중 인물에 대해 직접 대면하지 않은 상태에서 진단을 내리는 일은 드물다. 이는 미국정신의학회가 제정한 '골드워터 규칙'(1964년 미국 대통령 후보 배리 골드워터(Barry Goldwater)의 이름에서 유래)에 근거한다. 이 규칙은 정신과 의사가 개인을 직접 면담하지 않고 공인의 정신건강을 논하는 것은 윤리적이지 않다고 명시하고 있다. 그러나 미국 제45대 대통령 도널드 트럼프의 경우, 심리학자들은 이례적으로 예외를 두었다. 실제로, 잠재적으로 해로운 공인에 대해 시민들에게 '알릴 의무'가 있다는 인식이 확산되면서, 저명한 심리학자들은 골드워터 규칙을 폐지하고, 트럼프와 같은 특정 사례에서는 공인의 정신건강에 대한 전문적 견해 표명이 허용되어야 한다고 주장했다(Lilienfeld, Miller, & Lynam, 2018).

최신판 정신장애 진단 및 통계 편람(DSM-5)에 비추어 트럼프라는 공인을 살펴보면, 그의 성격과 자기애성 성격장애(NPD) 진단 기준 사이에 주목할 만한 유사성이 드러난다. DSM-5에 따르면, 자기애성 성격장애 진단을 받은 사람들은 웅대성, 과도한 관심 추구, 자신의 동기에 대한 무지, 타인의 반응에 대한 과도한 민감성(단, 자신과 관련이 있다고 인식되는 경우에 한함) 등의 특징을 보인다. 트럼프 대통령의 연설 내용과 트위터 활동을 분석한 연구들은 그의 의사소통 방식이 과장적이고 단순하며 충동적이고 무례하다는 결론을 내렸다(Ahmadian, Azarshahi, & Paulhus, 2017; Ott, 2017). 트럼프의 트윗은 자신의 업적을 과대하게 표현하는 동시에, 자신이나 행정부를 비판하는 이들에 대한 신랄한 공격으로 특징지어진다. 취약한 나르시시즘(vulnerable narcissism)의 전형적 특성인 연약한 자아는 타인을 향한 다수의 공격적 발언에서 드러난다. 뉴욕타임스(The New York Times)는 트럼프가 대통령이 된 이후 모욕적 언사를 가한 인물, 기업, 장소의 목록을 꾸준히 기록해 왔다. 이러한 기록은 충동적이고 공격적이며 쉽게 불쾌감을 느끼는 인물상을 보여준다. 트럼프의 의사소통 방식은 자기애성 성격장애 진단을 받은 환자에게서 흔히 나타나는 특성과 밀접한 유사성을 지니고 있다.

2017년 1월 트럼프 취임 전후, 저명한 심리학자들과 정신의학자들은 트럼프가 중증의 자기애성 성격장애를 지니고 있을 가능성을 논하며 공개 경고문을 발표했다. 이는 그의 의사결정 능력이 손상되었음을 시사하며, 그가 공직을 수행하기에 적합한지에 대한 의문을 제기하게 했다. 트럼프의 대인관계 양식에 나타나는 여러 악의적 특징으로 인해, 그의 국가 지도력에 대해서는 지속적으로 심각한 우려가 제기되어 왔다. 트럼프의 취임 이전, 세 명의 저명한 정신과 의사들은 버락 오바마 대통령에게 공개 서한을 보내 트럼프의 불안정한 정신 상태를 경고하며, 공정한 전문가들로 구성된 팀에 의한 전면적인 정신과 평가를 요구했다. 이들은 구체적으로 "과대성, 충동성, 비난이나 비판에 대한 과민성, 그리고 환상과 현실을 구분하지 못하는 뚜렷한 특징"을 지적했다(Greene, 2016). 이후 임상심리학자 존 가트너(John Gartner)는 "트럼프 대통령은 정신질환을 앓고 있으며 해임되어야 한다"라는 제목의 공개 청원을 시작했으며, 2017년 당시 62,000명이 넘는 서명을 받았다. 그러나 이들 가운데 정신건강 전문가가 얼마나 포함되어 있는지는 명확하지 않았다(Lilienfeld 외, 2018). 더 나아가 2017년 2월, 35명의 정신건강 전문가들은 뉴욕타임스에 공개 서한을 통해 트럼프의 국가 지도력에 대한 우려를 표명하며, "트럼프의 언행에서 나타나는 정서적 불안정성은 그가 대통령직을 안전하게 수행할 수 없음을 보여준다"라고 밝혔다(Dodes & Schachter, 2017).

반면, 트럼프를 정신질환자로 규정하는 것은 실제로 정신질환으로 고통받는 사람들에 대한 모욕이라고 보는 시각도 있다. 앨런 프랜시스(Allen Frances)는 뉴욕타임스에 보낸 편지에서 이렇게 적었다. "나쁜 행동이 정신질환의 징후인 경우는 드물며, 정신질환자가 나쁜 행동을 하는 경우 역시 매우 드물다. 트럼프의 민주주의 공격에 대응하기 위해 정신의학적 낙인을 사용하는 것은 잘못된 방식이다. 그의 무지, 무능, 충동성, 그리고 독재적 권력 추구는 그 자체로 비난받아야 한다"(Frances, 2017).

일부 전문가들은 트럼프의 상태가 정신질환이라기보다는 전두측두치매(Frontotemporal Dementia, FTD)로 인한 인지기능 저하일 가능성을 제기했다. 그의 자발적 발화에서 유창성, 복잡성, 어휘력이 감소하였는데, 이는 신경퇴행성 질환의 징후일 수 있다(Begley, 2017). 치매의 다른 증상으로는 부적절하거나 충동적인 행동, 쉽게 산만해짐, 단어 발음 시 정확한 소리를 내는 데 어려움, 이기적이거나 공감 능력이 부족해 보이는 특징 등이 있다. 따라서 또 다른 가능성은 대통령의 부적절하고 불쾌한 행동이 성격장애나 혐오스러운 성격 때문이 아니라, 치매나 정상적인 노화 과정에서 나타나는 인지기능 저하와 관련될 수 있다는 것이다.

참고문헌

Ahmadian, S., Azarshahi, S., & Paulhus, D. L. (2017). Explaining Donald Trump via communication style: Grandiosity, informality, and dynamism. *Personality and Individual Differences, 107*, 49-53.

Begley, S. (2017). *Trump wasn't always so linguistically challenged. What could explain the change?* Retrieved from: https://www.statnews.com/2017/05/23/donald-trump-speaking-style-interviews/.

Dodes, L., & Schachter, J. (2017). *Mental health professionals warn about Trump (Letter to the editors). New York Times*, Retrieved from: https://www.nytimes.com/2017/02/13/opinion/mental-health-professionals-warn-about-trump.html?mcubz=0&;_r=0.

Frances, A. (2017). *Letter to editor. New York Times*, Retrieved from: https://www.nytimes.com/2017/02/14/opinion/an-eminent-psychiatrist-demurs-on-trumps_mental-state.html.

Greene, R. (2016). *Is Donald Trump mentally ill? 3 professors of psychiatry ask President Obama to conduct a "full medical and neurological examination" Huffington Post blog*, https://www.huffingtonpost.com/richard-greene/is-donald-trump-mentally_b_13693174.html.

Lilienfeld, S. O., Miller, J. D., & Lynam, D. R.. (2018). The Goldwater Rule: Perspectives from, and implications for, psychological science. *Perspectives on Psychological Science, 13*(1), 3-27.

Ott, B. L. (2017). The age of Twitter: Donald J. Trump and the politics of debasement. *Critical Studies in Media Communication, 34*, 59-68.

DSM과 같은 진단 편람은 다양한 사용자들의 여러 목적에 부응하도록 설계되었다. 이는 사람들이 경험할 수 있는 근본적 문제에 대해 공유된 언어와 이해를 제공함으로써 임상가와 연구자 간의 의사소통을 촉진할 수 있다. 또한 진단은 보험회사, 학교, 교육기관이 개인을 지원하고 교육하며 관리하는 과정에서 활용될 수 있는 도구가 된다. 그러나 진단 범주는 오용될 가능성도 있으며, 특히 법률 체계에서 그러하다. DSM은 법원이나 변호사가 법적 판단을 내리는 과정에서 사용하도록 만들어진 도구가 아니지만, 실제로는 피고인의 정신적 이상 여부를 판정하는 데 자주 사용되고 있다.

DSM-5 성격장애 진단의 복잡하고 혼란스러운 발전 과정은 이 매뉴얼이 연구나 임상 실무에서 실제로 유용한지에 대해 의문을 제기한다. 성격장애 진단 체계를 마련하는 과정에서, 장애의 본질은 물론 무엇을 '장애'로 분류할 수 있는지에 대해서조차 작업반 내부에서 합의가 거의 이루어지지 않았다. 이 과정에서 자기애성 성격장애 진단은 한때 삭제되었다가 다시 포함되었으며, 진단 방식을 오직 차원적 모델만을 적용하는 전면적 개편에서 범주형 진단과 성격 기능의 연속적 평정을 모두 포함하는 혼합 모델로 이동하게 되었다. 자커(Zachar), 크루거(Krueger) 및 켄들러(Kendler)(2016)는 이러한 혼합 모델의 발전을 "기대의 변화, 상충하는 목표, 그리고 분열된 연합 관계의 역사"라고 표현하였다(p. 1). 성격장애 진단을 재구조화하려는 시도 속에서 드러난 이러한 의견 불일치는 성격장애를 독립적이고 개별적인 실체로 보는 관점 자체의 한계와 성격장애 개념 전반에 내재한 문제를 반영한다.

성격장애와 그 진단의 개념은 여러 측면에서 문제점을 안고 있다. 첫째, 성격장애의 정의는 성격 기능의 손상에 근거하지만, 그렇다면 성격 기능이 온전한(즉, 장애가 없는) 사람은 어떻게 행동해야 하는지에 대한 기준은 불분명하다(Leising, Rogers, & Ostner, 2009). 둘째, 성격장애와 관련해 명확하게 규명된 생물학적 원인이 없으며, 이는 전통적인 의미의 '질병'과는 다르다는 점을 시사한다. 성격장애를 질병으로 정의하는 것은 생물의학적 모델에 기초한 것이 아니라, 서구 유럽과 미국의 사회적으로 수용되는 규범에서 벗어난 행동을 진단하는 개념에 더 가깝다. 그러나 사회적 규범은 문화와 시대에 따라 달라지므로, 한 문화에서는 비정상으로 간주될 수 있는 행동이 다른 문화에서는 정상으로 여겨질 수 있다. 따라서 이러한 상대적인 기준에 따라 개인에게 성격장애라는 꼬리표를 붙이는 것은 타당성이 떨어진다. 셋째, 진단적 접근은 개인을 정신질환이 있는 사람과 없는 사람으로 이분법적으로 나눌 수 있다는 전제에서 출발한다. 그러나 이러한 범주는 과학적 근거보다는 임의의 기준점에 의해 구분되는 경우가 많다. DSM-5에서는 이 문제를 보완하기 위해 진단 분류와 함께 평가척도를 도입했으나, 새로운 분류 체계가 타당한지 여부에 대해서는 성격 및 성격장애 연구자들 사이에서 합의가 부족하다(Zachar 외, 2016). 넷째, 성격장애 진단은 강력한 낙인 효과와 연관되어 있으며, 진단을 받은 사람들은 종종 까다롭거나 위험한 존재로 인식된다. 이러한 낙인은 개인의 전반적인 삶의 질을 저하시킬 뿐만 아니라 차별로 이어지고, 법적 문제, 고용, 대인관계에서 불이익을 초래할 수 있다. 이러한 이유들로 인해 성격장애라는 진단 범주의 유용성은 신중히 검토될 필요가 있다. 한편, 성격심리학 연구에서는 어두운 성격 3요소를 거의 '장애'로 다루지 않는다.

2.2 임상적 개념으로서의 마키아벨리니즘

마키아벨리니즘은 DSM 분류 체계에 직접 포함되어 있지는 않지만, 일부 연구자들은 이를 사이코패시 성향의 연속선상에 위치한 개념으로 본다. 마키아벨리니즘 성향이 강한 개인의 차갑고 무관심한 대인관계 스타일은 비임상적 맥락에서 나타나는 사이코패시의 한 형태로 제안되어 왔으며, 이는 교도소에 수감되거나 정신의료기관에 입원한 적 없는 사람들 사이에서도 관찰된다(McHoskey, Worzel, & Szyarto, 1998). 예를 들어, 맥호스키(McHoskey)(2001)는 MACH-IV 척도를 다양한 임상 증상과 연관시켜 분석한 결과, 이 척도에서 높은 점수를 받은 사람들이 성격장애를 시사하는 여러 척도에서도 높은 점수를 보인다고 결론지었다. 구체적으로는, 마키아벨리니즘은 현재 정신장애로 분류되는 반사회적 성격과 연관성이 있었다. 이러한 결과만 보면 마키아벨리니즘은 정도가 약할 뿐 사이코패시와 크게 다르지 않은 것으로 보일 수 있으며, 최소한 정신질환 취약성을 높이는 요인으로 작용할 가능성이 있다. 실제로 어두운 성격 3요소와 다양한 신체적·정신적 건강 문제를 조사한 연구들은 마키아벨리니즘과 사이코패시가 모두 부정적인 건강 결과와 관련이 있음을 보여주었다(Jonason, Baughman, Carter, & Parker, 2015).

그러나 다른 연구에서는 심리적 웰빙이 사이코패시와는 부적 상관을 보였으나, 마키아벨리니즘과는 유의한 관련이 없다는 결과가 보고되었다(Aghababaei & Blachnio, 2015). 또 다른 연구에서 리차드슨(Richardson)과 보그(Boag)(2016)는 이질적인 인터넷 표본을 대상으로 한 조사에서 스트레스가 마키아벨리니즘과는 정적 관계를 보였지만, 사이코패시와는 관련이 없음을 확인하였다. 이러한 연구 결과들은 마키아벨리니즘과 사이코패시가 심리적 결과 측면에서는 유사하지 않음을 시사하며, 따라서 마키아벨리니즘은 단순히 사이코패시의 경미한 형태가 아니라 독립적인 성격 특성으로 다루어져야 함을 보여준다. 비록 마키아벨리니즘이 임상 문헌에서 명확히 자리매김하고 있지는 않지만, 여러 정신건강 결과와 취약성 경향을 이해하는 데 있어 유용한 개념적 도구가 될 수 있다.

2.3 임상적 개념으로서의 사이코패시

사이코패시는 임상 영역에서 많은 혼란을 불러일으켜 왔는데, 이는 사이코패시가 DSM 체계에서 독립적인 진단명이 아니라 반사회적 성격장애(ASPD) 진단 범주에 포함되기 때문이다. 일반인과 임상가 모두 흔히 '사이코패스'라는 용어를 사용하지만, 진단 매뉴얼에서는 별도의 장애로 분류되지 않는다. ASPD 진단은 충동적이고 규범을 위반하는 행동에 초점을 맞추는 경향이 있다. 그러나 이러한 진단 체계는 사이코패시와 밀접히 관련된 공감 결여, 대담성, 냉담함과 같은 핵심 요소들을 충분히 반영하지 못한다는 비판을 받아왔다. 이는 심각한 한계로, 타인에게 피해를 끼치는 모든 개인이 반드시 행동조절에 어려움을 겪는 것은 아니기 때문이다. 예컨대, 재정적 범죄를 저지르는 많은 사람들은 1차 사이코패시

(primary psychopathy)와 연관된 공감 결여를 보일 수 있지만, 현행 진단 매뉴얼에 따르면 이들은 사이코패시 진단을 받지 못한다.

이러한 한계를 보완하기 위해 최신 진단 및 통계 편람인 DSM-5에서는 문제 해결을 위한 시도가 이루어졌다. DSM-5는 기존의 반사회적 성격장애(ASPD) 진단 기준("기준 A") 외에도, 개인의 기능 수준과 부적응적 성격 특성을 평가할 수 있는 새로운 대안적 기준("기준 B")을 포함하고 있다. 이러한 '혼합 모델'은 성격(장애) 특성이 지니는 차원적·연속적 성격과 성격 기능 장애의 심각성을 동시에 고려하려는 시도라 할 수 있다.

반사회적 성격장애(ASPD)의 유무를 평가하기 위해서는 먼저 DSM-5 제2부(Section II)를 참고해야 한다. 이 부분은 이전 판 DSM과 동일하게 구성되어 있다. ASPD 진단을 내리기 위해서는 네 가지 기준을 충족해야 한다. 첫 번째 기준은 타인의 권리를 무시하고 침해하는 것으로, 다음의 하위 특징 중 하나 이상이 반드시 존재해야 한다. (1) 법을 준수하지 않음, (2) 거짓말·기만·조작, (3) 충동성, (4) 공격성, (5) 자신과 타인의 안전을 무시함, (6) 무책임함, (7) 죄책감 없음. 다른 기준으로는 연령(18세 이상), 병력(15세 이전에 행동장애(CD) 특징이 있어야 함), 동반 질환(조현병이나 양극성 장애가 없어야 함)이 있다. 이는 곧, 진단이 주로 '2차 사이코패시(secondary psychopathy)'와 관련된 행동적 측면에 근거하기 때문에, '1차 사이코패시(primary psychopathy)'의 차갑고 냉담한 특성만 가진 개인은 진단 기준을 충족하지 못할 수 있음을 의미한다.

DSM-5(섹션 III)의 새로운 대안적 모델에서는 반사회적 성격장애(ASPD)의 정도를 여러 연속적인 영역에서 측정할 수 있다. 그 영역은 탈억제(충동성, 위험 감수, 무책임)와 적대감(속임수, 적개심, 교묘함, 냉담함)이다. 연구자들은 이러한 추가 항목이 ASPD의 연속적인 특성을 더 잘 반영한다는 점에서 합리적이라고 평가했다. 이 혼합 진단 모델을 통해 사이코패시의 중요한 측면인 '대담성'을 확인할 수 있게 된다. 즉, 대담성은 대인관계 효능감, 정서적 회복탄력성, 능변·피상적 매력, 두려움 없음, 웅대한 자기가치감과 같은 요소들로 구성된다. 높은 수준의 대담성을 보이는 사람들은 ASPD 진단을 충족하는 사람들과는 뚜렷이 구별될 수 있다. 대담성은 1차 사이코패시 개념과 관련이 있으며, 이는 대체로 사람들이 사이코패시를 떠올릴 때 가지는 이미지와 일치한다. 즉, 성공적이고, 두려움 없이 타인을 조종하며, 일반인이라면 불안해할 상황에서도 쉽게 스트레스를 받지 않는 성향을 지닌 사람들이다.

DSM-5 섹션 III의 주된 장점은 1차 사이코패시가 높은 개인을 어느 정도 식별할 수 있다는 점이다. 사이코패시(일명 사이코패시 명시자(Psychopathy Specifier))는 낮은 불안 수준, 낮은 위축 성향, 높은 관심 추구 성향이 결합된 특성으로 평가할 수 있다. 기존의 사이코패시 측정 도구와 DSM-5의 사이코패시 명시자를 비교한 연구들은 유의한 정적 상관을 보고하였다(예: Anderson, Sellbom, Wygant, Salekin, & Krueger, 2014; Strickland, Drislane, Lucy, Krueger, & Patrick, 2013). 비록 사이코패시는 아직 공식적인 진단명은 아니지만, 50여 년간의 진단 논쟁 끝에 DSM-5 대안 모델에서는 반사회적 성격장애(ASPD)의 한 구성 요소로 인정되었다. 임상 면담과 부적응적 특질 모델 설문지 평가를 통해 개인은 사이코패시 성격 특성을 동반한 반사회적 성격장애(ASPD with Psychopathic Personality Traits)라는 진단을 받을 수 있다. 본 장의 후반부에서는 어두운 성격 3요소와 관련하여 이 부적응적 특질 모델을 검토할 것이다.

정신장애의 진단 도구로 공식적으로 인정되지는 않았지만, 로버트 헤어(Robert Hare)(2003)가 개발한 사이코패시 체크리스트 개정판(Psychopathy Checklist-Revised, PCL-R)은 법의학 분야에서 널리 사용되어 왔다. 이 도구는 라이선스를 받은 검증된 평가 도구로, 충분한 경험과 훈련을 갖춘 임상 전문가만이 사용할 것을 권장한다. 20개 항목으로 구성된 척도는 반구조화된 면담과 조사적 작업을 통해 완성되며, 이는 개인에 대한 모든 가능한 정보를 활용하여 사례 연구를 구축하는 과정이다. 이 과정에서 경찰 및 법원 기록, 병역 기록, 건강 정보, 그리고 부모·학교·고용주·친구 등의 정보 제공자 진술이 활용될 수 있다. 평가자는 각 항목에 대해 부재(0 = 전혀 해당되지 않음), 부분적 존재(1 = 다소 해당됨), 확실한 존재(2 = 확실히 해당됨)를 판단한다. 채점 항목은 냉담함, 죄책감 결여, 기생적 생활 방식, 충동성 등을 포함하며, 이는 1차 사이코패시와 2차 사이코패시의 요인을 반영한다. 총점은 0점에서 40점 사이이며, 영국에서는 25점 이상, 미국에서는 30점 이상을 기준으로 사이코패시로 판정한다. 즉, 미국에서는 사이코패시 진단을 받으려면 더 높은 수준의 특성이 요구되며, 이는 사이코패시 개념에 문화적 규범이 영향을 미친다는 것을 보여준다.

임상 전문가들은 사이코패시적 특성을 보이는 아동을 어떻게 다룰까? 어린이와 청소년에서 나타나는 사이코패시 유사 특징에 대한 연구 관심은 급격히 증가하고 있다. 이는 성인이 되었을 때 범죄자가 될 위험이 있는 개인을 조기에 식별할 필요성 때문이기도 하다. 타인을 계획적으로 공격하고, 공감 능력이 부족하며, 비행 행동을 보이는 아동과 청소년은 범죄 행위로 구금된 경우 특히 주목의 대상이 된다. 아동은 성격이 지속적으로 발달·성숙·변화하기 때문에, 18세 이전에는 반사회적 성격장애(ASPD) 진단을 내릴 수 없다. 사이코패시와 ASPD의 특징을 보이는 아동에게는 '품행장애(Conduct Disorder, CD)'라는 진단명이 부여된다. 아이가 성장하면 재평가가 이루어지며, 경우에 따라 이 진단이 반사회적 성격장애(ASPD)로 변경되기도 한다.

진단 기준이 수정되는 과정에서, 품행장애 진단은 새로운 판본에서도 변경되지 않았다. 아동이 품행장애 진단을 받기 위해서는 타인의 권리를 침해하거나 주요 사회적 규범을 위반하는 지속적이고 전반적인 행동양식을 보여야 하며, 이로 인해 사회적·학업적·직업적 기능에 뚜렷한 손상을 초래해야 한다. 또한 다음 중 하나 이상의 특징이 반드시 나타나야 한다. 사람 또는 동물에 대한 공격성, 재산 파괴, 기만 또는 절도, 심각한 규칙 위반. 이와 더불어, DSM-5에는 일부 청소년에게 나타나는 냉담하고 감정이 결여된 특성을 고려하기 위해 "명시자(특이사항, specifier)"가 도입되었다. "제한된 친사회적 정서(Limited Prosocial Emotions, LPEs)" 명시자는 후회나 죄책감의 결여, 냉담함 또는 공감 부족, 자신의 수행에 대한 무관심, 피상적인 정서 표현 등을 포함한다.

제한된 친사회적 정서(LPE) 명시자는 여러 측면에서 중요하다. 특히 냉담하고 죄책감을 전혀 느끼지 않는 아동을 다룰 때 그러한데, 이들이 반드시 반사회적 성격장애(ASPD)와 관련된 행동적 특성을 보이지는 않는다. 뉴욕타임스 특집 기사 "9세 아이를 사이코패스라고 부를 수 있는가?"(Kahn, 2012)는 9세 소년이 3세 아동을 수영장에 던진 뒤, 수영장 옆에 앉아 아동이 익사하는 장면을 담담하게 지켜본 사례를 소개했다. 이후 경찰 조사에서 그 소년은 누군가가 물에 빠져 죽는 모습을 보고 싶었다는 호기심을 들뜬 표정으로 늘어놓았다. 그는 전혀 반성의 기미를 보이지 않았으며, 타인의 주목을 받는 데에서 흥분과 즐거움을 느꼈다. 잔인한 행동에 대해 후회하지 않는 것은 향후 폭력 위험성을 평가할 때 핵심적으로 고려해야 할 요소이다. 따라서 LPE 명시자는 품행장애 진단이 제공할 수 있는 것 이상의 임상적 유용성을 지닐 수 있다.

9세 아이를 사이코패스라고 부를 수 있는가? 아동을 진료할 때에는 진단과 용어가 지니는 의미를 신중하게 고려해야 한다. 제기된 문제 중 일부는 다음과 같다. (1) 사이코패시와 유사한 행동의 안정성이 부족하다(아동은 아직 이러한 행동을 벗어날 가능성이 있음), (2) 아동과 성인의 사이코패시에는 구조적 차이가 존재한다, (3) 사이코패시 특성이 미래 행동을 예측하는 데 있어 예측 타당도가 부족하다. 이러한 우려와 더불어, 또 다른 심각한 문제는 일부 아동을 "치료 불가능한 아동"으로 낙인찍는 데 사이코패시 평가 도구가 오용되는 점이다.

사이코패시를 평생 지속되며 치료가 불가능한 상태로 간주하는 개념은 비행 행동을 저질러 법정에 출두한 아동에게 심각한 부정적 영향을 미칠 수 있다. 빌욘(Viljoen), 맥더걸(MacDougall), 가뇽(Gagnon) 및 더글라스(Douglas)(2010)는 미국과 캐나다에서 발생한 100여 건의 법원 사건을 검토하며, 아동이 정신건강 전문가로부터 평가를 받을 때 사이코패시 관련 용어가 어떻게 사용되는지를 조사했다. 그들은 상당수의 사례에서 사이코패시와 관련된 증거가 제시되었음을 발견했다. 판사들은 일반적으로 판결 시 사이코패시 관련 증거를 직접 언급하지는 않았지만, 사이코패시가 언급된 경우에는 주로 해당 청소년의 치료 어려움과 연관된 맥락에서였다. 즉, 사이코패시는 불변하며, 이러한 특성을 보이는 아동은 변화할 수 없다는 인식이 포함되어 있었다. 반대로 사이코패시가 언급되었으나 해당 아동이 사이코패시가 아니라고 판정된 사례에서는 더 관대한 형량이 내려졌으며, 법원 보고서에는 피고가 변화 가능성을 지닌다는 진술이 포함되었다. 따라서 아동을 대상으로 진단을 적용할 때는 극도의 주의가 필요하다. 사용되는 용어가 장차 아동이 도움을 받을 가능성에 직접적인 영향을 미칠 수 있기 때문이다.

2.4 임상적 개념으로서의 나르시시즘

임상적 개념으로서의 나르시시즘은 여전히 논란의 대상이다. 그중 일부 어려움은 임상심리학, 정신의학, 그리고 사회·성격심리학 간 정의와 접근의 불일치에서 비롯된다. 즉, 나르시시즘을 어떻게 규정할 것인가, 그리고 이를 연구에서 어떻게 측정할 것인가에 대해 큰 차이가 존재한다. 대부분의 전문가들은 나르시시즘이 병리적 표현과 정상적 표현을 모두 가진다는 데 동의한다. '정상적' 나르시시즘은 건강한 자아상과 자존감으로 나타나며, 이는 외부의 위협에 직면하더라도 쉽게 무너지지 않는다. 반면 '병리적' 나르시시즘은 취약한 자아상을 특징으로 하며, 타인의 비판에 의해 쉽게 붕괴될 수 있다. 이 두 가지가 어떤 관계를 가지는지에 대해서는 이론가들 간 견해가 갈린다. 일부 연구자들은 정상적 나르시시즘과 병리적 나르시시즘이 연속선상에 있으며, 병리적 형태는 정상적 나르시시즘의 보다 심각한 발현에 불과하다고 주장한다(예: Watson, 2005). 반대로 다른 연구자들은 두 형태가 본질적으로 구분되는 표현 방식으로, 각각 독립적인 차원의 성격 특성을 이룬다고 본다(예: Pincus 외, 2009).

DSM－5 성격 및 성격장애 작업 그룹은 처음에 자기애성 성격장애를 비롯한 몇 가지 성격장애 진단을 진단 매뉴얼에서 삭제할 것을 권고했다. 이러한 권고의 다소 모호한 근거는 성격장애 진단의 수를 줄이고, 진단 간 동시이환(同時罹患)(즉, 중복)을 최소화하려는 의도에 있었다. 그러나 이 결정은 해당 분야의 여러 저명한 연구자들(예: Miller 외, 2010)의 강한 반발을 불러일으켰고, 결국 작업 그룹은 DSM－5에서 자기애성 성격장애 진단을 이전 판과 동일하게 유지하기로 결정했다.

DSM－5 섹션 II의 자기애성 성격장애 진단 기준에 따르면, 만연한 웅대성, 과도한 존경에 대한 욕구, 공감의 결여가 반드시 존재해야 하며, 여기에 더해 다음 중 다섯 가지 이상을 충족해야 한다. '지나치게 자신을 중요시함, 무한한 성공, 권력, 탁월함, 아름다움 또는 이상적 사랑에 대한 환상에 몰두함, 자신이 특별하고 독특하다고 믿음, 타인으로부터 과도한 존경과 감탄을 요구함, 특권의식, 대인관계에서 타인을 착취함, 공감 능력 부족, 타인에 대한 과도한 질투심, 오만하고 거만한 태도 또는 행동.' NPD 진단 범주는 자기애의 웅대하고 과장된 측면에 지나치게 초점을 맞추고 있다는 비판을 받아왔다. 한편, 섹션 III 차원 모델(임상 현장보다는 연구에서 더 많이 사용됨)은 부정적 정서성 수준을 평가하는 방식 등을 통해 자기애의 취약한 측면을 파악할 수 있도록 하고 있다.

2.5 어두운 성격 3요소와 DSM-5 부적응적 성격 모델

DSM-5는 성격장애에 대한 대안 모델을 제안하였으며, 여기에 "부적응적 특성 모델"이 포함되어 있다. 이 모델은 DSM-5 성격 검사(연속적 성격척도, PID-5)로 측정된다. 부적응적 성격 개념은 성격 연구에서 제안된 차원적 모델과 매우 유사하다. 즉, 개인을 단순히 '장애가 있다/없다'로 분류하지 않고, 부적응적 성격 특성을 얼마나 강하게 보이는지 그 정도의 차이로 이해한다. 이 새로운 모델은 기존의 전통적 진단 체계를 보완하는 목적으로 활용된다. 따라서 임상가는 성격장애의 존재 여부(전통적 진단)뿐만 아니라, 성격 기능의 손상 정도와 그 구체적 양상(부적응적 특성 모델)까지 함께 평가할 수 있다.

PID-5는 성격이 사회적 기능장애를 초래할 수 있는 방식을 다섯 가지 광범위한 양극적 범주로 제시한다. 이 영역들은 성격 5요인(Big Five) 구조에도 대응시킬 수 있는데, 이는 부적응적 성격이 결국 정상 성격 특성의 극단적 변형일 뿐임을 시사한다. PID-5의 다섯 가지 영역은 다음과 같다. '부정적 정서성 대 정서적 안정성: 부정적 감정을 경험하는 빈도와 강도, 거리감 대 외향성: 사회·정서적 경험의 철회, 타인과의 친밀한 유대 회피 포함, 탈억제 대 성실성: 즉각적 만족을 추구하며 미래의 결과를 무시하는 경향, 적대성 대 친화성: 냉담함, 타인에 대한 무시, 과장된 자기중심성, 정신증적 성향 대 명료성: 기이하고 비정상적인 행동과 사고 표현.' 이 다섯 영역은 여러 세부 요인으로 구성되어 있으며, PID-5의 다양한 형태(예: 장문형, 단축형, 성인용, 아동용)는 연구 및 임상 활용을 위해 다음 웹사이트에서 다운로드할 수 있다(https://www.psychiatry.org/psychiatrists/practice/dsm/educational-resources/assessment-measures#Personality).

DSM-5와 성격장애 진단을 위한 대안 모델이 발표된 이후, 어두운 성격 3요소와 부적응적 특성 모델 간의 관계를 탐구하는 여러 연구가 이루어졌다. 이 연구에서 핵심적인 질문은 DSM-5에서 제시된 비정상적 성격 변이가 어두운 성격 3요소 특성과 얼마나 잘 대응되는가 하는 점이다. 즉, 모델의 어떤 구성 요소가 어두운 성격 3요소 연속선의 상위에 위치한 사람들에게 전형적으로 나타나는가 하는 것이다. 예를 들어, '적대성(antagonism)'은 어두운 성격 3요소 모두에서 공통적으로 나타나는 핵심 특징으로, 사회적 관계에서 중대한 기능 손상을 야기한다. 이러한 손상은 때때로 "심리사회적 장애"로 설명될 수 있을 정도이다. 적대성이 높은 사람들은 타인에 대해 냉담하며, 타인을 자신의 목표 달성을 위한 수단으로 여기는 경향이 있다. 당연히 이러한 행동은 단명하는 사회적 관계를 초래하거나, 혹은 적대적인 부모의 자녀와 같이 강한 적대성을 지닌 개인과의 관계를 피할 수 없는 사람들에게 큰 고통을 안겨준다. DSM-5 대안 성격장애 모델에서 적대성은 여러 하위 요인으로 구성된다. 즉, 조종성, 웅대성, 주목 추구, 적대감, 냉담함, 기만성 등이 그것이다. 따라서 흥미로운 질문은 어두운 성격 3요소 각각의 특성이 적대성 및 그 하위 요인들과 어떻게 연결되는지, 그리고 임상적 맥락에서 이러한 특성을 높은 수준으로 식별할 수 있는지 등이라 할 수 있다.

그리고라스(Grigoras)와 빌레(Wille)(2017)는 루마니아의 법 집행관 표본(예: 경찰, 소방관)을 대상으로 부적응적 특성 모델을 검토하였다. 그 결과, 성격 5요인을 넘어 PID-5에서의 적대성이 마키아벨리니즘과 나르시시즘의 중요한 예측변수로 나타났으나, 사이코패시에는 유의하지 않았다. 적대성은 '조종성, 기만성, 웅대성'으로 구성되며, 이는 대인관계에서 부정적으로 작용할 수 있다. 그러나 나르시시즘은 '낮은 부정 정서와 낮은 고립(사회적 거리두기)'과도 관련되어 있었다. 이는 나르시시즘이 긍정적 정서 경험 및 타인과의 접촉 추구와도 연결됨을 시사한다. 반면, 사이코패시는 '탈억제'와 관련되었으며, 이는 미래의 필요보다는 현재의 욕구에 매몰되어 충동적이고 부적응적인 행동으로 이어질 수 있다. PID-5와 어두운 성격 3요소 간의 연관성은 세 가지 특성이 임상적으로 부적응적 성격 특성과 관련해 각각 고유한 프로파일을 가진다는 점을 보여준다. 흥미로운 점은 보다 정밀한 분석에서 '웅대성'만이 세 가지 어두운 성격 특성 모두에서 공통적으로 나타난 측면이었다. 즉, 어두운 성격 3요소는 모두 자신이 타인보다 우월하며, 따라서 특별한 대우를 받을 자격이 있다고 믿는 웅대성과 관련되어 있었다. 웅대성은 전통적으로 나르시시즘의 핵심 특징으로 간주되어 왔으나, 사이코패시나 마키아벨리니즘의 본질적 특징으로 여겨지지는 않는다.

다른 연구들은 사이코패시나 나르시시즘을 개별적으로 분석하여, 설문 측정 도구나 성격장애 평가 결과를 PID-5의 하위 요인들과 상관시켰다. 이들 연구를 종합적으로 검토한 결과, '자기애성 성격장애(NPD)'와 '반사회적 성격장애(ASPD)'는 대체로 적대성과 탈억제와 가장 일관되게 관련되어 있었다(Al-Dajani, Gralnick, & Bagby, 2016). 다만, 연구에 사용된 표본의 특성이나 적용된 측정 도구의 차이에 따라 결과의 불일치도 보고되었다.

치료적 개입을 받는 임상군을 대상으로 부적응적 특성 모델을 연구했을 때, 나르시시즘과의 관계 패턴은 일반 집단에서와는 전혀 다른 양상을 보였다. 핀커스(Pincus), 다우그윌로(Dowgwillo) 및 그린버그(Greenberg)(2016)는 정신건강 외래진료소 및 임상심리 수련생들의 사례를 바탕으로 일련의 사례 연구를 발표하였다. 임상군 사례들은 높은 수준의 적대성, 탈억제, '분리(단절)'를 보였으며, 이는 비임상 집단을 대상으로 한 연구에서 나타난 프로파일과는 매우 달랐다. 임상 사례의 주요 특징 중 하나는 대상자들이 우울한 기분, 자살 사고, 변화하는 삶의 환경에 대한 적응 곤란으로 인해 스스로 정신건강 서비스를 찾았다는 점이었다. 나르시시즘 중 웅대성은 임상가와의 치료적 개입 과정에서 뒤늦게 드러났으며, 이는 자아가 위협받는다고 느낄 때 개인적 공격으로 나타났다. 이러한 공격은 일상생활뿐 아니라 치료자에게도 향했다. 핀커스와 동료들은 이들 사례를 '취약한 나르시시즘'의 관점에서 논의하였는데, 이는 NPD 진단에서는 간과되지만 혼합 모델에서는 중요한 요소로 다루어진다.

PID-5로 측정된 적대성이 높은 수준을 보이는 사람들의 심리사회적 기능장애 정도를 살펴보는 데 초점을 맞춘 연구들이 있다. 예를 들어, 로(Ro), 누줌(Nuzum) 및 클라크(Clark)(2017)는 정신과 외래환자들과 그들의 정보제공자들을 대상으로 적대성의 다양한 측면을 연구했으며, 환자 본인, 임상전문가, 환자와 가까운 사람들로부터 정보를 수집했다. 연구자들은 직장 문제, 재정, 대인관계, 삶의 만족도와 같은 심리사회적 기능이 적대성의 다양한 측면들과 어떻게 관련되는지를 탐구했다. 또한 그들은 적대성이 사람들의 일상생활을 방해하는 심리사회적 장애로 분류될 수 있는 가능성도 살펴보았다. 흥미롭게도, 연구 결과 모든 적대성 하위 요인 가운데 '적대성'이 심리사회적 기능 손상의 가장 큰 예측 요인으로 나타났다. 이는 놀라운 결과가 아니다. 이전 연구들에서 이미 '적대성'과 건강 악화, 불건강한 생활 방식, 사회적 관계의 기능 저하 사이의 강한 연관성이 입증되어 왔기 때문이다.

비록 혼합 모델이 성격장애(PD) 진단에 어느 정도 개선을 가져왔지만, DSM 체계에는 여전히 상당한 의문이 남아 있다. PID-5 차원 모델은 임상 실습보다는 연구 분야에서 더 광범위하게 활용되어 왔다. 대부분의 연구자들은 성격장애의 유무로만 진단하는 범주적 진단 모델이 시대에 뒤떨어졌으며, 성격 기능에서 비롯될 수 있는 어려움에 대한 실증적 연구에 기반하지 않는다는 점에 동의한다. 그러나 진단 체계의 향후 발전 가능성은 여전히 존재한다. 크루거(Krueger)와 마콘(Markon)(2014)은 다음과 같이 말했다. "DSM-5 특성 모델에 관한 연구는 정치적 과정이나 권위적 추정에 의해 도출된 범주적 진단에서 DSM을 한층 더 벗어나게 하고, 다양한 연구와 임상 환경에서 활용 가능한 경험적 근거 기반의 성격 및 정신병리 차원 모델로 전환하는 데 유용할 것이다(p. 486)."

2.6 "취약한" 어두운 성격 3요소

어두운 성격 3요소는 다양한 강점과 취약성이 공존하는 복잡한 특성 집합으로 이루어져 있다. 예를 들어, 나르시시즘의 일부 측면인 웅대성과 리더십은 주관적 행복감이나 삶의 성과 측면에서 긍정적인 영향을 미칠 수 있다. 그러나 동시에 나르시시즘에는 일상생활에서 개인의 기능을 저해하는 다른 측면들도 존재한다. 이처럼 강점과 취약성이 동시에 나타나는 모순적 양상에 주목하여, 밀러(Miller)와 동료들(2010)은 기존에 연구되어 온 어두운 성격 3요소와는 별도로, 적대적 성격 특성 가운데 취약한 면을 구성하는 또 다른 3요소가 존재한다고 제안하였다. 임상 맥락에서 이러한 '취약한 어두운 성격 3요소'는 특히 중요하게 다루어지지만, 반사회성 성격장애(ASPD) 및 자기애성 성격장애(NPD) 진단 체계와 명확하게 통합되어 있지는 않다.

어두운 성격 3요소의 "어두움"은 기본적으로 비사교성, 즉 적대성·기만·부정직·이기심으로 구성되어 있다. 이러한 혐오적 "핵심" 외에도, 어두운 성격 3요소 성향이 강한 일부 개인들은 심리적 취약성, 신경증적 경향, 부정적 정서성, 감정조절 곤란이 두드러지는 프로파일을 보인다. 이러한 특성들은 정신적 고통에 대한 취약성을 높일 수 있다. 더 나아가, 어두운 성격 3요소의 일부 측면은 충동성 및 보상 지연 불능과도 관련되어 있어, 개인을 위험에 처하게 하는 성급한 결정을 초래할 수 있다. 예컨대 교통 상황을 고려하지 않고 혼잡한 도로를 무단으로 횡단하거나, 낯선 사람과 보호장치 없는 성관계를 맺는 행동이 그 예라 할 수 있다.

밀러(Miller) 외(2010)는 어두운 성격 3요소를 두 가지 구성 개념으로 이해하는 것이 타당하다고 보았다. 첫 번째는 보다 적응적인 특성군으로, 1차 사이코패시와 자기애 성격 검사(NPI)로 측정되는 웅대한 나르시시즘이 여기에 해당한다. 반면 두 번째 어두운 성격 3요소는 경계선 성격장애(Borderline Personality Disorder, BPD)의 특징, 취약한 나르시시즘(예: 취약한 자존감, 예민함), 그리고 2차 사이코패시(예: 위험 감수와 충동성)로 특징지어진다. 취약한 어두운 성격 3요소의 세 가지 측면은 모두 신경증적 성향과 연결되어 있으며, 불안정 애착, 아동기 부적절한 양육(즉, 부모의 낮은 정서적 온정과 과도한 간섭), 아동기 트라우마(성적·언어적·신체적·정서적 학대)와도 관련된다. 더 나아가, 취약한 어두운 성격 3요소는 비자살적 자해 행동을 포함한 현재의 기능적 어려움과도 연관된다. 이러한 병인학적 요인들은 웅대한 나르시시즘과 1차 사이코패시라는 적응적 특성군에서는 발견되지 않는다. 그럼에도 불구하고, 두 유형의 어두운 성격 집합은 범죄나 약물 사용과 같은 적대적 행동과 모두 정적 상관을 보인다.

2.7 치료적 함의

자기애성 성격장애(NPD)나 반사회성 성격장애(ASPD) 진단을 받은 개인에게 도움과 지지를 제공하는 일은 매우 어렵다. 치료에 대한 제안은 당사자 스스로가 아니라 가족이나 법적 체계를 통해 이루어지는 경우가 많다. 또한 이러한 환자들은 전문적 도움이 왜 필요한지 이해하지 못한 채 치료 계획을 무의미하게 여기는 경우가 흔하다.

역사적으로 프로이트(Freud), 아브라함(Abraham), 코헛(Kohut)과 같은 여러 임상가들은 나르시시즘을 치료 불가능한 것으로 간주해왔다. 이는 부분적으로 웅대한 자아상을 변화시키려는 시도 자체에 대한 강한 저항에서 비롯된 것이다. 심리치료를 어렵게 만드는 요인 중 하나는 상담자 – 내담자 관계에서 나타나는 자기애적 특성의 영향이다. 코헛(Kohut)과 컨버그(Kernberg)와 같은 초기 연구자들은 치료 관계에서의 힘의 불균형 때문에 자기애적 환자가 치료자에 대한 시기심을 경험할 수 있으며, 이는 치료에 대한 저항으로 나타나 변화를 거부하는 양상으로 이어질 수 있다고 설명하였다. 자기애적 성향을 지닌 개인에게는 긍정적 변화조차 위협이 될 수 있는데, 이는 자신에게 근본적으로 결함이 있었다는 사실을 인정해야 하기 때문이다. 핀커스(Pincus), 케인(Cain) 및 라이트(Wright)(2014)는 자기애적 취약성을 지닌 사람들의 사례 연구를 논의하면서, 이들이 심리적 도움을 받는 데 뚜렷한 저항성을 보인다고 지적하였다. 자신의 결점을 인식하지 못하고 타인에게 책임을 전가하는 경향은 치료적 동맹을 붕괴시키는 결과를 초래할 수 있다. 핀커스와 동료들은 30대 후반의 독신 남성 A씨의 사례를 소개하는데, 그는 몇 차례 세션 후 두 명의 다른 치료자와의 치료를 중단한 경험이 있었다.

치료 과정에서 A씨의 나르시시즘 취약성은 끊임없는 원망, 분노, 시기심이라는 지배적인 정서를 통해 드러났으며, 그는 이를 효과적으로 조절하지 못했다. 그러나 치료자들이 그의 감정과 발달적 배경을 공감하려는 모든 노력은 항상 강화된 웅대성과 치료자에 대한 비하로 되돌아왔다. 그는 치료 과정에서 반복적으로 치료자를 깎아내리고 조롱하며 도전하였다. "나는 내가 자기애적이라는 것을 안다. 그러나 당신들이 나에게 할 수 있는 것은 아무것도 없다. 당신들이 공감을 해본들 그것은 나에게 아무런 영향을 미치지 않을 것이다. 당신은 단지 수련생일 뿐이고, 나를 도울 만큼 충분히 알지 못한다. 나는 그저 약을 받기 위해 여기에 왔을 뿐이다. 미국 재향군인부(U.S. Department of Veterans Affairs, VA)는 서류가 너무 많고 대기 시간이 지나치게 길다"(Pincus 외, 2014, p. 441). 실제로 이처럼 강한 적대적 태도는 임상가로 하여금 환자에 대해 부정적인 태도를 갖게 만들 수 있으며(Tanzilli, Colli, Muzi, & Lingiardi, 2015), 이는 때때로 임상가가 치료 세션을 자발적으로 종료하는 결과로 이어지기도 한다.

나르시시즘과 관련된 심리적 치료 결과를 다룬 연구는 의외로 매우 드물다. 엘리슨(Ellison), 레비(Levy), 케인(Cain), 앤셀(Ansell) 및 핀커스(Pincus)(2013)는 대학 부설 정신건강 클리닉에서 다양한 치료를 받고 있는 외래 환자들을 대상으로, 치료 결과와 웅대한 나르시시즘 및 취약한 나르시시즘 간의 관계를 살펴보았다. 그 결과, 웅대성 특성을 지닌 환자들은 심리치료를 중단할 가능성이 더 높았으며, 국가 상담전화나 병원을 통한 도움을 구할 가능성은 낮은 것으로 나타났다. 이는 웅대성 특성을 지닌 사람들이 자신에게 문제가 있다고 생각하지 않으며, 변화를 위해 도움을 받는 것을 거부한다는 점을 보여준다. 반면, 높은 수준의 취약한 나르시시즘을 가진 환자들은 우울, 공황, 정신병적 증상 등 다양한 부적응적 특성을 함께 나타냈다. 나르시시즘은 치료 과정에서 정신적 고통의 변화에는 영향을 미치지 않았다. 이러한 결과는 임상 표본을 활용한 다른 연구들과도 일치하며, 취약한 나르시시즘이 웅대한 나르시시즘보다 더 많은 부적응적 결과와 관련됨을 시사한다. 따라서 취약한 나르시시즘은 자기애성 성격장애(NPD)의 진단 기준에 보다 명확하게 반영될 필요가 있다.

나르시시즘은 심리치료 환경에서만 문제가 되는 것이 아니라, 신체 건강 문제를 다루는 의료 서비스 제공자들에게도 심각한 어려움을 초래할 수 있다. 신체적 질환으로 도움을 구하는 자기애적 환자들은 까다롭고 위협적이며, 우월감을 드러내고 치료에 순응하지 않으려는 경향이 있다. 이들은 자신의 질환에 대해 스스로를 "전문가"로 여기려 하며, 자신을 돕는 의료 전문가를 우상화하거나 반대로 폄하하는 태도를 보이기도 한다. 매기드슨(Magidson) 외(2012)는 "나르시시즘을 보이는 환자에게 짧은 개입을 할 때, 환자의 자기 향상 욕구와 우월감에 일시적으로 동조하는 것이 효과적인 기법이 될 수 있다"(p. 202)고 제안했다.

반사회성 성격장애(ASPD), 품행장애(CD), 또는 사이코패시의 치료에 관한 연구는 상대적으로 매우 부족하다. 실증적 근거보다는 치료 가능성에 대한 다양한 의견이 난무하여 이 분야의 발전을 어렵게 하고 있다. "표범이 자신의 무늬를 바꿀 수 있는가?"라는 물음처럼, 개인의 고유한 본성이나 성격 특성이 쉽게 변화할 수 있는지에 대한 의문이 제기된다. 치료적 개입을 통해 사이코패시적 성향을 완화시킬 수 있는가 하는 문제는 특히 법적 맥락에서 중요한 쟁점이다. 만약 판사와 배심원들이 사이코패시적 행동을 변화 불가능한 것으로 인식한다면, 재범을 줄이기 위한 목적에서 형량이 더 무겁게 책정될 가능성이 있다. 수에드펠트(Suedfeld)와 랜던(Landon)(1978)의 비관적인 표현을 빌리자면, 사이코패시를 다루는 책에서 "효과적인 치료"에 관한 장은 가장 짧아야 한다고 한다. 실제로 그들은 한 문장으로 요약할 수 있다고 언급한다. "사이코패시에 대해 입증된 효과적인 치료법은 발견되지 않았다"(p. 347). 더 나아가 해리스(Harris)와 라이스(Rice)(2006)는 치료가 사이코패스적 특성을 개선하기는커녕 오히려 악화시킬 수도 있다고 보고하였다.

그러나 사이코패시의 치료 가능성에 대한 이러한 부정적 견해는 방법론적으로 결함이 있고 시대에 뒤떨어진 연구들에 근거한 것으로, "치료적 허무주의"라는 비판을 받아 왔다(Wong & Olver, 2015). 실제로 연구들은 사이코패시 치료가 특히 2차 사이코패시(즉, 반사회적이고 충동적인 행동)에 효과적임을 보여주었다. 반면, 1차 사이코패시(즉, 차갑고 냉담한 성향)는 변화에 덜 유연할 수 있으나, 폭력이나 재범을 직접적으로 예측하지는 않는다. 따라서 개입은 개인의 수정 가능한 범죄 유발 요인, 즉 폭력성을 촉발하는 특성에 초점을 맞추는 프로그램에 집중되어야 한다. 이러한 프로그램은 집중적 치료(예: 인지행동치료) 형태로 제공될 수 있으며, 이를 통해 범죄자들이 "범죄를 유발하는 행동을 대신하여, 범죄를 줄이는 생각·감정·행동을 학습하고, 이를 일상적 기능 속에서 일반화할 수 있도록 돕는다"(Wong & Olver, 2015, p. 307). 사이코패스 범죄자 치료를 위해 권장되는 프로그램은 개인의 학습 및 반응 양식에 맞게 맞춤화되어야 한다.

2.8 정신질환 라벨링과 낙인

모든 정신장애 진단 가운데 성격장애(PD)는 가장 심한 낙인을 받는 범주 중 하나이다(Sheehan 외, 2016). 이는 성격장애라는 용어가 단순한 '정신적 이상'뿐만 아니라 '악한 성향'까지 암시하기 때문일 가능성이 크며, 특히 반사회성 성격장애(ASPD)와 사이코패시가 범죄 행동과 연관되어 있다는 점이 이러한 낙인을 강화했을 것이다. 낙인은 다양한 형태로 나타난다. 사회적 낙인은 성격장애 진단을 받은 사람이 다루기 어렵고, 위험하며, 어떠한 대가를 치르더라도 피해야 한다는 믿음과 연결된다. 이러한 믿음은 취업, 교육, 주거, 사회적 관계의 기회 차단으로 이어져 결국 사회적 고립을 초래할 수 있다. 자기 낙인은 진단을 받은 개인이 자기 자신에게 갖는 부정적 감정을 의미하며, 여기에는 해당 진단에 수반되는 고정관념을 내면화하는 과정이 포함된다. 자기 낙인은 정체성의 문제와 직결되며, 진단으로 부여된 역할을 스스로 수행하게 되는 자기충족적 예언으로 이어질 수 있다. 자기애성 성격장애(NPD), 반사회성 성격장애(ASPD), 그리고 사이코패시 진단과 관련해서는 사회적 낙인을 다룬 연구들이 일부 존재하지만, 자기 낙인에 대한 연구는 거의 이루어지지 않았다. 이는 이러한 진단이 대체로 법적 절차에서의 정신과 평가 결과로 비자발적으로 부여되는 경우가 많기 때문일 수 있다(표 2.1).

표 2.1 낙인의 종류

낙인의 종류	정의	결과	연구 예시
자기 낙인	개인은 자신의 정체성을 특정 라벨/꼬리표와 동일시하며, 그 라벨/꼬리표가 자신을 정의하도록 허용한다.	개인은 자신에게 부여된 라벨/꼬리표(label)가 암시하는 기대에 맞게 행동하게 된다(자기충족적 예언).	자신이 다른 사람들에게 "문제를 일으키는 사람"이나 "규칙을 어기는 사람"으로 인식되고 있다고 생각하는 경우, 이후 삶에서 비행에 연루될 가능성이 더 높아진다(Adams, 1996).

사회적 낙인	다른 사람들은 개인을 특정한 방식으로 인식하며, 라벨/꼬리표에 의해 형성된 고정관념을 통해 그들을 식별하거나 평가한다.	라벨/꼬리표가 있는 사람들과의 접촉을 피하고, 그들을 다르게 대하려는 경향이 있다. 이로 인해 고용, 주거, 치료, 교육, 사회적 접촉이 거부되기도 한다.	반사회적 성격장애 사례는 40개의 DSM 정신장애 사례 중에서 가장 큰 사회적 거리를 유발했다(예: 그 사람과 친구가 되고 싶지 않음)(Feldman & Crandall, 2007).

출처: Adams, M. S. (1996). Labeling and differential association: Toward a general social learning theory of crime and deviance. *American Journal of Criminal Justice, 20*(2), 147-164.

Feldman, D. B., & Crandall, C. S. (2007). Dimensions of mental illness stigma: What about mental illness causes social rejection? *Journal of Social and Clinical Psychology, 26*(2), 137-154.

미디어는 낙인의 형성에 중요한 역할을 한다. 영화와 TV에서 '사이코패스'로 분류된 인물들은 종종 위험하고, 무자비하며, 가학적인 살인자로 묘사된다(Hesse, 2009). 이로 인해 일반 대중은 사이코패스가 위험하고 드물며, 자신의 행동에 전적으로 책임을 지는 존재라는 잘못된 인식을 갖게 된다(Hesse, 2009). 여러 연구에서는 배심원들이 사이코패시를 어떻게 이해하는지, 그리고 이러한 인식이 판결 결정에 어떤 영향을 미치는지를 조사하였다. 연구 결과, 피고가 '사이코패스'라는 라벨을 받을 경우 배심원은 더 가혹한 판결을 내리며, 그 결과로 형량이 늘어나거나 사형 선고가 내려질 가능성이 높았다(Edens, Colwell, Desforges, & Fernandez, 2005). 이는 성격장애 진단과 연관된 사회적 낙인이 라벨이 붙은 개인에게 심각하고 해로운 결과를 초래할 수 있음을 보여준다.

흥미로운 질문 중 하나는 사람들이 사이코패시의 원인을 어떻게 이해하느냐에 따라 낙인 효과가 달라지는지이다. 사이코패시가 유전적 장애로 간주된다면, 개인이 자신의 행동에 대해 책임을 져야 하는 것인지, 아니면 그들의 행동이 자발적 통제 밖에 있는 것인지에 대한 의문이 제기된다. 사이코패시에 대한 생물학적 인과 설명은 대중 인식에서 양날의 검과 같은 역할을 한다. 한편으로, 생물학적 설명은 행위에 대한 개인적 책임을 줄여 범죄자에 대한 동정심을 높이고, 더 관대한 형량으로 이어질 수 있다. 다른 한편으로는, 생물학적 원인이 교정 불능·위험성·재범 위험성에 대한 인식을 불러일으켜 오히려 더 가혹한 판결을 유도할 수도 있다. 따라서 정신질환이라는 라벨 뒤에 있는 인과 설명 방식이 개인에 대한 사회적 인식과 판단에 어떤 영향을 미치는지를 이해하는 것이 중요하다.

우려스럽게도 법정에서는 피고인이 폭력적 행동을 할 '생물학적 소인'이 있음을 입증하기 위해 유전자 검사와 뇌 영상 촬영을 점점 더 많이 활용하고 있다. 예컨대, 자신의 자매를 살해한 한 이탈리아 여성은 유전자 검사에서 폭력성과 관련이 있는 것으로 알려진 MAOA(일명 '전사자(warrior)' 유전자) 변이를 지니고 있다는 결과가 나오자, 종신형에서 20년형으로 감형되었다(Feresin, 2011). 그러나 법정에서 신경과학적 증거나 유전자 검사를 활용하는 것은 논란의 소지가 크다. 이는 사이코패시를 설명할 신뢰할 만한 생물학적 지표가 부족하고, 폭력적 행동에 대한 유전적 소인 역시 뚜렷하게 입증되지 않았기 때문이다. 이 문제는 제6장에서 더 자세히 논의할 예정이다. 그럼에도 불구하고, 이러한 맥락은 판사들이 사이코패시를 생물학적 장애로 이해할 경우, 범죄자가 자신의 행동을 통제할 능력이 제한적이라고 판단하여 보다 관대한 판결을 내릴 수 있음을 시사한다.

2.9 법체계에서의 어두운 성격 3요소

과거 유고슬라비아의 한 수용소 경비원은 잔혹한 고문과 살인에 가담한 혐의로 기소되었으며, 자신이 성격장애를 앓고 있었다는 이유로 범행에 대한 형사 책임을 감경해 달라고 주장하였다. 비록 여러 전문가들이 그의 성격적 왜곡 가능성을 증언했지만, 법원은 그의 책임 감경 주장을 받아들이지 않았다(Sparr, 2009).

다른 사람에게 해를 가한 가해자를 법의학적 맥락에서 다루어야 하는지, 아니면 심신미약 항변(insanity plea)을 근거로 그들의 행위를 면책해야 하는지에 대한 논쟁은 여전히 지속되고 있다. 만약 범행 당시 피고인이 심신미약 상태였다는 결론이 내려질 경우, 그는 교도소가 아닌 정신의료기관으로 이송될 수 있다(Maibom, 2008). 법적 사건에 적용되는 맥노튼(M'Naghten) 규칙[1]에 따르면, "모든

1 (역자주) 범행 시 피의자 자신이 하고 있는 행위의 성질을 알고 있고 범행 시 자신의 행위가 야기할 결과를 알고 있으며 범행 시 자신의 행위가 처벌 대상인 범죄 행위임을 알았음의 경우라면 정신질환과 상관없이 감형의 고려 조건이 되지 않는다는 것을 말한다.

사람은 정신이 온전한 것으로 추정되며, 정신이상을 이유로 한 항변이 성립하려면 피고인이 범행 당시 정신질환으로 인해 이성의 결함 상태에 있어 자신이 한 행위의 본질과 성격을 알지 못했거나, 설령 그것을 알았더라도 그 행위가 잘못된 것임을 인식하지 못했음이 명백히 입증되어야 한다."고 하였다.

따라서 논의의 초점은 개인이 자신의 행동이 잘못되었다는 사실을 의식적으로 인지하고 있었는지 여부에 맞추어진다. 특히 가해자가 도덕적으로 옳고 그름에 대해 상이한 기준을 가지고 있는 경우, 이러한 인식을 입증하는 것은 매우 어려운 일이 될 수 있다. 법체계에서는 도덕적 위반을 저지른 사람들이 정신이상이었을 가능성에 대한 논쟁이 오래도록 이어져 왔다. 그들은 자신의 행동을 통제할 수 있었는가? 그들은 자신들의 행동이 잘못되었음을 이해하고 있었는가? 그들이 정신적 이상으로 인해 자신의 행동에 책임을 질 수 없는 것인지, 아니면 단순히 나쁜 사람일 뿐인지라는 질문은 이론가, 연구자, 철학자들을 오랫동안 괴롭혀 왔으며, 결국 타인을 무시하는 사람들의 도덕적 지형을 이해하려는 광범위한 연구로 이어졌다.

흥미롭게도, 법체계에서 성격장애 진단은 형량을 더 관대하게 만드는 경우가 드물다. 실제로 교도소 수감자들 가운데 성격장애 진단을 받은 사람들의 비율은 상당히 높다. 일부 추정에 따르면 수감자의 50% 이상이 성격장애 진단을 받은 것으로 보고된다(Bland, Newman, Dyck, & Orn, 1990). '정신이상인가, 아니면 단순히 악인인가(mad or bad)'를 둘러싼 논쟁은 범죄자의 형량 선고와 치료·처우 방향에 중대한 함의를 지닌다. 이러한 맥락에서 어두운 성격 3요소의 개별 특성들—특히 나르시시즘과 사이코패시—은 임상 및 법의학 연구에서 큰 주목을 받아왔다. 어두운 성격 3요소와 범죄의 관계에 관한 연구는 제6장에서 검토할 것이다.

특히 미국에서 법의학적 맥락에서 DSM이 활용되는 방식을 살펴보면, 정신의학과 법 사이의 불편한 관계가 분명하게 드러난다. 법원은 정신질환 관련 용어를 자의적으로 해석하고 사용할 수 있어, 법적 판결 과정에서 임상적 전문용어가 부적절하게 적용되는 경우가 발생한다. 프랜시스(Frances)와 헤일런(Halon)(2013)은 "법적 진실과 정신의학적 진실은 전혀 다른 영역"이라고 지적한다. 법률 체계는 흑백논리적이고 명확한 해답을 요구하는 반면, 임상 정신의학과 심리학은 거의 항상 가능성과 다양한 회색 지대 속에서 문제를 다룬다. 정신의학적 진단에 내재된 모호성 때문에, 법적 요구처럼 명확하게 이분법적 '예' 또는 '아니오'로 답하는 것은 종종 불가능하다(p. 336).

2.10 결론

어두운 성격 3요소의 구성 요소인 사이코패시와 나르시시즘은 임상심리학 문헌에서 오랜 역사를 가지고 있다. 진단 전통에서는 대인관계에서 불쾌감을 유발하는 성격 문제를 이해하고 명명하기 위해 자기애성 성격장애(NPD), 반사회성 성격장애(ASPD), 그리고 사이코패시와 같은 범주를 사용해왔다. 마키아벨리니즘은 이 맥락에서 비임상적 형태의 사이코패시로 간주되기도 하며, 또는 사이코패시와 나르시시즘과는 구별되는 독자적인 성격 특성으로 이해되기도 한다. 진단명 사용의 유용성에는 여전히 큰 의문이 제기되는데, 이는 적대적 성격이 별개의 범주로 존재하기보다는 연속선상에서 다양하게 나타난다는 경험적 증거가 더 많기 때문이다. DSM-5는 진단 체계의 한계를 보완하려는 시도였으나, 그 성과는 부분적이었다. 전문가 집단은 연속선상의 모델을 권장했음에도 불구하고, DSM-5는 이전 판에 있던 자기애성 성격장애(NPD)와 반사회성 성격장애(ASPD) 범주를 그대로 유지했다. 다만 새로운 판본에서는 성격 기능 장애의 정도를 평가할 수 있도록 범주형 진단과 차원적 평가가 결합된 혼합 모델이 추가되었다.

어두운 성격 3요소는 여러 이유로 임상적 맥락에서 중요한 의미를 지닌다. 성격의 혐오적 측면은 사회적 관계, 규칙 및 사회적 규범 위반 등 삶의 다양한 영역에 부정적 영향을 미치며, 이는 법적·사회적 권위와의 갈등으로 이어질 수 있다. 이러한 문제는 다시 신체적·정신적 건강의 어려움으로 연결되어 임상적 개입을 필요로 하기도 한다. 특히 어두운 성격 3요소 중 취약한 형태는 개인이 정신병리에 더 쉽게 노출되도록 만드는 요인임이 경험적으로 확인되고 있다. 과거에는 사이코패시(또는 반사회성 성격장애)가 치료 불가능하다는 주장이 제기되었으나, 이를 뒷받침하는 설득력 있는 경험적 근거는 부족하다. 오히려 폭력성과 범죄 행동과 밀접하게 관련된 2차 사이코패시의 행동적 측면은 집중적인 심리적 개입을 통해 감소할 수 있음이 보고되었다. 향후 과제는 어두운 성격 3요소 연속성이 정신적 고통에 대한 취약성과 어떻게 연결되는지를 규명하고, 이를 완화하는 데 효과적인 치료적 접근을 개발하는 것이다.

추가 읽을 자료

Krueger, R. F., & Markon, K. E. (2014). The role of the DSM−5 personality trait model in moving toward a quantitative and empirically based approach to classifying personality and psychopathology. *Annual Review of Clinical Psychology, 10*, 477−501.

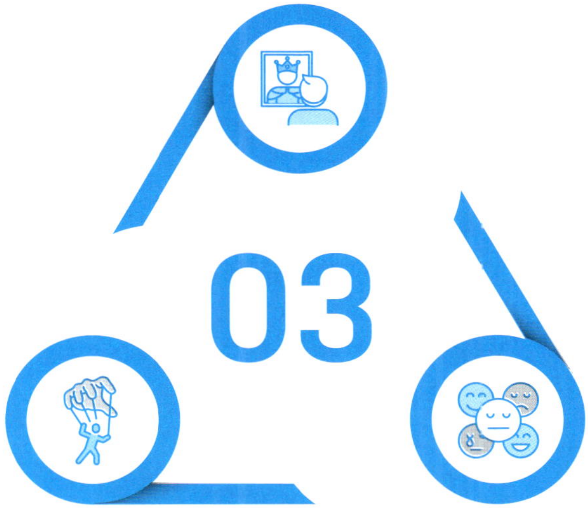

어두운 성격 3요소와 법의학적 함의: 적대적이고 공격적이며 범죄적인 행동

The Dark Triad of Personality

제3장

어두운 성격 3요소와 법의학적 함의: 적대적이고 공격적이며 범죄적인 행동

3.1 도입

범죄학자들과 법의학자들은 인간이 왜 범죄를 저지르는지를 밝히기 위해 상당한 시간과 노력을 기울여 왔다. 이들의 연구에서 성격은 여러 범죄 유발 요인들 가운데 하나에 불과했다. 성격과 범죄의 관계에 대한 초기 연구는 대부분 임상 문헌에서 출발했으며, 범죄를 저지르는 사람들이 '정신적으로 이상한 것인지' 아니면 '본질적으로 나쁜 사람인지'에 대한 추측이 중심이었다. 범죄자의 성격을 이해하려는 많은 시도는 범죄와 DSM 성격장애를 연결하는 데 초점을 맞추었고, 특히 나르시시즘 성격장애(NPD), 반사회성 성격장애(ASPD), 그리고 사이코패시와의 관련성을 집중적으로 탐구했다(Yochelson & Samenow, 1993). 실제로 임상가들은 연쇄적인 폭력 범죄나 살인을 저지르는 대부분의 사람들이 NPD와 같은 성격장애를 가지고 있다고 지적했다(Stone, 2007). 임상심리학과 법의학 영역에서 다루는 어두운 성격의 3요소에 관한 논의는 제2장을 다시 참조하는 것이 도움이 될 것이다.

성격 변인의 극단적인 영역에서는 성격장애가 중요한 예측변수로 작용한다. 성격장애는 다른 정신장애 진단으로는 설명할 수 없는 심각하고 반복적인 범죄 행동을 예측하는 데 특히 중요한 역할을 한다(Ogloff, Talevski, Lemphers, Wood, & Simmons, 2015). 범죄 성향의 핵심적 요인으로서 성격 특성의 차이는 사회경제적 지위와 같은 다른 범죄 유발 요인들보다 더 큰 영향을 미칠 수 있다. 실제로, 오리오던(O'Riordan)과 오코넬(O'Connell)(2014)은 대규모 대표 표본을 통해 성격 5요인과 그 외 다양한 요인들(예: 가족 규모, 지능, 교육 수준, 아버지의 사회계층, 직업 등)이 영국 형사사법 제도에서 제재를 받은 경험과 어떤 관련이 있는지를 탐구했다. 연구 결과, 모든 변수들 가운데 성격만이 성인의 범죄 연루를 유의미하게 예측하는 것으로 나타났다. 구체적으로, 외향성과 신경증이 높고 우호성과 성실성이 낮은 성격 특성이었다. 성격 5요인 이론과 더불어, 어두운 성격의 3요소는 법의학적 맥락에서 성격의 역할을 이해하는 또 다른 중요한 성격 패러다임을 제공한다.

어두운 성격 3요소의 적대성 핵심은 반사회적이고 일탈적인 행동으로 나타나는데, 이는 대인관계에서 치명적인 결과를 초래할 수 있다. 예를 들어, 절도와 같은 물질적 손실이나 폭행, 사망과 같은 신체적 위험이 이러한 행동의 표적이 된 사람들에게 발생할 수 있다. 어두운 성격 3요소의 특성이 강한 사람들은 기만적이고 비도덕적인 성향을 보이며, 타인에 대한 공감 능력이 얕고 도덕적 잘못을 저지른 후에도 죄책감을 거의 느끼지 않는다. 이러한 모든 특징들은 법의학 심리학적 맥락에서 중요하다. 이러한 성향을 가진 사람들은 사회적 규범을 왜곡하거나 경우에 따라 다양한 수준의 범죄를 저지를 가능성이 더 높다. 또한 그들은 범죄를 저지르는 것에 그치지 않고, 스스로를 위험한 상황에 노출시킴으로써 범죄 피해자가 될 위험성 또한 더 높아질 수 있다.

범죄는 그 자체로 다양하고 이질적인 행동들의 집합으로 구성되어 있다. 각각의 범죄 행동 유형은 어두운 성격 3요소 특성들과 서로 다른 관련성을 가질 수 있다. 법을 위반하는 행동은 다양한 유형으로 나타난다. 재산범죄(절도, 강도, 무면허 운전), 마약 관련 범죄, 신분 도용, 사기, 사이버 범죄(제8장 참조), 대인 범죄(강간, 폭행, 살인) 등이 이에 해당한다. 범죄는 얼마나 계획적이었는지 혹은 충동적이었는지에 따라 다양한 양상을 보일 수 있다. 이번 장에서는 어두운 성격 3요소와 범죄와 관련된 여러 특성 및 행동(예: 자기통제, 공격성, 거짓말) 사이의 관계를 살펴본다. 또한, 수감자 집단과 비수감자 집단에서 나타나는 어두운 성격 3요소와 범죄의 연관성을 검토한다.

3.2 범죄의 원인, 그리고 범죄와의 관련성

범죄 발생의 원인을 설명하는 다양한 이론들이 존재한다. 범죄는 공격성, 충동성, 낮은 공감 능력과 같이 개인을 범죄로 이끌 수 있는 다른 행동이나 특성들의 부산물로 설명할 수 있다. 일부에서는 범죄를 자원이나 짝짓기 기회를 두고 벌어지는 경쟁 상황에서 진화한, 잠재적으로 적응력을 높이는 행동 방식으로 보는 시각도 있다. 진화론적 관점을 가진 학자들에게 있어 연령이나 생물학적 성별이 범죄에 큰 영향을 미친다는 사실은 놀라운 일이 아닐 것이다. 이는 윌슨(Wilson)과 데일리(Daly)(1985)가 제시한 '젊은 남성 증후군 이론(the Young Male Syndrome Theory)'에서도 확인할 수 있다. 모든 범죄 유형에서 남성에 의해 저질러질 가능성이 더 높게 나타난다. 또한, 남성은 반사회성 성격장애(ASPD), 품행장애, 사이코패시 등 범죄 행위와 밀접한 관련이 있는 정신병리적 상태를 더 높은 비율로 보인다. 남성은 어두운 성격 3요소 특성이 더 높게 나타나는데, 이는 성격이 진화적으로 적응적인 행동(범죄 등)을 촉진하는 요인이 될 수 있으며, 이러한 행동은 결과적으로 번식 성공률을 높일 수 있음을 시사한다. 물론 여성들도 범죄를 저지르지만, 여성의 범죄가 어두운 성격 3요소의 영향을 받는지는 흥미로운 연구 주제이다. 달리 말하면, 성별과 관계없이 어두운 성격 3요소가 높게 나타나는 사람들이 범죄를 저지를 가능성이 더 높은 것일까? 마찬가지로, 이들이 전반적으로 어두운 성격 3요소 특성이 더 강하기 때문에 범죄를 저지를 가능성이 더 큰 것일까?

3.2.1 공격성 및 폭력성

범죄 상황에서 공격성에 대한 연구는 광범위하게 이루어져 왔는데, 특히 성격장애가 있다고 진단받은 수감자들을 대상으로 집중적으로 이루어졌다. 공격적인 성향은 반사회적 행동으로 이어질 수 있으며, 이는 범죄 행위와도 밀접한 관련이 있다. 실제로 종단 연구를 통해 교사가 아동기에 보고한 공격성이 이후 삶에서의 범법 행위와 연관성이 있는 것으로 나타났다(Stattin & Magnusson, 1989). 이는 범죄를 저지르는 성향이 비교적 이른 시기에 식별될 수 있음을 시사한다. 어두운 성격 3요소가 높게 나타나는 사람들의 공격적 행동과 태도는 동물 학대(Kavanagh, Signal, & Taylor, 2013), 인종차별(Hodson, Hogg, & MacInnis, 2009), 그리고 다양한 형태의 폭력 행위를 용인하는 태도(Blinkhorn, Lyons, & Almond, 2016)로까지 확장된다. 공격성은 다른 사람에 대한 폭력 범죄를 포함하여 범죄 행위의 발생 가능성을 높이는 '범죄 유발 요인'으로 작용할 수 있다.

어두운 성격 3요소 가운데 사이코패시는 공격성 및 대인 폭력성과 가장 밀접한 연관성을 보이는 특성이다. 무리스(Muris), 메르켈바흐(Merckelbach), 오트가르(Otgaar) 및 마이어(Meijer)(2017)는 100편이 넘는 연구 논문을 대상으로 메타분석을 실시하여, 공격성을 포함한 어두운 성격 3요소와 관련된 다양한 심리사회적 상관요인들을 조사하였다. 어두운 성격 3요소는 모두 공격성과 비행 성향의 증가와 연관되었지만, "사이코패시가 가장 지배적인 영향을 미친다"(p. 194). 세 가지 특성 간의 공유 분산을 통계적으로 통제했을 때, 사이코패시는 공격 성향을 포함한 다양한 유형의 부정적 대인관계 행동을 유의하게 예측하는 요인으로 나타났다. 잔혹성의 측면에서 볼 때, 사이코패시는 어두운 성격 3요소 중 가장 두드러진 특성이며, 그다음으로는 마키아벨리니즘이 뒤따른다(Pailing, Boon, & Egan, 2014; Westhead & Egan), 2015). 나르시시즘은 주로 자신의 자아나 목표가 위협받는 상황에서 반응적 공격성으로 이어지는 경향을 보인다(사례 연구 3.1 참조).

사례 연구 3.1 자기애성 성격장애와 중범죄

나르시시즘이 극단적으로 높은 수준에서는 부적응적 특성들이 치명적인 결과를 초래할 가능성이 있다. 나르시시즘은 종종 현실과 동떨어진 위대함과 웅대성에 대한 환상과 관련이 있다. 이러한 환상이 위협을 받을 때, 나르시시즘이 강한 사람은 자신의 세계관을 지키기 위해 분노로 반응할 수 있다. 나르시시즘이 높은 사람들은 타인의 존경과 사회적 성공을 갈망하며, 이를 위해 어떤 대가든지 기꺼이 치르려 한다. 낮은 공감 능력과 더불어, 비현실적으로 호화로운 생활 방식을 유지하려는 욕구는 타인에 대한 무자비한 착취로 이어질 수 있다. 자기애적 환상이 실현되지 않으면 그 결과는 치명적일 수 있다. 자기애적 분노는 폭력과 심지어 살인으로까지 이어질 수 있다.

법의학적 맥락에서, 타인의 권리를 침해한 사람들은 종종 심리학자로부터 성격장애의 징후에 대한 평가를 받게 된다. 웅대함과 특권 의식을 보이는 사람들은 결국 자기애성 성격장애로 진단을 받을 수 있다(자세한 내용은 제2장을 참조). NPD 진단이 공격적인 대인관계 침해와 연결될 때, "자기애적 분노"라는 용어는 폭력의 원인을 이해하는 데 중요한 개념이 된다. 정신분석가 코헛(Kohut)(1972)에 따르면, 자기애적 분노는 상처를 치유하거나 잘못된 것을 바로잡기 위해 복수하려는 필요성으로 특징지어진다. 이러한 요구는 강박적이며, 그 대가는 어떤 수를 써서라도 치르게 된다. 자기애적 분노로 범죄를 저지른 살인자들의 사례는 다양하다. 여기에는 명예와 복수를 목적으로 계획된 살인(예: 대량 살인을 시도하는 많은 학교 총격범)에서부터 충동적으로 발생한 살인의 경우까지 포함된다.

자기애성 성격장애 진단을 받은 살인범들의 프로파일은 흥미롭지만 동시에 소름 끼치는 내용을 담고 있다. 브래드 부시맨(Bushman)(2017)은 미국의 학교에서 발생한 많은 총격 사건이 자기애, 명예욕, 그리고 체면 상실(예: 여자친구에게 차이거나, 학교에서 소외되거나, 다른 학생들로부터 따돌림을 당하는 경험)에 의해 촉발된다고 주장했다. 또래 친구들의 살인을 냉혹하게 계획하고 실행에 옮긴 청소년들에 대한 진술을 분석해보면, 그들의 발언이 종종 자기애성 성격 척도(NPI)의 항목들과 매우 유사한 부분이 있다. 예를 들어, 1999년 미국 콜럼바인(Columbine)에서 동급생 13명을 총으로 살해한 두 소년은 "우리는 마땅히 받아야 할 존경을 받는 것이 참 즐겁지 않나요?"라고 말했다(NPI 항목: 나는 내가 받아 마땅한 존경을 요구한다). 그들은 또한 "타란티노나 스필버그 같은 감독들이 이 이야기를 두고 다투게 될 것이다"라고 덧붙였다(NPI 항목: 훗날 누군가가 내 전기를 써주었으면 좋겠다, Bushman, 2017). 이러한 진술은 극단적인 경우, 명성과 존경에 대한 자기애적 욕망이 계획된 대량 살인으로 이어질 수 있음을 시사한다.

나르시시즘은 계획성이 결여된 살인과도 관련이 있을 수 있다. 자기애적 특성이 강한 사람들은 자신의 세계관, 자존감, 목표 또는 평판에 위협이 될 수 있는 사건에 대한 반응으로 폭발적인 분노를 일으킬 수 있다. 이러한 반응성 분노는 신중하게 계획된 살인과는 상당히 다른 방식으로 살인을 초래하는 요인이 되기도 한다. 자기애적 분노의 위험성에 대한 한 예로, 영국 리버풀 출신의 18세 소년 브라이언 블랙웰(Blackwell)의 사례를 들 수 있다. 블랙웰은 2004년에 가족의 집에서 자신의 노부모를 무자비하게 찔러 죽이고, 폭행하여 사망에 이르게 했다(Weston, 2017).

블랙웰(Blackwell)은 학업 성취도가 높은 사립학교 학생으로, 부유한 노부모의 외아들이었다. 살인 사건이 발생하기 몇 달 전, 블랙웰은 여자친구의 환심을 사기 위해 거짓말을 늘어놓았다. 그는 자신이 국제적으로 유명한 테니스 선수이며 수백만 파운드를 마음대로 쓸 수 있는 재력을 갖고 있다고 주장했다. 그는 여자친구에게 자동차를 포함한 호화로운 선물을 사주고, 비싼 휴가를 함께 다녔으며, 그녀를 자신의 개인 비서로 고용했다. 그러한 생활 방식을 유지하기 위해 그는 아버지 명의로 신용카드를 신청하고 부모의 은행 계좌에서 거액의 돈을 인출했다. 부모가 그에게 여자친구와 미국으로 휴가를 가는 데 더 이상의 돈을 쓰지 못하도록 만류하자, 그는 폭발했다. 걷잡을 수 없는 분노 속에서 블랙웰은 부모를 발톱 망치로 가격하고 조각칼로 찔렀다. 이후 그는 부모의 부패한 시신을 집에 남겨둔 채 여자친구와 함께 휴가를 떠났다.

블랙웰(Blackwell)은 이후 자기애성 성격장애 진단을 받았고, 현재 석방의 희망이 거의 없는 무기징역형을 복역 중이다. 이는 영국에서 자기애성 성격장애와 자기애적 분노가 변호 전략으로 사용된 첫 번째 사례로, 살인 혐의가 과실치사죄로 감형되었다. 판결 당시 판사는 블랙웰을 절대 석방하지 말 것을 권고했으며, 이 책이 집필된 2018년에도 그는 여전히 종신형을 복역하고 있었다.

물론, 나르시시즘과 자기애성 성격장애(NPD)는 살인의 필요충분조건은 아니다. 모든 살인자가 자기애적 특성을 가진 것은 아니며, 모든 자기애적 특성을 가진 사람이 살인자인 것도 아니다. 그러나 높은 수준의 나르시시즘을 보이는 사람들 중 일부는 명성, 우월감, 웅대함에 대한 욕구로 인해, 계획대로 일이 진행되지 않을 때 자기애적 분노를 느끼며 살인을 저지를 수 있다.

폭력적 경향은 가까운 관계에서의 친밀한 파트너 폭력(Intimate Partner Violence, IPV)으로도 이어질 수 있다. 카톤(Carton)과 이간(Egan)(2017)은 심리적 학대와 신체적 학대에 대해 연구했으며, 그 결과 사이코패시가 특히 심리적 학대와 관련이 있음을 발견했다. 일본 표본에서도 동일한 패턴이 발견되었는데, 마키아벨리니즘이나 나르시시즘보다는 사이코패시가 관계 내에서 발생하는 학대를 예측하는 중요한 요인임이 드러났다(Kiire, 2017). 어두운 성격의 3요소와 공격성, 잔혹성, 그리고 친밀한 관계에서의 파트너 폭력(IPV)에 관한 문헌을 종합해보면, 세 가지 특성 중 사이코패시가 가장 관련성이 높은 것으로 보인다. 이는 타인에게 신체적 피해를 주는 범죄 행위의 가능성을 내포하고 있다.

3.2.2 자기통제

범죄와 일관되게 관련이 있는 또 다른 중요한 특징은 충동성으로, 이는 낮은 자기통제/자기 조절 능력으로 특징지어진다. 갓프레드슨(Gottfredson)과 허쉬(Hirschi)(1990)의 영향력 있는 이론에 따르면, 범죄는 주로 자기 통제의 결여로 인해 발생하며, 이는 자기 중심적 나르시시즘, 충동성, 공격성, 그리고 보상 지연 능력의 결여와 밀접한 관련이 있다. 갓프레드슨(Gottfredson)과 허쉬(Hirschi)는 성격과 같은 다른 요인이 자기 통제의 부족을 통해 범죄와 허위 상관관계를 가진다고 주장한다. 그들이 보기에 성격 자체는 그다지 중요하지 않다. 실제로 어두운 성격의 3요소와 범죄 간의 연관성은 자기통제 수준에 따라 달라질 수 있다.

여러 연구에서 낮은 자기통제가 범죄를 저지를 경향성을 설명하는 설득력 있는 이유라는 사실이 밝혀졌다. 흥미롭게도, 테리 모핏(Terrie Moffitt)과 동료들의 종단연구(Moffitt 외, 2011) 결과를 살펴보면, 어린 시절 자기통제 수준이 낮았던 사람들 중 거의 절반이 성인이 되었을 때 유죄 판결을 받을 가능성이 더 높았다. 이것은 자기통제의 부족이 성인이 되었을 때 범죄에 더 취약한 삶의 경로로 이어질 수 있음을 시사한다.

그러나 플렉슨(Flexon), 멜드럼(Meldrum) 및 피케로(Piquero)(2016)의 연구는 범죄에 대한 자기통제 이론에 의문을 제기했다. 이들은 거의 400명의 대학생들의 데이터를 분석해 자기통제와 어두운 성격의 3요소가 약물 남용 및 범죄에 미치는 역할을 조사했다. 자기통제가 결여된 것은 약물 사용의 고유한 예측변수라는 것을 발견했다. 그들은 또한 낮은 자기통제와 높은 어두운 성격의 3요소가 모두 범죄 행동의 독립적인 예측변수라는 사실을 발견했다. 이는 어두운 성격의 3요소가 범죄와 단순히 허위 상관관계에 있는 것이 아님을 시사한다. 성격과 자기통제 모두 중요한 요소이다.

다른 연구에서는 사우디아라비아의 고등학생 표본을 대상으로 자기통제, 비행, 그리고 어두운 성격의 3요소를 조사했다(Wright 외, 2017). 비행 행동은 약물 관련 행동(즉, 사용 및 유통)과 폭력 비행(즉, 물리적 힘의 사용, 위협 또는 살해나 상해 의도)에 대한 질문을 통해 측정되었다. 연구자들은 낮은 자기통제만으로는 폭력적인 비행을 설명하기에 충분하지 않다는 사실을 발견했다. 어두운 성격의 3요소 점수가 높고 자기통제력이 낮은 사람들에게서 더욱 심각하고 폭력적인 행동이 전형적으로 관찰되었다. 약탈적이면서 도구적인 폭력은 단순히 행동을 통제하는 능력이 부족해서 일어나는 것이 아니라, 높은 수준의 악의적 성격 특성을 요구한다.

3.2.3 속임수

속임수는 범죄로 분류되지는 않지만, 범죄 맥락에서 의미가 있는 비도덕적인 행동 도구의 일부이다. 어두운 성격의 3요소는 속임수 분야에서 명백한 관련성을 가지고 있다. 착취하는 대인관계 성향을 가진 사람들은 다른 사람들에게 거짓말을 함으로써 이익을 얻을 수 있는데, 이는 기만 전략 이론(cheater strategy theory)에서 유래한 진화론적 예측과 일치한다. 자명한 이유로, 거짓말과 거짓말 탐지는 법의학 심리학 분야에서 많은 관심을 받아왔다. 범죄자들이 자신의 범죄에 대해 거짓말을 하고, 이를 파악하려는 경찰과 판사, 탐정들 간의 힘겨루기가 벌어지는 것처럼 보인다. 어두운 성격의 3요소가 성공적인 사기 전략이라면, 이러한 특성이 높은 사람들은 거짓말을 잘하는 동시에 다른 사람들이 거짓말을 할 때 이를 잘 알아차릴 수 있을 것으로 예상된다.

몇 년 전, 우리는 왜 사람들이 거짓말을 하는지, 그리고 어두운 성격의 3요소에서 높은 점수를 받은 사람들과는 어떤 차이가 있는지 조사하고자 했다(Jonason, Lyons, Baughman, & Vernon, 2014). 참여자들은 다양한 인터넷 표본으로 구성되어 있으며, 거짓말의 빈도, 거짓말을 했던 대상, 그리고 거짓말을 하게 된 동기가 무엇인지에 대한 많은 질문에 답했다. 우리는 나르시시즘을 제외한 사이코패시와 마키아벨리니즘이 더 빈번한 거짓말과 관련되어 있음을 발견했다. 흥미롭게도, 선행 연구에 따르면 소수의 사람들이 대부분의 거짓말을 하는 상습적 거짓말쟁이인 것으로 나타났다(Serota & Levine, 2015). 우리의 연구 결과는 이러한 강박적 거짓말쟁이들이 사이코패시 성향과 마키아벨리니즘이 더 강한 사람들일 수 있음을 시사한다. 거짓말의 빈도를 조사하는 것뿐만 아니라, 사람들이 거짓말을 하는 동기에도 관심을 가졌다. 나르시시즘은 자신의 이익을 얻기 위한 거짓말과 관련이 있었으며, 마키아벨리니즘은 작은 선의의 거짓말과 관련이 있었다. 반면 사이코패시는 특별한 이유 없이도 거짓말을 하는 경향과 관련이 있었다. 사이코패시가 높은 사람들은 특별한 동기나 목적이 없더라도 거짓말을 일상적으로 하며, 단순히 거짓말 자체를 즐기는 경향이 있다. 사이코패시와 관련된 강박적 거짓말에 대한 추가 증거로, 사이코패시가 거짓말을 할 때의 긍정적 정서와 연관된다는 결과가 보고되었다(Baughman, Jonason, Lyons, & Vernon, 2014).

아지즐리(Azizli)와 동료들(2016)은 400명이 넘는 미국 대학생들을 대상으로 거짓말과 범죄를 조사하여, 거짓말 성향 증가에 대한 추가 증거를 제시했다. 거짓말은 일반적인 거짓말 행동에 관한 설문지(예: "얼마나 자주 거짓말을 하는가?")와 함께, 중대한 결과가 걸린 학업 상황(예: 에세이 표절)과 연애 상황(예: 전 연인과의 만남을 현재 파트너에게 숨기기)을 묘사한 두 가지 시나리오로 측정되었다. 모든 어두운 성격의 3요소 특성은 독립적으로 속임수와 정적 상관관계가 있었다. 흥미롭게도, 회귀분석에서는 마키아벨리니즘만이 전반적인 거짓말 행동과 학업에서 중대한 결과가 걸린 상황에서의 거짓말을 유의하게 예측하는 것으로 나타났다. 이는 마키아벨리니즘이 높은 사람들이 교활하고 정치적인 성향을 지녀, 중대한 상황에 민감하게 반응하고 자신의 미래 성공 기회를 위태롭게 하지 않는 방식으로 행동할 수 있음을 시사한다.

어두운 성격의 3요소(특히 마키아벨리니즘과 사이코패시)가 거짓말 성향 증가와 관련이 있다면, 이들은 거짓말을 탐지하는 데에도 성공적일까? 사회적 착취 전략을 실행하려면, 타인이 기만하고 있는지를 인식할 수 있는 지각적 민감성이 필요하다. 어두운 성격의 3요소와 거짓말 탐지에 대한 증거는 상충된다. 예를 들어, 더 많은 거짓말을 하는 사람들이 거짓말 탐지에서도 더 능숙하다는 징후가 있다. 즉, "사기꾼에게는 사기칠 수 없다"(Wright, Berry, & Bird, 2012; Wright, Berry, Catmur, & Bird, 2015). 특히 마키아벨리니즘과 사이코패시 수준이 높은 사람들은 본질적으로 기만적 경향이 있으므로, 이러한 특성들이 거짓말 탐지 능력과도 관련될 것으로 예상된다. 이 점은 범죄 맥락과 상습범들에서 특히 중요하다. "피드백 가설"에 따르면, 범죄를 저지르는 사람들은 범죄가 흔한 환경에서 생활하며, 이로 인해 자신이 범죄의 피해자가 될 가능성에도 민감해야 한다. 이를 피하기 위해, 범죄를 저지를 경향이 있는 사람들(즉, 어두운 성격의 3요소가 높은 개인)은 거짓말을 탐지하는 민감성이 향상될 수 있다(Hartwig, Granhag, Strmwall, & Andersson, 2004 참조).

중요한 결과가 걸린 상황에서 일어나는 감정적 거짓말은 특히 흥미로운 연구 분야이다. 여러 연구자들과 학생들이 함께한 연구에서, 우리는 실종자 수색 TV 방송을 분석 대상으로 삼았다. 이는 강한 정서적 반응을 불러일으키며 동시에 많은 것이 걸린 상황이기 때문이다. 수년간, 나는 TV 카메라 앞에서 거짓말을 하고 있는 사람들(살인 유죄)과 진실을 말하는 사람들의 동영상 샘플을 수집했다. 한 예로, 2012년 자신의 파트너의 12세 손녀 티아를 살해한 영국인 스튜어트 하젤(Stuart Hazell)이 있다. 그녀의 시신을 숨긴 후, 그는 TV 카메라 앞에서 가짜 눈물을 흘리며 소녀가 집으로 돌아오기를 간절히 호소했다. 사람들은 종종 악어의 눈물에 속아 넘어간다. 많은 사람들이 타인이 대체로 정직하고 진실하다고 생각하는 경향이 있기 때문이다. 하지만, 냉담하고 감정이 결여된 사람들은 악어의 눈물 속에 숨겨진 진실을 간파할 수 있다.

우리 연구진은 TV에서 방영된 호소 영상의 거짓말을 탐지하는 데 있어 1차 및 2차 사이코패시가 어떤 영향을 미치는지 살펴보았다. 온라인 연구에서 우리는 참가자들에게 20개의 동영상(거짓 10개, 진실 10개)을 시청하도록 요청하고, 64문항으로 구성된 자기평가 사이코패시 III(Self-Rated Psychopathy III) 설문지로 사이코패시 수준을 측정했다. 1차 사이코패시 특성에서 높은 점수를 받은 남성은 거짓말을 더 잘 감지하는 반면, 같은 특성이 높은 여성은 그 능력이 약간 떨어진다는 결과가 보고되었다(Lyons, Healy, & Bruno, 2013). 이 연구결과는 1차 사이코패시(일명 "성공적인 사이코패시")가 더 많은 지위와 권력을 얻기 위한 전략을 촉진할 수 있다는 생각을 일부 뒷받침한다. 이는 특히 남성에게는 짝짓기 기회 증가 측면에서 적응적일 수 있다. 법의학적 맥락에서 다시 언급하자면, 높은 1차 사이코패시는 비즈니스, 즉 화이트칼라 범죄에서 중요한 요소로 나타났다. 기업체의 상위 직급에서 기만적 성향이 나타난다면, 기만적 성향을 지닌 사람들은 자신이 속임을 당하지 않기 위해 타인에게서도 같은 성향을 알아차리는 것이 유리할 것이다. 1차 사이코패시가 높은 여성들의 더 낮은 거짓말 탐지 능력은 설명이 어렵고, 여성에게서의 어두운 성격의 3요소의 적응성을 탐구하는 더 많은 이론과 연구의 필요성을 시사한다.

또 다른 연구에서는 어두운 성격의 3요소를 27개 문항의 SD-3 척도로 측정하고, 이를 강한 정서가 동반되는 TV 호소 영상에서의 거짓말 탐지 능력과 연관지어 살펴보았다(Lyons, Croft, Fairhurst, Varley, & Wilson, 2017). 이번에는 온라인 참가자 347명이 거짓말 탐지 과제와 어두운 성격의 3요소 설문을 완료했다. 흥미롭게도, 남성의 나르시시즘은 더 낮은 거짓말 탐지 능력과, 여성의 마키아벨리니즘은 더 높은 거짓말 탐지 능력과 관련이 있었다. 높은 나르시시즘을 보이는 남성의 낮은 거짓말 탐지 능력은 타인을 덜 가치 있게 보는 경향과 연결될 수 있으며, 타인의 진술 진위를 평가하는 능력을 방해할 수 있다. 마키아벨리니즘이 높은 여성의 더 높은 정확도 역시 흥미로우며, 여성의 교활함과 조작성이 가짜 눈물을 꿰뚫어 보는 능력 증가 측면에서 적응적일 수 있음을 시사한다.

마지막으로, 라이트(Wright) 외 연구진(2015)은 사람들에게 자신의 의견에 대해 거짓말을 하도록 요청하는 상호작용 실험 과제를 통해 어두운 성격의 3요소를 조사했다. 저자들은 어두운 성격의 3요소와 거짓말을 하거나 탐지하는 능력 사이에서 어떠한 관계도 발견하지 못했다. 이는 모의 면접 상황에서 어두운 성격의 3요소가 거짓말 탐지와 관련이 없다는 것을 보고한 위싱(Wissing)과 라인하르트(Reinhard)(2017)의 결과와 일치한다. 그러나 이 두 연구는 모두 감정적 부담이 적고 위험성이 낮은 상황에서 수행되었다. 전반적으로, 중요한 결과가 걸려 있고 감정이 고조된 상황에서는 거짓말을 탐지하기가 더 수월하며, 이러한 맥락에서 어두운 성격의 3요소가 가장 유의미한 연구 결과를 보여주었다.

3.3 교도소에서의 어두운 성격 3요소

어두운 성격의 3요소(즉, 사이코패시와 나르시시즘)에 대한 많은 연구는 주로 수감자 표본에서 수행되었으며, 이로 인해 일상생활에서 정상 범위의 성격 변이가 범죄 성향과 어떻게 관련되는지를 이해하는 데에는 한계가 있다. 그러나 교도소 연구는 일상적 상황을 넘어선 극단적 범죄 행위와 어드운 성격의 3요소 수준이 나타나는 특수한 환경에 대한 이해를 높이는 데 도움을 준다. 교도소 연구는 범죄 유형, 범죄의 사전 계획, 그리고 재범 가능성과 같은 측면에 집중해왔다. 어두운 성격의 3요소가 성범죄와 관련이 있지만, 이에 대해서는 제4장에서 더 자세히 논의될 것이다.

사이코패시 특성이 강한 사람들은 공격적 성향이 높아 폭력적인 대인 범죄를 저지를 가능성이 더 크며, 이는 살인에서부터 괴롭힘까지 다양하게 나타날 수 있다. 실제로, 캐나다 청소년 범죄자에 대한 한 종단연구에서 사이코패시는 폭력 범죄에서 중요한 역할을 했다(McCuish, Corrado, Hart, & DeLisi, 2015). 저자들은 남성과 여성의 범죄 경로를 12세부터 28세까지 추적했으며, "사이코패시적 성격 교란"이 높은 이들은 반복적으로 강력 범죄를 저질렀지만 비폭력 범죄를 저지를 가능성은 더 높지 않았다. 이는 사이코패시가 타인에게 신체적 위협을 가하는 범죄와는 더 관련이 있으나, 재산을 대상으로 한 범죄와는 반드시 그렇지 않을 수 있음을 시사한다.

수감된 폭력 범죄자 중에서 범죄의 계획성 정도는 사이코패시와 밀접한 관련이 있다. 사이코패시적 살인자는 목표 달성을 위해 살인을 저지른다. 이들의 살인은 냉혈하며, 미리 계획되고, 분노와 같은 정서적 반응이 선행되지 않는다. 이에 비해 비사이코패시 범죄자가 저지른 살인은 대개 분노 등 사건에 대한 반응으로, "격정 범죄"에 더 가깝다. 이는 우드워스(Woodworth)와 포터(Porter)(2002)가 살인죄로 복역 중인 캐나다 수감자들을 대상으로 수행한 연구의 핵심이었다. 그들은 살인 사건들을 반응적 특성(계획성 부족, 충동성)과 도구적 특성(마약, 돈, 성관계, 복수 등 외부 목표를 위한 정서 반응 없는 동기)에 따라 분류했다. 그들의 결과는 "냉혹한 살인"과 "격정 살인"을 구분하는 예측과 일치했다. 사이코패시적 살인범은 뚜렷한 목표를 가지고 냉혈하게 범행하는 경향이 있었고, 비사이코패시 범죄자는 사건에 대한 정서적 반응으로 계획 없이 살인을 저질렀다. 흥미롭게도, 냉혈한 살인은 충동성과 위험 감수를 특징으로 하는 2차 사이코패시보다, 냉담함과 정서 결핍을 특징으로 하는 1차 사이코패시에서 더 전형적이었다. 사이코패시를 동질적 특성으로 보지 말고, 서로 다른 측면을 분리해 살펴보는 것이 더 유용할 수 있다.

그러나 서로 다른 유형의 사이코패시를 바탕으로 범죄자 프로파일을 실제로 구성하는 것이 가능할까? 보두셰크(Boduszek), 데보프스카(Debowska) 및 윌모트(Willmott)(2017)는 폴란드의 1,100명 이상 성인 남성 수감자에서 사이코패시 4요인 모델이 살인, 일반 폭력 범죄, 재산 범죄, 화이트칼라 범죄와 어떻게 관련되는지를 탐구했다. 연구자들은 정서적 반응성(감정이입을 통해 의사결정을 이끄는 성향), 인지적 반응성(타인을 대할 때 그들의 입장에서 생각하는 성향), 대인 조작성(원하는 것을 얻기 위해 타인을 조종하려는 시도), 자기중심성(의사결정 시 자신을 최우선에 두는 성향)을 조사했다. 그들은 네 가지의 뚜렷한 범죄자 유형을 분류했다. "낮은 사이코패시 집단"(모든 측면에서 낮은 점수, 전체 표본의 40% 이상), "중등도 정서/인지 반응성 집단"(정서적/인지적 측면은 중간이고 다른 측면은 낮음, 약 15%), "높은 대인조종성 집단"(대인 조종성만 높고 다른 측면은 낮음, 약 20%대 약간 상회), 마지막으로 "높은 사이코패시 집단"(대인 조종성과 자기중심성은 높고 다른 측면은 중간, 7.1%).

그들이 범죄 유형을 비교했을 때(낮은 사이코패시 집단을 비교 집단으로 활용), 흥미로운 패턴이 발견되었다. 예를 들어, 화이트칼라 범죄자와 재산범죄자는 "높은 대인조종성 집단"에 속할 가능성이 더 컸는데, 이는 "성공적 사이코패시" 개념과 어느 정도 일치한다. 교묘한 대인조종과 매력으로 타인으로부터 금전적 이익을 취하는 사람들은 성공하면 높은 사회적 지위를 얻지만, 발각되면 수감된다. "높은 사이코패시 집단" 수감자들은 일반적 폭력 범죄로 유죄 판결을 받을 가능성이 더 높았다. 보두셰크(Boduszek) 외(2017)는 이를, 폭력을 억제하는 기제가 부족하고 타인과의 인지적·정서적 교류가 결여된 상태에서 자기 이익을 우선하는 욕구가 결합되어 범죄로 이어진다고 추정했다. 그러나 이 집단은 소수였다. 흥미롭게도, 이러한 결과는 일부 선행연구와 상반되며, 최고·중간 경비 교도소의 다수 재소자가 사이코패시 진단 기준에 해당하지 않음을 보여준다.

어두운 성격의 3요소는 다양한 범죄 유형과 연관될 뿐 아니라, 범죄자의 다면적 범행 양상에도 영향을 미칠 수 있다. 에드워즈(Edwards), 앨버트슨(Albertson) 및 베로나(Verona)(2017)는 어두운 성격의 3요소와 취약한 어두운 성격 3요소(VDT, 제2장 참조)의 역할을 탐구했다. VDT는 높은 불안, 충동성, 애착 문제로 구성되어, 개인을 정신병리로 이끌 소인을 형성한다. 어두운 성격의 3요소는 냉담함과 감정 결여, 조작성에, 자신의 성공에 대한 웅대한 사고가 결합된 성향을 의미한다. 에드워즈와 동료들은 범죄자 표본에서 어두운 성격의 3요소 중 냉담성이 범죄의 다양성과 관련됨을 발견했다. 이는 냉담성이 높을수록 여러 유형의 범죄를 저지를 가능성이 높음을 시사한다. VDT는 약물 범죄와 계획성 없는 재산 범죄(예: 절도 및 강도)에만 연관되었다. 살인과 폭행과 같은 폭력 범죄는 어두운 성격의 3요소와만 독특한 연관성을 보였다.

사이코패시는 또한 재범 가능성 증가와 관련이 있는 것으로 나타났다. 프로스페로-루이스(Prospero-Luis) 외(2017)는 수감자 표본에서 재범 의도(예: 절도)가 더 높은 사이코패시와 연관되었고, 이는 출소 후 다시 절도를 저질렀을 때 부정적 결과에 대한 기대는 낮고 긍정적 결과에 대한 기대는 높았기 때문이라고 보고했다.

교도소 연구들이 사이코패시를 범죄 예측 요인으로 지목하지만, 사이코패시가 높은 모든 이가 범죄를 저지르는 것도, 범죄로 수감된 모든 이가 사이코패시가 높은 것도 아님을 유념할 필요가 있다. 범죄는 복잡하고 다면적이며 이질적인 연구 분야로, 다른 심리학 연구들과 마찬가지로 그 원인을 단순히 설명할 수는 없다.

3.4 어두운 성격 3요소와 지역사회 범죄

범죄성의 극단적 표현을 이해하는 것도 중요하지만, 성격과 일상적으로 발생하는 미묘한 규칙 위반과 비행 행동 사이의 연관성을 살펴보는 것 또한 반드시 필요하다. 모든 부적절한 행동이 유죄 판결로 이어지는 것은 아니다. 실제로 경미한 범죄 행위의 상당수는 적발되지 않거나 처벌받지 않은 채 넘어간다. 실제로 일상적으로 발생하는 소소한 비행은 공식 범죄 통계를 왜곡시켜 범죄 발생률이 실제보다 낮게 평가되는 결과를 초래한다. 부오난노(Buonanno), 드라고(Drago), 갈비아티(Galbiati) 및 베르토바(Vertova)(2014)의 말을 빌리자면, “범죄는 본질적으로 숨겨진 현상이며, 측정 오류나 잘못된 보고로 인해 공식 통계가 범죄율을 정확히 기록하지 못할 수 있다”(p. 1). 범죄 성향의 성격적 상관관계를 이해하는 것은 중요하며, 이는 숨겨진 범죄 문제를 해결하는 데 유용할 수 있다.

경미한 위법 행위는 약물 남용, 절도, 폭력, 표절, 난폭 운전, 기물 파손 등 다양한 형태로 나타난다(Nathanson, Paulhus, & Williams, 2006). 경미한 범죄를 설명하는 용어에는 비행(청소년이 흔히 저지르는 경미한 위반), 반사회적 행동(타인에게 폐를 끼치는 행동), 부적절한 행위(부적절한 방식으로 행동)가 포함된다. 이 장에서는 유죄 선고를 받거나 수감되지 않은 사람들의 경미한 범죄와 반사회적 행동을 다룰 때 "비행"이라는 용어를 사용할 것이다.

어두운 성격의 3요소가 전반적 비행에 미치는 영향에 대한 연구 관심이 있어 왔다. 어두운 성격의 3요소 성향이 강한 사람들은 규칙과 법을 위반하는 행동(예: 약물 복용/거래, 기물 파손, 폭행)을 보이나, 이러한 행동은 경찰 신고 수준에 이르지 않는 경미한 비행의 형태로 나타나는 경우가 많다. 일반적으로 지역사회 표본을 통한 연구결과는 교도소 연구와 유사한 양상을 보인다. 범죄 수준이 낮은 집단(예: 학생)에서는 세 가지 특성 중 특히 사이코패시가 비행을 예측하는 가장 중요한 요인으로 나타났다.

앙리 샤브롤(Henri Chabrol)과 그의 팀은 프랑스 청년들을 대상으로 어두운 성격 4요소(어두운 성격의 3요소 + 사디즘)와 범죄성을 탐구했다. 선행 연구에서는 615명의 미성년 고등학생의 비행을 조사했는데, 남학생의 경우에만 사이코패시와 사디즘(가학성)이 더 많은 비행과 관련이 있었다(Chabrol, Van Leeuwen, Rodgers, & Sejourne, 2009). 또 다른 연구에서, 연구팀은 전통적으로 범죄율이 낮은 집단인 500명 이상의 대학생을 표집했다(Chabrol, Bouvet, & Goutaudier, 2017). 앞선 청소년 표본과 유사하게, 사이코패시와 사디즘은 반사회적 행동의 정적 예측 요인이었다. 유사한 결과는 다른 국가의 연구팀들에 의해서도 반복되었다. 네덜란드에서는 무리스(Muris), 메이스터스(Meesters) 및 팀머만스(Timmermans)(2013)가 12~18세 아동과 부모에게 어두운 성격의 3요소, 공격성, 비행 설문을 실시했다. 다시, 세 가지 특성 간 공유 분산을 통계적으로 통제했을 때, 부모가 보고한 공격성과 비행을 유의하게 예측한 것은 사이코패시뿐이었다.

샤브롤(Chabrol) 외(2017)는 표본 특성(상대적으로 부유한 대학생)이 비행과 나르시시즘·마키아벨리니즘 간 관계 부족을 설명할 수 있다고 제안했다. 이는 성격과 범죄 연구의 더 근본적 문제, 즉 대부분이 유죄 판결자나 중산층 대상에 치우쳐 있음을 드러낸다. 가난한 환경에서 비행이 마키아벨리니즘과 나르시시즘과도 연관될 가능성이 있다. 사회경제적 지위와 사회 내 자신의 위치에 대한 인식(주관적 지위)은 비윤리적 행동, 공격성, 나르시시즘 같은 성격 특성에 중요하다(예: Dubois, Rucker, & Galinsky, 2015; Greitemeyer & Sagioglou, 2016). 예를 들어, 범죄성은 지위 상승(더 많은 돈/존경)으로 이어질 수 있고, 지위를 추구하는 개인은 이를 위해 범죄를 활용할 가능성이 더 높다. 어두운 성격의 3요소(나아가 심리학 연구 전반)는 중산층에 국한되지 않고 사회 모든 계층으로 연구 대상을 넓힐 필요가 분명하다.

비행을 저지르는 일반적 성향 외에도, 비행의 더 구체적 측면들에 주의를 기울일 필요가 있다. 가정, 직장, 기업 내 경미한 절도는 매우 흔하지만, 대부분은 신고되지 않는다. 실제로 피해자들이 피해 사실을 알아차리지 못하는 경우도 많다. 어두운 성격의 3요소와 전반적 기만·비윤리적 행동 간 관계를 고려할 때, 이러한 성격 조합은 경미한 절도를 저지르는 사람들을 이해하는 데 매우 관련성이 높다.

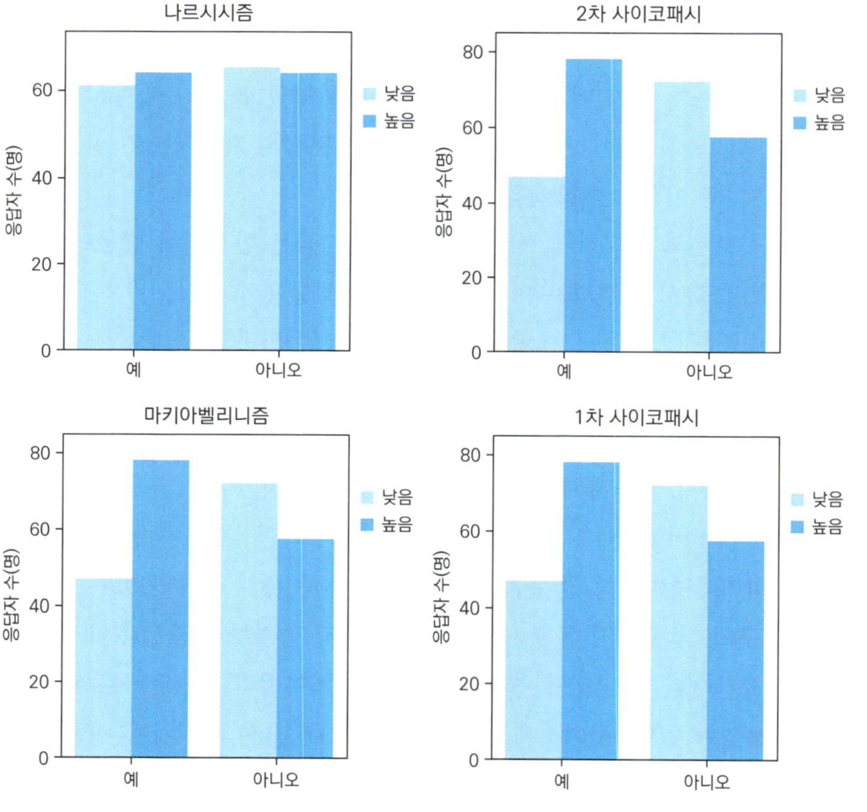

그림 3.1 어두운 성격 3요소의 고집단·저집단과 '물건을 훔친 적이 있습니까?'라는 질문에 대한 응답(자료: 라이언스(Lyons)와 조나선(Jonason)(2015)에서 재구성)

수년 전, 우리는 250명 이상의 학생 및 지역사회 표본을 대상으로 일상적 경미 범죄를 조사했다(Lyons & Jonason, 2015). 우리는 참가자들에게 물건을 훔친 적이 있는지, 빈도는 어떠한지, 사전에 계획하는지, 누구로부터 훔치는지 등을 물었다. 훔친 적이 있다고 보고한 참가자들은 그렇지 않은 참가자들보다 역기능적 충동성, 마키아벨리니즘, 1차 및 2차 사이코패시 점수가 더 높았다. [그림 3.1]은 어두운 성격의 3요소 고·저 집단 간 절도 행위 차이를 잘 보여준다(중앙값 분할로 집단 구분). 특히 2차 사이코패시(위험 감수성과 충동성)는 보다 다양한 형태의 절도와 관련이 있었다. 2차 사이코패시가 높은 사람들은 더 빈번하게 절도했고, 낯선 사람이나 상점을 대상으로 했으며, 흥미롭게도 절도를 계획적으로 실행하는 경향도 더 강했다. 절도 동기를 물었을 때, 2차 사이코패시가 높은 사람들은 돈이나 음식이 없어서 훔친다고 보고하는 경향이 더 컸다. 따라서 2차 사이코패시는 스릴·재미 추구가 아니라 더 많은 자원 획득과 관련된 소규모 절도와 연관될 수 있다.

1차 사이코패시와 마키아벨리니즘과 관련하여 다른 양상이 나타났다. 분석 결과, 1차 사이코패시 특성과 금전적 궁핍으로 인한 절도 사이에는 부적 상관관계가 나타났다. 반면, 재미를 위한 절도와는 거의 유의한 수준의 정적 상관관계를 보였다. 이는 1차 사이코패시에서 높은 점수를 받은 사람들이 절도를 저지르는 것은 물질적 필요에 의한 것이 아니라 그 행위 자체에서 쾌락을 얻기 때문임을 시사한다. 우리는 또한 참가자들에게 적발될 위험이 전혀 없다면 얼마나 자주 절도를 저지를 것인지 물었다. 마키아벨리니즘과 1차 사이코패시는 위험이 제거된 상황에서 더 빈번한 절도 행위와 정적 상관관계를 보였다. 1차 사이코패시와 마키아벨리니즘 특성이 높은 사람들은 범죄를 저지르는 것을 꺼리지 않을 수 있다. 하지만 체포될 위험성은 억제 요인으로 작용한다. 흥미롭게도, 핀란드 청년들을 대상으로 한 지역사회 표본 연구에서 1차 사이코패시가 높은 사람들은 2차 사이코패시가 높은 사람들보다 절도로 인한 유죄 판결을 더 많이 받는 것으로 나타났다(Drislane 외, 2014). 1차 사이코패시 특성이 높은 사람들이 도둑질을 하지 않는 이유가 들킬까 봐 두렵기 때문이라고 말하더라도, 실제로는 들키는 것이 그들의 절도 행위를 막지 못할 수 있다.

자기보고 범죄의 관점에서 비행을 살펴본 또 다른 연구에서는 사이코패시 특성만이 경미한 범죄와 중범죄 모두와 관련이 있는 것으로 나타났고(어두운 성격의

3요소 중 나르시시즘이나 마키아벨리니즘은 관련이 없었다)(Azizli 외, 2016). 연구자들은 학부생들에게 "종합 비행 목록(Comprehensive Misconduct Inventory)"이라는 설문지를 제시했다. 이 설문지는 마약류(강·약) 남용, 경미한 범죄나 중범죄, 교통법규 위반, 괴롭힘/희롱, 권위에 대한 반항 등의 행동을 얼마나 여러 번 했는지를 묻는 일련의 문항들로 구성되어 있었다. 상관관계 분석 결과에 따르면, 어두운 성격의 3요소의 모든 특성이 대부분의 비행 범주와 관련이 있었다. 다만 마키아벨리니즘과 나르시시즘은 심각한 약물 사용과는 관련이 없었고, 나르시시즘은 따돌림 및 괴롭힘과도 관련이 없었다. 연구자들이 각 성격특성 간의 공유된 분산을 통제하여 회귀분석을 실시한 결과, 사이코패시 특성만이 약물 남용과 범죄 행위의 높은 빈도를 유의하게 예측하는 것으로 나타났다.

수감된 인구 집단에서의 폭력 범죄를 예측하는 것 외에도, 어두운 성격의 3요소는 대학생 집단의 폭력 범죄에서도 연구 관심을 받았다. 유감스럽게도(특히 성적 성격을 띤) 폭력은 흔히 발생하는 현상이며, 사회적으로 혐오적 성격 특성이 높은 학생들에 의해 자행될 수 있다. 픽스(Fix)와 픽스(Fix)(2015)는 사이코패시와 다양한 유형의 범죄 행위 간의 연관성을 연구하기 위해 젊은 남자 대학생들을 표본으로 활용했다. 연구자들은 사이코패시 특성이 폭력 범죄, 재산 범죄, 그리고 마약 관련 범죄를 저지르는 것과 정적 상관관계가 있음을 발견했다. 연구결과에 따르면, 사이코패시 성향이 강한 대학생들은 기결수들과 비슷한 유형의 범죄 성향을 보이며, 차이가 있다면 이 학생들은 아직 체포되거나 수감되지 않았다는 점뿐이었다.

핀란드 군 복무 집단을 대상으로 한 또 다른 연구에서 드리슬레인(Drislane) 외(2014)는 사이코패시 3요인 모델(대담성, 잔혹성, 탈억제)을 대규모 젊은 남성 표본에서 검증했다. 제1장에서 상기했듯이, 대담성은 타인을 지배하려는 의지, 모험성향, 정서적 회복력을 특징으로 하며, 잔혹성은 냉혹함, 공격성의 사용, 공감 결여를 의미한다. 대담성과 잔혹성은 "성공한 사이코패시"의 구성요소로도 여겨진다. 탈억제는 충동성, 인내력 부족, 무책임한 행동에 관한 것으로, 2요인 모델의 2차 사이코패시와 유사하다. 연구자들은 표본에서 두 가지 유형의 높은 사이코패시 집단을 구분했다. 하나는 높은 대담성과 낮은 불안을 보이는 1차 사이코패시 집단, 다른 하나는 높은 탈억제와 높은 불안을 보이는 2차 사이코패시 집단이었다.

연구자들은 핀란드 경찰 범죄 기록부에 접근하여 대상자들의 범죄 기록을 확인할 수 있었다. 그들은 1차 및 2차 사이코패시가 높은 집단이 저지른 범죄 정보를, 사이코패시가 낮은 집단과 비교했다. 두 사이코패시 집단 모두 음주운전 및 기타 교통범죄, 폭력, 절도, 기물 파손, 재산 범죄 등 등록된 범죄를 보유할 가능성이 더 컸다. 그러나 1차와 2차 사이코패시 집단 간 범죄 유형 차이를 비교했을 때는 단 한 가지 차이만 발견되었다. 1차 사이코패시 집단은 2차 사이코패시 집단보다 폭행과 강도를 포함한 폭력 범죄를 저지를 가능성이 훨씬 높았다.

종합하면, 비수감자 표본을 활용한 연구들은 지역사회에도 높은 수준의 사이코패시 특성을 보이는 소수가 존재함을 보여준다. 여러 국적을 아우르는 연구들에서, 마키아벨리니즘이나 나르시시즘보다 사이코패시가 비행 및 다양한 범죄 유형과의 연관성을 이끄는 주된 요인으로 부각되고 있다. 재소자 집단과 유사하게, 대학생 및 일반 지역사회 집단에서도 1차 사이코패시는 범죄성을 설명하는 가장 중요한 요인 중 하나로 나타났다. 1차 사이코패시는 특히 강도와 폭행 등 폭력적이고 도구적 성격의 범죄와 밀접한 관련이 있다. 1차 사이코패시와 연관된 낮은 공감 능력과 이기성은 개인의 금전적 이득을 위해 폭력을 도구로 사용하는 행위로 이어질 수 있다.

3.5 화이트칼라 범죄

1948년생인 C박사는 군사 평시 훈련 중 재난 상황에서 보여준 헌신적인 노력으로 명성을 얻게 된 정신과 의사였다. 그는 오랫동안 해당 분야에서 신뢰받는 전문가로서 언론에서 활동했다. 재무 전문 신문사의 한 기자가 C박사의 비리를 폭로했는데, 그는 범죄자들에게 위조된 의료 증명서를 판매하는 사업을 번창하게 운영하며 그들이 각종 법적 처벌을 피하도록 도왔다. 법원은 C박사의 유죄를 인정했고, 앞으로 의료 증명서를 발급할 수 있는 면허를 영구적으로 박탈하는 판결을 내렸다. 또한 C박사는 수입 증대를 목적으로 범죄에 연루되기 이전에 이미 영웅적 지위를 획득한 상태였다 (Arnulf & Gottschalk, 2013, p.107).

이 노르웨이의 사례는 개인의 소득 증대를 목적으로 자신의 지위나 신분을 남용하는 유형의 범죄를 잘 보여준다.

"화이트칼라 범죄" 또는 "경제범죄"는 금전적 이득을 얻기 위해 수행되는 전문직 종사자들의 비폭력적 범죄 행위를 의미한다. 화이트칼라 범죄에는 뇌물수수, 자금 세탁, 신분 도용, 사이버 범죄, 폰지 사기, 횡령, 환경 범죄 등이 포함된다. 경제범죄는 매우 흔하며, 유럽의 대기업들 중 거의 절반이 금전적 손실을 초래하는 범죄의 피해자가 된 것으로 추정된다(Blickle, Schlegel, Fassbender, & Klein, 2006 참조). 고트샬크(Gottschalk)(2018)에 따르면, 화이트칼라 범죄자들은 조직 내에서 권한을 부여받을 만큼 충분한 신뢰를 얻은 사회의 "엘리트 계층"에 속한다. 화이트칼라 범죄자에는 기업가, 관리자, 부서장뿐 아니라 의사·변호사와 같은 전문직 종사자들, 그리고 시장 투자자들까지 포함된다.

일반적으로 대중과 법 집행관들은 화이트칼라 범죄를 다른 유형의 범죄보다 덜 심각하게 인식하는데, 이는 아마도 대인 폭력과의 명백한 관련성이 없기 때문일 것이다. 그러나 화이트칼라 범죄자들이 더 온화하고 친절한 범죄자라는 생각은 위험한 통념이며, 필요할 경우 이들이 '레드칼라'로 전환될 수 있다는 증거가 있다. 화이트칼라 범죄자들이 자신의 금전적 범죄를 은폐하기 위해 살인까지 저지르는 사례가 알려져 있다(Alalehto & Azarian, 2018; Perri, 2011). 더 나아가, 화이트칼라 범죄자에 대한 인식은 특히 사이코패시와 같은 성격 특성에 따라 달라질 수 있다. 모의 배심원 선고 실험에서, 사이코패시(특히 냉담성)가 높다고 인지되는 화이트칼라 범죄자들은 더 긴 형량을 선고받았다(Rulseh, Edens, & Cox, 2017). 배심원 판결이 사이코패시가 화이트칼라 범죄로 이어지는지를 말해주지는 않지만, 사이코패시적이라고 인식되는 기업 범죄자에 대한 강한 처벌 의지를 부각한다.

화이트칼라 범죄자에 대한 연구는 매우 부족하다. 바비악(Babiak), 노이만(Neumann) 및 헤어(Hare)(2010)는 "사기, 부패, 직권남용과 같은 공공 신뢰의 중대한 침해에서 사이코패시의 역할에 관한 실증적 자료가 결핍되어 있다"고 지적했다. 이는 특히 부패와 금융 재난의 원인이 비인격적 경제·사회적 힘뿐 아니라 개인의 책임에서도 비롯될 수 있다는 관점을 취할 때 안타까운 일이다. 이 분야에 대한 연구가 필요하다(p. 175). 그럼에도 불구하고, 금전적 이득을 위한 범죄를 저지르기 위해 직업적 지위를 남용하려는 성향과 관련된 성격 요인에 관한 연구는 놀랄 만큼 적다. 일부 연구는 비수감자 표본을 활용해 범죄에 대한 인식을 조사했고, 또 다른 연구는 수감된 화이트칼라 범죄자를 대상으로 했다.

수감된 화이트칼라 범죄자의 신경생물학적 특성을 살펴본 한 연구에 따르면, 이들은 정보처리 능력이 우수했으며, 이는 직장 내에서의 금융범죄를 저지르는 데 유리하게 작용할 수 있다(Raine 외, 2012). 이는 정상에 오르거나 그 지위를 유지하기 위해 금융범죄를 포함해 필요한 수단을 마다하지 않는, 냉혈하고 조종적인 "악랄한 천재들"이라는 '성공한 사이코패시' 개념과 맞닿아 있다. 어두운 성격의 3요소가 보이는 기만성, 돈·권력·지위에 대한 갈망은 화이트칼라 범죄와 관련된 성격 구성으로 볼 여지가 크다.

게르하르트 블리클레(Gerhard Blickle) 외(2006)는 독일에서 화이트칼라 범죄로 수감된 76명의 수감자와 기업의 150명 관리자를 비교했다. 화이트칼라 범죄자들은 주로 뇌물수수, 위조, 횡령, 문서위조, 사기, 파산사기, 밀수, 탈세 등의 혐의로 수감된 남성이었다. 기업 범죄자들은 쾌락추구, 나르시시즘에서 높은 점수를 보였고, 흥미롭게도 성실성에서도 높은 점수를 보였다. 쾌락주의자는 물질적인 것과 즉각적 욕구 충족을 갈망하는데, 이는 어두운 성격의 3요소가 높은 사람들에게 전형적이다. 자기애적 웅대성과 성공 환상이 쾌락주의와 결합하면, 관리자가 자신이 일하는 회사의 돈을 횡령하려는 성향에 영향을 줄 수 있다.

또 다른 연구에서 보두셰크(Boduszek) 외(2017)는 살인, 일반 폭력 범죄, 재산범죄, 화이트칼라 범죄로 유죄 판결을 받은 다양한 범죄자 표본에서 사이코패시를 조사했다. 전반적 사이코패시 점수가 높은 사람들은 일반 폭력 범죄로 수감될 가능성이 더 높았다. 반면, 화이트칼라·재산범죄로 유죄 판결을 받은 사람들은 사이코패시의 대인관계 조종 측면에서 높은 점수를 받을 가능성이 더 컸다. 이는 화이트칼라 범죄자들이 충동조절 문제 없이 교묘히 조종하는 "성공한 사이코패시"의 특성을 지닐 수 있음을 뒷받침한다.

링나우(Lingnau), 훅스(Fuchs) 및 데네-니만(Dehne-Niemann)(2017)은 비네트 설계를 사용해 사이코패시 성향이 강한 사람들이 두 가지 대표적 금융범죄—회계부정과 내부자 거래—에 더 관대(허용적)한지 탐색했다. 회계부정은 기업의 재무정보를 조작해 건전한 재무 상태라는 가면을 만드는 것이고, 내부자 거래는 증권거래에서 기밀정보를 사익에 이용하는 범죄다. 연구 결과, 냉담성과 마키아벨리니즘적 자기중심성이 높은 사람들은 내부자 거래에 더 관대했으며, 냉담성은 회계부정 허용성의 유의한 정적 예측변인이었다. 연구자들은 이러한 범죄를 옹호하는 사람들이 실제로도 그 범죄를 저지를 가능성이 더 높다고 보았으며, 이는 기업범죄가 이기적이고, 죄책감이 없으며, 타인에 대한 공감이 결여된 사람들에 의해 저질러짐을 시사한다.

3.6 결론

어두운 성격의 3요소는 사람들이 범죄를 저지르는 이유를 이해하는 데 중요한 성격 특성이다. 이 3요소의 적대적이고 이기적인 핵심은 마약범죄에서 폭행, 강도, 재산 절도, 화이트칼라 범죄에 이르기까지 광범위한 반사회적·범죄적 활동에의 개입에 영향을 미친다. 사이코패시는 어두운 성격의 3요소 중 가장 "어두운" 특성으로, 교도소·지역사회·학생 표본을 아우르는 다양한 연구에서 일관되게 범죄와 연관성을 보인다. 어두운 성격의 3요소와 화이트칼라 범죄의 연관성 연구는 상대적으로 부족하지만, 현재까지의 자료는 기업 및 직장 내 범죄 활동에서 사이코패시의 중요성을 시사한다.

추가 읽을 자료

Arnulf J. K., & Gottschalk, P. (2013). Heroic leaders as white-collar criminals: An empirical study. *Journal of Investigative Psychology and Offender Profiling, 10*(1), 96-113.

Boduszek, D., Debowska, A., & Willmott, D. (2017). Latent profile analysis of psychopathic traits among homicide, general violent, property, and white-collar offenders. *Journal of Criminal Justice, 51*, 17-23.

Lyons, M., & Jonason, P. K. (2015). Dark triad, tramps, and thieves. *Journal of*

Individual Differences, 36(4), 215–220.

Bushman, B. J. (2017). Narcissism, fame seeking, and mass shootings. *American Behavioral Scientist.*

Kohut, H. (1972). Thoughts on narcissism and narcissistic rage. *The Psychoanalytic Study of the Child, 27*(1), 360–400.

Weston, A. (2017). New documentary sheds light on shocking case of killer schoolboy Brian Blackwell. https://www.liverpoolecho.co.uk/news/liverpool-news/new-documentary-sheds-light-shocking-12899520.

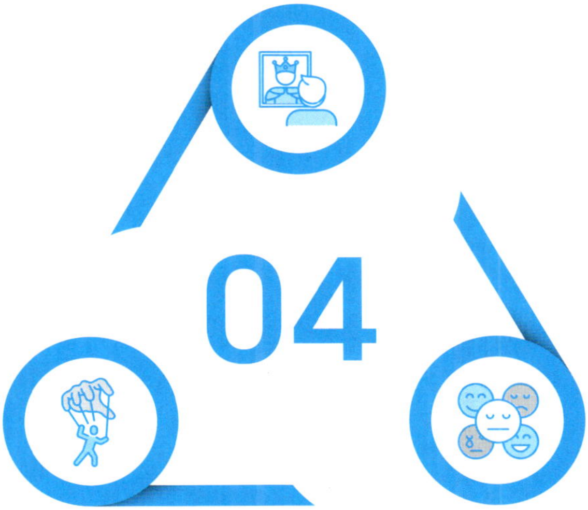

짝짓기 전략(짝짓기 경쟁, 짝짓기 유혹, 확립된 관계)

The Dark Triad of Personality

제4장

짝짓기 전략(짝짓기 경쟁, 짝짓기 유혹, 확립된 관계)

4.1 도입

하나의 연습문제를 해 보자. 인터넷 검색창에 "내가 데이트를 하는 사람이…?"라는 문장을 입력하면 가장 먼저 뜨는 연관검색어는 "소시오패스", "나르시시스트", "사이코패스"이다. 인터넷에는 새로운 데이트 상대에게서 사이코패시와 나르시시즘의 징후를 어떻게 발견할 수 있는지 알려주는 퀴즈와 조언을 제공하는 페이지들이 넘쳐난다. 또한, 나르시시스트나 사이코패스와의 관계가 끝난 뒤 어떻게 살아남을 수 있는지에 대한 조언을 제공하는 사이트들도 수없이 많다. 예를 들어, 'lovefraud.com'과 같은 웹사이트에는 수천 명의 남녀가 자신이 착취적이고 포식적인 파트너에게 피해를 입은 경험을 공유하는 게시글을 올리고 있다. 어두운 성격의 3요소는 로맨틱한 관계에 지대한 영향을 미치며, 이는 다큐멘터리, 영화, 자기계발서, 인터넷 사이트뿐 아니라 학문적 연구에서도 주요한 주제로 다뤄지고 있다.

어두운 성격의 3요소는 아마도 짝짓기 행동의 맥락에서 가장 많이 연구된 성향일 것이다. 다양한 연구들은 이 성향들이 성관계와 관계의 여러 측면, 즉 관계 선호, 성적 문란, 파트너를 끌어들이는 전략과 경쟁자를 물리치는 방법, 관계의 기능(공격성, 불륜 포함) 등과 어떻게 관련되는지를 조사해 왔다. 이 연구들에서 도출된 핵심 메시지는 어두운 성격의 3요소가 단기적이고 가벼운 관계를 선호하며, 기능적이지 못한 로맨틱 관계와 연관될 가능성이 높다는 점이다. 이처럼 감정적으로 단절되고 문란한 짝짓기 전략은 진화심리학적 맥락에서 빠른 생애사 전략(fast life history strategy)[1]을 촉진하는 기능을 할 수 있다.[2] 빠른 생애사 전략은 개체가 짧은 시간 안에 성숙하고 번식하며, 자원을 빠르게 소모하면서 생존과 번식에 집중하는 전략을 의미한다. 이는 자원이 불안정하거나 예측 불가능한 환경에서 나타나며, 일부 문화에서는 방탕한 생활 방식과 연결되기도 한다. 이번 장에서는 어두운 성격의 3요소가 교제 심리와 행동에 어떻게 관련되어 있는지에 관한 이론적 개요와 경험적 연구를 살펴보고자 한다.

4.2 연인관계의 유형과 파트너 특성에 대한 선호도

사랑과 연애에서 어두운 성격의 3요소 성향이 강한 사람들은 그렇지 않은 사람들과 확연히 다른 관계 선호를 보인다. 사회적으로 기피적이고 적대적인 성격의 사람들은 종종 단기적이고 감정적으로 얕은 관계를 맺으며, 이는 한 명의 파트너와 장기적인 관계를 맺는 것을 회피하는 경향으로 나타난다. 흥미롭게도, 연구에 따르면 사이코패시(Jonason, Lyons, & Bethell, 2014)와 마키아벨리니즘(Brewer, Bennett, Davidson 외, 2018)이 강한 사람들은 회피형 애착 스타일을 보인다. 이는 가까운 사회적 유대 없이도 만족감을 느끼는 성향을 의미한다. 이러한 회피형 애

1 (역자주) 빠른 생애사 전략(fast life history strategy)은 생물학적·진화심리학적 개념으로, 개체가 짧은 시간 내에 성숙하고 번식하며 자원을 빠르게 소모하면서 생존과 번식에 집중하는 방식을 의미한다. 이러한 전략은 자원이 불안정하거나 예측 불가능한 환경에서 나타나는 경향이 있으며, 어린 나이에 성숙해 다수의 자손을 낳고 짧은 기간 내 번식을 마치는 방식과 관련된다. 이는 인간을 포함한 다양한 종이 환경에 적응하는 전략 중 하나이며, 문화적으로는 방탕한 생활양식과 연결되기도 한다.

2 (역자주) 빠른 생애사 전략(fast life history strategy)은 감정적으로 단절된 문란한 짝짓기 전략을 촉진할 수 있으며, 일부 문화권에서는 이러한 양식을 방탕한 생활 방식으로 보기도 한다.

착 스타일은 사이코패시와 마키아벨리니즘에서 단기적 관계를 가능하게 하는 적응적 메커니즘일 수 있으며, 이는 제1장에서 논의된 빠른 생애사 전략의 한 측면일 가능성이 있다.

어두운 성격의 3요소와 짝짓기 전략에 대한 연구는, 특히 사이코패시 특성이 빠른 생애사 전략을 추구하는 것과 관련된 여러 특징을 밝혀냈다. 예를 들어, 사이코패시는 성적 충동 증가와 관련이 있으며(Baughman, Jonason, Veselka, & Vernon, 2014), 이는 빠른 생애사 전략을 촉진하는 근접적 요인이 될 수 있다. 남성의 경우, 강한 성적 충동과 낮은 헌신으로 다수의 파트너를 원하는 성향이 결합되면, 여러 번의 성관계와 잠재적 임신으로 이어질 수 있다. 실제로 연구에 따르면, 어두운 성격의 3요소는 제한 없는 사회성적 지향과 연결되어 있으며, 이는 다수의 파트너에 대한 관심과 헌신이 없는 성관계를 포함한다(Jonason, Li, Webster, & Schmitt, 2009; Nascimento, Hanel, Monteiro, Gouveia, & Little, 2018). 일부 연구자들은 어두운 성격의 3요소가 다수의 성적 파트너를 추구하는 남성에게는 적응적으로 작용할 수 있으나, 여성의 경우 이러한 특성들의 적응적 의의가 상대적으로 적다고 주장한다(Jonason 외, 2009).

이러한 연구 결과를 여성을 대상으로 한 진화론적 틀에 통합하기 위한 이론적 접근이 시급하다. 어두운 성격의 3요소는 여성의 강한 성적 욕망과 오락적 성 선호와도 관련이 있다(Carter, Campbell, & Muncer, 2014; Jauk 외, 2016). 어두운 성격의 3요소를 가진 여성들은 문란한 성관계를 맺는 경향이 있으며, 특히 사이코패시와 마키아벨리니즘은 생물학적 성별과 무관하게 범문화적으로 빠른 생애사 전략과 관련이 있다(Jonason, Girgis, & Milne-Home, 2017). 여성은 문란한 짝짓기를 통해 여러 생식적 이득을 얻을 수 있는데, 현재 파트너가 아닌 사람으로부터 우수한 유전자를 "쇼핑"하듯이 확보하거나, 추가 자원을 얻거나, 장기간 관계를 유지할 수 있는 적합한 파트너를 찾는 경우가 이에 해당한다. 이는 높은 수준의 어두운 성격의 3요소가 남성에게만 국한되지 않으며, 여성을 이해하기 위한 이론적 틀의 통합이 필요하다는 점을 분명히 보여준다.

어두운 성격의 3요소를 적응적인 빠른 생애사 전략으로 제안한 대부분의 연구들은 성욕과 짝짓기 횟수를 번식 성공의 대리 지표로 사용했다. 그러나 어두운 성격의 3요소가 실제로 자녀 수 증가와 같은 짝짓기 성공과 관련이 있는지를 조사한 연구는 상대적으로 적다. 나는 그레그 카터(Greg Carter)와 게일 브루어(Gayle Brewer)와 함께, 314명의 온라인 참여자를 대상으로 한 연구(Carter, Lyons, & Brewer, 2018)에서 어두운 성격의 3요소와 현재 자녀 수 간의 관계를 탐색했다. 그 결과, 나르시시즘 성향이 강한 남성들은 더 많은 자녀를 두고 있었으며, 양성 모두에서 사이코패시는 더 적은 자녀 수와 관련이 있는 것으로 나타났다. 이는 사이코패시 성향의 개인들에게 있어 강한 성욕과 다수의 성적 파트너가 반드시 더 많은 자녀 수로 이어지지 않는다는 점에서 흥미로운 발견이다. 다수의 성적 파트너가 생식에 유리할 수 있으나, 성병 위험 증가로 인한 생식력 저하가 그 이점을 상쇄할 가능성도 있다. 나르시시즘은 진화적으로 적응적인 단기 짝짓기 전략으로 제안되어 왔으며(Holtzman & Strube, 2011), 남성의 경우 자녀 수 증가 측면에서 확실히 이득이 있는 전략으로 보인다.

어두운 성격의 3요소 수준이 높은 사람들은 어떤 특성을 가진 연인을 찾을까? 단기 관계와 장기 관계에 따라 이러한 특성에는 차이가 있을까? 이 주제에 관한 연구는 아직 많지 않다. 핵심은, 특히 기회주의적이고 무분별한 짝짓기 방식을 선호하는 어두운 성격의 3요소 성향이 강한 남성들은 가벼운 관계에서는 상대에게 덜 까다로울 수 있다는 점이다. 여성은 임신이라는 위험을 감수해야 하므로, 어떤 관계에서든 일정한 수준의 선택을 할 수밖에 없다. 따라서 여성의 경우 자원, 지지, 혹은 우수한 유전자를 나타내는 특성을 선호하기 때문에, 어두운 성격의 3요소 성향이 상대 선택의 까다로움과 관련될 것으로 예상된다.

이 주제에 대한 연구에서, 이란 여성들을 대상으로 한 아타리(Atari)와 체게니(Chegeni)(2017)의 연구는 참가자들에게 배우자 선택 시 선호하는 특성을 평가하도록 요청했다. 연구 결과, 나르시시즘 성향이 강한 여성들은 지위, 자원, 매력, 교육 수준, 지능 등 모든 면에서 상대방에게 높은 요구를 하는 것으로 나타났다. 마키아벨리니즘은 짝 선택 선호와 관련이 없었고, 사이코패시는 신앙심과 친절성에 대한 선호와 부정적 관련이 있었다. 조나슨(Jonason), 발렌타인(Valentine), 리(Li) 및 하브슨(Harbeson)(2011)의 연구에서는 여러 배우자 특성의 중요성을 단기적 및 장기적 맥락에서 살펴본 결과, 사이코패시는 두 맥락 모두에서 친절성의 중요도를 낮게 평가하는 것과 관련이 있었다. 반면, 나르시시즘은 장기적 관계에서 가장 많은 요구와 연결되어 있었으며, 사교성과 신체적 매력 같은 특성이 중요하게 평가되었다. 또 다른 연구에서 이난치(Inancsi), 랑(Lang) 및 베레츠케이(Bereczkei)(2016)는 마키아벨리니즘과 이상적인 배우자의 여러 특성의 중요성에 대해 조사했다. 연구자들은 마키아벨리니즘 성향의 남성과 여성은 따뜻함·신뢰감, 친밀감, 충성심을 중시하지 않는다는 것을 발견했다. 그러나 이들은 이상적인 파트너가 지위와 자원을 보유하는 것은 중요하게 생각했다. 이는 마키아벨리니즘 수준이 높은 사람들의 장기적이고 교묘한 성향을 반영하며, 파트너의 자원을 자신의 사회적 지위 향상에 이용할 수 있음을 보여준다.

4.3 동성 및 이성 간 전략

사람들이 자신과 같은 성별 내에서 경쟁하여 파트너를 얻는 성공률을 높이기 위해 사용하는 몇 가지 특성과 행동 전략이 있다. 이러한 전략들은 성 선택 이론의 범주에 속하며, 동성 간 전략(즉, 같은 성별 간의 경쟁)과 이성 간 전략(즉, 이성 간의 선택)으로 구분된다. 체내 수정을 하는 포유류 종에서 수컷이 자신의 친자 여부를 확신할 수 없는 경우가 흔하며, 이는 자신과 유전적으로 관련이 없을 수 있는 자손에 대한 투자를 줄이는 방향으로 작용한다. 수컷은 여러 짝짓기 상대를 확보함으로써 자신의 유전자를 다음 세대에 전달할 가능성을 높이고, 그 결과 번식 성공을 증대시킬 수 있다. 반면 암컷은 자신이 출산한 자녀가 유전적으로 자신과 연결되어 있음을 항상 확신할 수 있으므로, 자손의 생존과 미래 번식을 보장하기 위해 양육적 보살핌을 제공하는 것이 합리적이다. 따라서 체내 수정을 하는 많은 종에서 암컷은 짝짓기 상대를 수컷보다 더 까다롭게 선택한다. 암컷의 선택은 수컷의 유전적 우수성(자손에게 전달될 수 있는)과 자원 및 양육 제공 능력의 지표에 초점을 맞춘다. 포유류 종에서는 일반적으로 수컷들이 암컷에 대한 성적 접근권을 놓고 경쟁하며, 암컷은 우수한 유전자와 자원 제공 능력을 기준으로 짝을 선택하는 경향을 보인다.

하지만 남성이 양육적 보살핌을 제공하는 인간과 같은 종에서는 여성들 사이에서도 적합한 남성 배우자를 두고 경쟁이 일어나며, 남성들 또한 장기적 관계의 배우자를 선택할 때 까다로울 수 있다. 사실 이러한 선택 압력들 사이의 경계는 모호하며, 동성 간 및 이성 간 전략은 상호 배타적이지 않다. 예를 들어, 두 젊은 남성이 젊은 여성들 앞에서 싸움을 벌이는 경우, 이는 단순히 여성에게 접근하는 기회(남성 간 경쟁)를 제공할 뿐 아니라, 싸움에서 이긴 남성이 여성들에 의해 적극적으로 파트너로 선택될 수도 있다(여성 선택).

인간에서 남성 대 남성, 여성 대 여성과 같은 동성 간 경쟁은 일반적이며, 이러한 경쟁은 단기적 성관계에 높은 관심을 가진 개인들에게 특히 중요한 역할을 한다. 동성 간 전략은 개인이 이성에게 접근하기 위해 같은 성별 내 경쟁자들과 겨룰 때 사용하는 전략을 의미한다. 이러한 전략은 미묘한 것(예: 경쟁자에 대한 악의적인 소문을 퍼뜨리는 것)에서부터 뚜렷하게 드러나는 것(예: 경쟁자 간의 물리적 싸움)에 이르기까지 다양하다. 전반적으로 여성은 남성보다 간접적 공격을 포함한 미묘한 전략을 사용할 가능성이 더 높다.

이성 선택은 주로 암컷의 선택 형태로 나타나며, 이는 수컷의 화려한 구애 춤이나 공작 수컷의 꼬리와 같은 두드러진 특징으로 이어질 수 있다. 암컷이 이러한 특징을 선택하는 이유는 그것이 수컷의 유전적 품질을 나타내는 신호일 수 있기 때문이다(즉, 좋은 유전자 가설). 인간에서는 장기적인 짝 결합의 진화가 여성에게도 이성 간 선택과 관련된 진화적 압력을 가해왔다. 예를 들어, 화장과 같은 성적 과시 표현은 젊음과 생식 능력에 대한 인식을 높이며, 이는 장기적 결합에서 남성의 번식 적합성에 중요한 요소가 된다. 남성이 한 여성과 짝 결합을 맺는 경우, 여성의 번식력과 생식 능력은 핵심적으로 작용한다. 젊음과 생식 능력을 강조하는 성적 과시 표현은 여성이 파트너를 유인할 때(이성 간 선택)뿐 아니라 경쟁자와 경쟁할 때(동성 간 경쟁)에도 활용된다. 또 다른 형태의 이성 간 선택은 선택이 아닌 성별 간 갈등에 기반한다. 성희롱과 성적 강압은 동물계에서 흔히 관찰되며, 대체로 수컷이 암컷을 대상으로 발생한다. 이러한 강압적 전략은 이미 형성된 관계 내에서뿐만 아니라 지인 혹은 낯선 사람 사이에서도 빈번히 나타난다. 다음 절에서는 어두운 성격의 3요소와 관련된 이성 간 및 동성 간 전략에 관한 현재 연구를 간략히 살펴보고, 특히 구애 행동에 초점을 맞추어 논의할 것이다.

4.3.1 매력

이성에게 매력적으로 보이는 특징을 갖추는 것은 짝 선택에서 분명한 이점을 제공한다. 남성이 여성을 매력적이라고 판단하는 특징은 생식력과 충실성을 나타내는 것들이다(예: 젊음, 에스트로겐과 관련된 특성). 반면 여성은 자손의 생존과 성공에 자원이 중요한 역할을 하기 때문에, 부와 지위를 나타내는 특징을 매력적으로 여길 수 있다. 어두운 성격의 3요소 성향이 강한 개인들의 매력에 관한 연구는 상반된 결과를 보여왔으며, 주로 어두운 성격의 3요소 성향이 강한 남성들에 대한 여성들의 선택을 중심으로 이루어져 왔다.

어두운 성격의 3요소, 특히 나르시시즘에서 두드러지는 특징은 피상적 매력으로, 짧은 시간의 노출만으로도 매력적으로 보일 수 있다는 점이다(Holtzman & Strube, 2010). 그러나 장기적으로는 이러한 초기 매력이 사라지며, 나르시시즘 성향을 가진 개인은 진지한 파트너로서 매력이 낮아지는 경향이 있다. 이러한 단기적 매력은 어두운 성격의 3요소가 짝짓기 파트너를 포함한 자원의 즉각적 착취에 초점을 둔 '사기꾼 전략'으로 적응적 기능을 한다는 주장을 뒷받침한다.

메타분석에서 홀츠만(Holtzman)과 스트루브(Strube)(2010)는 여러 연구에 걸쳐 나르시시즘과 매력 평가 사이에 작지만 일관된 관계가 있음을 발견했다. 신체적 매력과 나르시시즘 간의 연관성은 자기 향상 효과에 기초할 수 있는데, 이는 화장, 헤어스타일, 옷차림, 운동 등을 통해 외모의 매력을 높이는 것을 의미한다. 또 다른 가능성으로는 과도한 자신감이 초기 매력의 원인이 될 수 있다. 연구에 따르면 자신감 있는 사람은 데이트 상황에서 더 매력적으로 지각되며(Murphy 외, 2015), 과도한 자신감은 나르시시즘의 전형적 특징 중 하나이다. 흥미롭게도, 첫 만남에서 어두운 성격의 3요소가 매력적으로 평가되는지에 대한 연구결과는 다소 상충되며, 그 결과는 부분적으로 연구에 사용된 방법에 따라 달라지는 것으로 보인다. [표 4.1]은 장기적 또는 단기적 배우자로서 인식된 매력이나 바람직성과 관련해, 어두운 성격의 3요소 전체를 함께 살펴본 일부 연구들을 요약한 것이다.

표 4.1 어두운 성격 3요소(DT)의 매력

연구	N(남성/여성)	방법	참여자 상황	나르시시즘	사이코패시	마키아벨리니즘	어두운 성격 3요소
Brewer 외(2018)	0/96	얼굴 사진 연구	알코올 섭취, ST	–	–	–	n/a
Brewer 외(2018)	0/356	얼굴 사진 연구	자극 추구, LT, ST	LT-ST-	LT-ST-	LT-ST-	n/a
Lysons 외(2015)	0/1,758	얼굴 사진 연구	LT, ST	LT-ST-	LT-ST-	LT-ST-	n/a
Marcinkowska 외(2016)	0/2,370	얼굴 사진 연구	자녀 수, ST, LT	LT-ST-	LT-ST-	LT-ST-	n/a
Lysons와 Blanchard (2016)	0/564	얼굴 사진 연구	선택 짝짓기, LT, ST	LT-ST-	LT-ST-	LT-ST-	n/a
Lysons와 Simeonov (2016)	0/365	얼굴 사진 연구	자원 결핍, LT, ST	LT-ST-	LT-ST-	LT-ST-	n/a
Jonason, Lyson 및 Blanchard (2015)	177/159	삽화 연구	LT, ST	ST+(W) LT-	ST+LT-	ST+LT-	n/a
Carter 외(2014)	0/129	삽화 연구	n/a	n/a	n/a	n/a	+
Jauk 외(2016)	44/46	스피드 데이트	n/a	ST+LT+	ST+(M)	관계 없음	

LT = 장기간 관계, ST = 단기간 관계, M = 남성의 선호도, W = 여성의 선호도, – = 부적 선호도, + = 정적 선호도, n/a = 조사되지 않은 특성

결과는 연구 맥락을 반영한 것이 아니라, 다른 변인을 제외했을 때 나타나는 보고 내용과 전반적인 선호도를 나타냄.

매력에 관한 많은 연구는 시나리오, 데이트 광고, 영상 자극, 또는 정지 사진을 활용해왔다. 하지만 실제 사람들 간의 상호작용을 다룬 연구는 상대적으로 적으며, 몇 가지 예외적인 연구만 존재한다. 독일의 스피드 데이트 상황을 조사한 한 연구에서는, 나르시시즘 점수가 높은 사람들이 장기적·단기적 파트너로서 더 매력적으로 평가되었다(Jauk 외, 2016). 흥미롭게도 나르시시즘은 외향성과 신체적 매력과도 연관되어 있었다. 이 연구에서 여성들이 나르시시즘 성향이 강한 남성들을 선호한 이유는 그들이 외향적이었기 때문일 수 있으며, 남성 참가자들이 나르시시즘 성향이 강한 여성을 선호한 이유는 그들이 신체적으로 매력적이었기 때문일 수 있다. 따라서 단기적 만남에서 선호되는 것은 나르시시즘 그 자체라기보다는, 그것과 연관된 다른 특성일 가능성이 있다. 또 다른 흥미로운 실험에서는 어두운 성격의 3요소를 가진 남성들의 짝짓기 성공률이 날씨 조건에 따라 달라지는지를 살펴보았다. 구체적으로, 흐리고 어두운 날과 밝고 화창한 날에 남성들의 성공률이 어떻게 달라지는지를 조사했다. 이 현장 실험에서 남성들은 연구자의 관찰 하에 다양한 날씨 조건에서 거리에서 여성들에게 접근했다. 그 결과, 마키아벨리니즘 성향이 강한 남성들은 흐린 날씨에 어둠의 장막 속에서 더 많은 여성의 전화번호를 얻는 데 성공했다(Rauthmann, Kappes, & Lanzinger, 2014). 이러한 연구들은 실제적 맥락에서 어두운 성격의 3요소가 매력과 짝짓기 성공에 어떤 영향을 미치는지를 탐구한 몇 안 되는 사례이다.

잠재적 파트너의 매력도에 영향을 미치는 또 다른 요인은 유사성이다("유사 선택 교배" 또는 "비슷한 것이 끌림" 가설로도 알려져 있다). 연구에 따르면 성격 특성이 유사한 부부는 결혼 만족도가 더 높다고 보고되었다(Russell & Wells, 1991). 따라서 초기의 매력은 성격적 유사성과 관련될 가능성이 크며, 여기에는 어두운 성격의 3요소 수준이 유사한 파트너를 선호하는 것 또한 포함될 수 있다(Kardum, Hudek-knezevic, Schmitt, & Covic, 2017). 우리는 시나리오 연구를 통해 유사성의 역할을 조사했다(Jonason, Lyons, & Blanchard, 2015). 이 연구에서 우리는 인물의 특성을 어두운 성격의 3요소가 높거나 낮은 수준으로 조작한 시나리오를 제작했다. 그런 다음 참가자들에게 단기적 파트너로서 시나리오 속 인물이 얼마나 신체적으로 매력적이며, 하룻밤 상대(원나잇, one-night stand)로서 얼마나 선호되는지를 평가하게 했다. 또한, 참가자들에게 시나리오 속 인물이 장기적 파트너, 즉 결혼하거나 자녀를 가질 대상으로서 얼마나 바람직한지도 물었다. [그림 4.1]은 여성들이 다양한 관계 맥락에서 남성들의 데이트 시나리오를 어떻게 평가했는지를 보여주며, [표 4.2]는 예시 시나리오와 더불어 양성이 각각 높은 수준과 낮은 수준의 시나리오를 어떻게 선호했는지를 담고 있다.

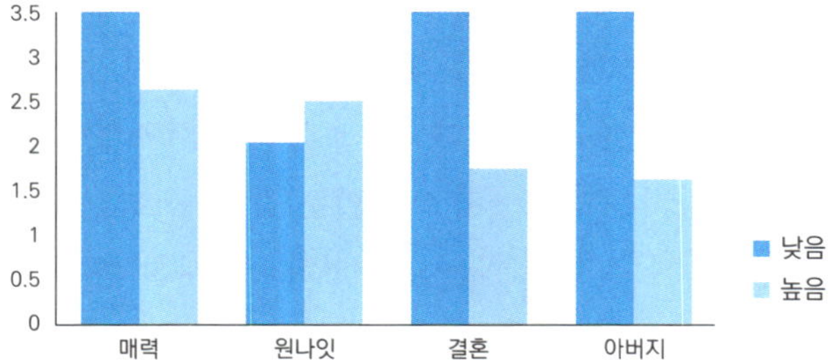

(A) 높고 낮은 마키아벨리니즘 성향의 남성에 대한 평균 점수

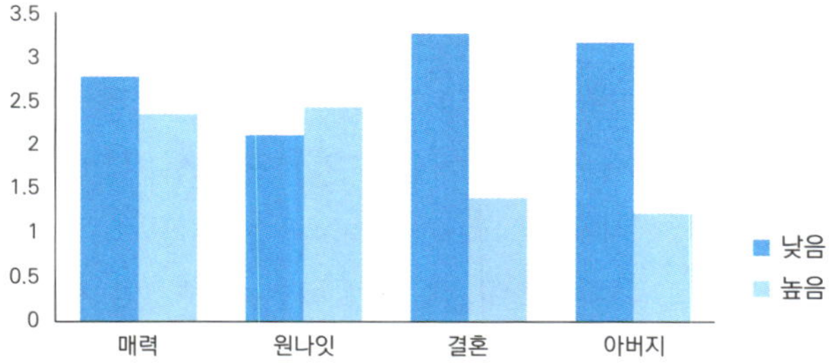

(B) 높고 낮은 사이코패시 성향의 남성에 대한 평균 점수

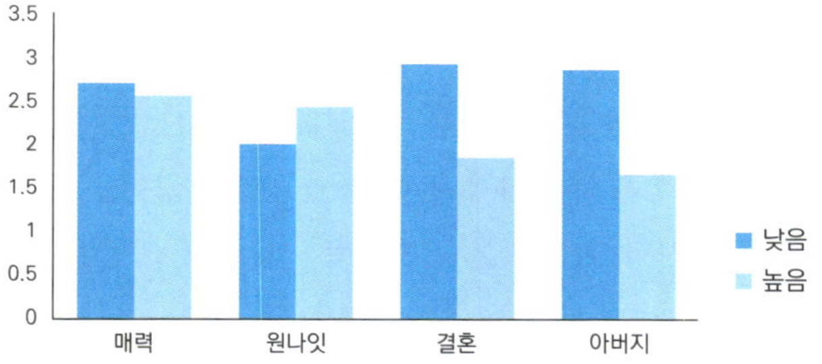

(C) 높고 낮은 나르시시즘 성향의 남성에 대한 평균 점수

그림 4.1 어두운 성격 3요소 성향이 높은 남성과 낮은 남성의 데이트 시나리오에 대한 여성들의 선호도(그림은 조나선(Jonason), 라이선스(Lysons)와 블랜차드(Blanchard)(2015)의 연구에 제시된 데이터에서 발췌 및 재구성함)

표 4.2 어두운 성격 3요소의 상황별 묘사에 대한 단기 및 장기 선호도 요약

상황별 묘사	남성의 단기간 관계 선호도	남성의 장기간 관계 선호도	여성의 단기간 관계 선호도	여성의 장기간 관계 선호도
낮은 사이코패시 위험을 감수하기보다 안전하게 행동하며 미래를 계획하는 사람. 현재의 만족(즉각적인 만족)을 미루는 것이 미래에 원하는 것을 얻는 데 매우 중요하다고 느낌. 다른 모든 것보다 안정성 선호	원나잇 스탠드 상대로 덜 선호	아내/자녀의 엄마로 더 선호	원나잇 스탠드 상대로 덜 선호	남편/자녀의 아빠로 더 선호
높은 사이코패시 충동적이며, 자극 추구적이고, "현재"를 살고 있는 사람. 과속 운전, 음주, 파티 등 짜릿한 흥분(rush)을 얻을 수 있는 위험한 활동을 즐김. 단조로움을 혐오하며 직장을 자주 바꿈	원나잇 스탠드 상대로 더 선호	아내/자녀의 엄마로 덜 선호	원나잇 스탠드 상대로 더 선호	남편/자녀의 아빠로 덜 선호
낮은 마키아벨리니즘 팀워크를 중시하는 사람. 큰 조직 속의 작은 톱니바퀴가 되는 것을 즐기며, 항상 진실만을 말한다고 주장. 군중보다 앞서나가기 위해서 자신이 믿지 않는 것을 절대 말하려 하지 않음	원나잇 스탠드 상대로 덜 선호	아내/자녀의 엄마로 더 선호	원나잇 스탠드 상대로 덜선호	남편/자녀의 아빠로 더 선호
높은 마키아벨리니즘 목적을 이루는 과정에서 몇몇 사람들의 감정을 상하게 하는 것을 두려워하지 않는 사람. 자기 생각을 솔직하게 말하지만, 장기적으로 이득이 된다면 일부 진실을 기꺼이 숨길 수 있다고 말함. 매력과 아첨을 사용해 어떤 상황에서든 능숙하게 모면할 수 있는 사람	원나잇 스탠드 상대로 더 선호	아내/자녀의 엄마로 덜 선호	원나잇 스탠드 상대로 더 선호	남편/자녀의 아빠로 덜 선호

낮은 나르시시즘 새로운 광고나 패션에 관심이 없는 사람. 자신을 다른 사람들보다 낫지도 못하지도 않다고 생각하며, 눈에 띄기보다는 군중 속에 섞이는 것을 선호. 본질적으로 겸손한 사람	원나잇 스탠드 상대로 유의한 차이 없음	아내/자녀의 엄마로 더 선호	원나잇 스탠드 상대로 덜 선호	남편/자녀의 아빠로 더 선호
높은 나르시시즘 매우 자기주장이 강하며 일을 처리할 때 타인에게 거의 의존하지 않는 사람. 칭찬받는 것을 좋아하고 거울 속의 자신을 쳐다보는 것을 즐김. 단순히 유행을 따르기보다는 새로운 유행을 선도하는 것을 선호	원나잇 스탠드 상대로 유의한 차이 없음	아내/자녀의 엄마로 덜 선호	원나잇 스탠드 상대로 더 선호	남편/자녀의 아빠로 덜 선호

조나선(Jonason), 라이선스(Lysons)와 블랜차드(Blanchard)(2015)의 연구에서 발췌 및 재구성됨.

참가자들의 어두운 성격의 3요소 점수를 고려하지 않았을 때, 사이코패시와 마키아벨리니즘 성향이 강한 시나리오는 남녀 모두에게 하룻밤 상대로 더 매력적이라고 평가되었다. 반면, 어두운 성격의 3요소 수준이 낮은 시나리오는 더 매력적으로 지각되었고, 장기적 파트너로서도 선호되었다. 이러한 패턴은 남성과 여성 모두에게서 동일하게 나타났다. 요약하면, 남성과 여성 모두 어두운 성격의 3요소 성향이 강한 파트너는 성향이 낮은 파트너에 비해 덜 매력적이며, 결혼이나 양육에 덜 적합하다고 인식한다. 그러나 어두운 성격의 3요소 성향이 강한 파트너는 하룻밤 상대의 경우 더 매력적으로 여겨질 수 있는데, 이는 그들이 성향이 낮은 파트너보다 더 자극적이고 흥미롭게 느껴지기 때문일 가능성이 있다.

또한, 우리는 참가자들에게 어두운 성격의 3요소에 관한 설문지를 작성하게 하여 그들의 성격적 특성을 파악했다. 그 결과, 사이코패시 성향이 강한 남성과 여성 모두 장기적 관계와 단기적 관계에서 사이코패시 성향이 강한 파트너를 선호하는 경향이 있음을 발견했다. 마키아벨리니즘 성향이 강한 여성들은 결혼 파트너로 마키아벨리니즘 성향이 강한 남성을 선호했으며, 나르시시즘 성향이 강한 남성들은 나르시시즘 성향이 강한 여성을 장기적 파트너로 선호하지 않았다. 이 결과는 사이코패시에 대해서는 강한 유사성 선호가 존재하지만, 다른 두 특성에서는 그 정도가 약하다는 것을 보여준다. 나르시시즘과 마키아벨리니즘에서 유사성 선호가 낮게 나타난 것은 우리가 사용한 방법론의 한계 때문일 수 있다. 배우자 선택은 여러 요인에 의존하므로, 잠재적 파트너에 대한 설명을 읽는 것만으로는 생태학적으로 타당한 결과를 얻기 어려울 수 있다. 실제 커플을 대상으로 한 연구에서는 어두운 성격의 3요소 전반에 대해 초기부터 유사성 선호가 존재한다는 결과가 보고되었으며(Kardum 외, 2017), 이는 관계 시작 시점부터 나타났을 가능성이 크다. 따라서 어두운 성격의 3요소 성향을 지닌 사람들 사이에서는 유사한 성향을 가진 이들이 서로 끌리는 경향이 있을 가능성이 매우 높다.

어두운 성격의 3요소 매력도를 조사할 때, 우리의 일부 연구는 나르시시즘, 마키아벨리니즘, 사이코패시 성향이 높거나 낮게 보이도록 컴퓨터로 조작된 남성 얼굴 사진을 사용했다. 이 연구들에서는 홀츠만(Holtzman)(2011)에 의해 제작된 얼굴 원형 합성(prototype facial morphs)을 활용했다. 홀츠만의 초기 연구에서 그는 참가자들을 연구실로 초대하여 어두운 성격의 3요소 설문지를 작성하게 한 뒤, 이들의 얼굴 사진을 촬영해 추가 연구 자료로 활용했다. 그는 이후 가장 높은 점수를 받은 사람들과 가장 낮은 점수를 받은 사람들의 얼굴을 합성하여 기준 형태를 만들었다. 크라쿠프(Kraków)의 야기엘로니안(Jagiellonian) 대학의 동료인 우르줄라 마르친코프스카(Urszula Marcinkowska)는 Psychomorph 소프트웨어를 사용해, 란탈라(Rantala) 외(2012)의 연구에 참여한 라트비아 남성들의 얼굴에 이러한 원형 합성을 적용했다. 고수준과 저수준으로 변형된 얼굴들 간의 차이가 무엇인지에 대해서는 명확하지 않다. 우리는 사람들이 이러한 얼굴들을 지배력, 남성성, 공격성, 위험성, 행복감 측면에서 평가하도록 요청했다. 어두운 성격의 3요소 고수준 얼굴은 지배적이고, 남성적이며, 공격적이고, 위험하다고 인식되었으며, 반면 저수준 얼굴은 덜 행복하다고 인식되었다. 그러나 고수준 얼굴이 남성성과 곧바로 일치하는 것은 아니었다. 한 연구에서는 여성이 남성화된 얼굴을 선호하더라도 동일한 남성 얼굴의 어두운 성격의 3요소 버전을 반드시 선호하지는 않는다는 결과가 나타났다(Lyons, Marcinkowska, Helle, & McGrath, 2015). 따라서 남성성 외에도 어두운 성격의 3요소 성향이 강한 얼굴과 낮은 얼굴을 구분하는 다른 요인이 존재함을 시사한다.

우리는 지금까지 수천 명의 여성들에게 여러 연구를 통해 어두운 성격의 3요소 성향이 강한 남성들의 얼굴을 제시했으며, 예외 없이 이 얼굴들이 잠재적 파트너로서 기피된다는 결과를 발견했다(Lyons 외, 2015). 어두운 성격의 3요소 성향이 강한 얼굴은 낮은 얼굴에 비해 더 공격적이고 지배적(Lyons & Blanchard, 2016), 그리고 위험한 것으로 평가되었다(Brewer, Carter, Lyons, & Green, 2018). 이는 이러한 얼굴들의 두개골 형태학적 특징이 어두운 성격의 3요소가 지닌 기피적 본질을 드러내는 신호로 작용할 수 있음을 시사한다.

우리는 여성들이 어두운 성격의 3요소 성향이 강한 남성의 얼굴을 매력적으로 여길 수 있는 특정 상황이 있는지 알아보기 위해 여러 실험을 진행했다. 예를 들어, 몇몇 학부생들과 함께 진행한 연구에서는 여성들에게 알코올, 위약, 또는 레모네이드를 제공한 후, 어두운 성격의 3요소 성향이 강한 얼굴과 낮은 얼굴 중에서 선택하도록 했다. 그 결과, 알코올의 영향을 받은 상황에서도 여성들은 성향이 강한 얼굴을 기피하며, 이를 위험하다고 평가했다(Brewer, Carter 외, 2018). 또 다른 실험에서는, 더 가난한 조건에서 지위를 높이려는 메커니즘의 일환으로 어두운 성격의 3요소 성향이 강한 얼굴이 선호될 것이라는 가정하에, 여성들의 빈곤과 부에 대한 인식을 조작했다. 그러나 실험적 조작에도 불구하고, 여성들은 여전히 어두운 성격의 3요소 성향이 강한 얼굴에 대해 전반적으로 거부감을 보였다(Lyons & Simeonov, 2016).

어두운 성격의 3요소 성향이 강한 남성 얼굴에 대한 명백한 기피가 있음에도 불구하고, 나르시시즘에 대한 선호가 여성에게 번식상의 이점을 제공할 가능성이 있다. 여성 자신의 특성이 나르시시즘 성향이 강한 얼굴에 대한 선호에 영향을 미친다는 사실도 보고되었다. 예를 들어, 한 연구에서 사회적으로 제한 없는 사회성적 지향(즉, 헌신 없는 성관계를 선호하는 성향)을 가진 여성들 가운데 경구용 피임약을 복용하지 않는 경우, 나르시시즘 성향의 얼굴을 더 선호한다는 결과가 나타났다(Marcinkowska, Helle, & Lyons, 2015). 단기적 짝짓기에 관심이 있는 여성들은 유전적 이익을 얻을 파트너를 찾는 경향이 있으며, 이러한 단서가 나르시시즘 성향 남성의 얼굴에서 어떤 방식으로든 전달될 가능성이 있다. 이를 뒷받침하는 결과로, 자녀가 더 많은 여성일수록 나르시시즘 성향이 강한 얼굴을 선호한다는 연구가 보고되었다(Marcinkowska, Lyons, & Helle, 2016). 이러한 발견들은 나르시시즘이 특히 남성들에게 유리한 단기적 짝짓기와 우위성 확보를 위한 적응이라는 주장을 지지한다(Holtzman & Donnellan, 2015). 반면, 마키아벨리니즘과 사이코패시는 단기적이든 장기적이든 파트너로서 매력적이지 않은 경향을 보이며, 이들의 자기보고식 짝짓기 성공은 과장된 응답이거나 비자발적 파트너에 대한 강압에서 비롯되었을 가능성이 있다.

얼굴 합성 연구는 어두운 성격의 3요소 성향을 지닌 사람들의 두개-안면적 특징 가운데 매력에 영향을 미치는 요소가 있는지에 관심을 가진다. 그러나 성적 매력에는 얼굴 구조 외에도 다양한 요인이 존재한다. 짝짓기 경쟁과 파트너 유혹에서 흔히 사용되는 전략 중 하나는 외모를 향상시키는 것이다. 여기서 중요한 점은 성 선택의 힘을 명확히 구분하기 어렵다는 것이다. 사람들은 동성 간 경쟁에서 매력을 통해 상대를 능가하려 할 수 있으며(동성 간 선택), 동시에 외모 향상이 잠재적 파트너에게 선호될 수도 있기 때문이다(이성 간 선택). 고(故) 앤 캠벨(Anne Campbell)에 따르면, 외모 향상은 "성적 과시(epigamic) 표현" 또는 "성적 과시 선택(epigamic selection)"이라고 불리며, 이는 "동성 내 경쟁에서 이성이 짝으로 선호하는 특정 속성을 과시하는 것"을 의미한다(Campbell, 1995, p. 103). 특히 나르시시즘이 성적 과시 표현에서 중요한 역할을 한다는 몇 가지 연구 증거가 있다.

예를 들어, 시미네 바지레(Simine Vazire), 노이만(Naumann), 렌트프로(Rentfrow), 고슬링(Gosling)(2008)은 160명의 대학생 표본에서 나르시시즘의 발현을 연구했다. 참가자들은 연구실 세션에 초대되어 사진을 촬영하고, 자기애성 성격검사(NPI)를 포함한 여러 성격 척도를 작성했다. 또한 친구를 초대해 자신의 성격을 평가하도록 요청받았으며, 학부 연구 보조원들은 참가자의 사진만을 기반으로 나르시시즘을 평가했다. 연구진은 참가자의 사진을 기반으로 한 나르시시즘 평가와 자기 및 타인 평가 점수 간에 유의한 정적 상관관계가 있음을 발견했다. 간단히 말해, 이 결과는 낯선 사람의 사진만 보고도 나르시시즘을 탐지할 수 있다는 점을 시사한다. 나르시시즘을 정확히 식별하는 데 활용된 단서들은 이 특성을 가진 사람들이 성적 과시(epigamic) 표현에 더 많은 시간과 자원을 투자한다는 사실을 보여준다. 남녀 모두에서 나르시시즘은 많은 시간과 자원이 투입된 외모, 즉 단정한 용모와 비싸거나 세련된 옷차림과 관련이 있었다. 나르시시즘 성향이 강한 남성은 안경을 착용할 가능성이 낮았고, 나르시시즘 성향이 강한 여성은 보다 여성스러운 외모, 더 많은 화장, 다듬어진 눈썹, 그리고 가슴을 강조하는 복장을 더 자주 보여주었다. 또 다른 연구에서는 첫인상에서 나르시시즘과 인기가 연결되는 데 영향을 미치는 요인 중 하나가 단정한 옷차림임이 밝혀졌다(Back, Schmuckle, & Egloff, 2010). 이러한 연구들은 외모 치장이 긍정적인 첫인상을 형성하는 데 중요한 역할을 하며, 단기적 짝짓기 성공에 기여할 수 있음을 보여준다. 외모 향상은 이성에게 매력을 끌기 위한 전략(즉, 이성 간 선택)일 뿐 아니라, 잠재적 경쟁자를 위축시키는 전략(즉, 동성 간 선택)으로도 작용할 수 있다.

세 가지 어두운 성격의 3요소 성향과 성적 과시(epigamic) 표현을 함께 조사한 연구는 많지 않다. 그러한 연구 중 하나에서 참가자들은 어두운 성격의 3요소 수준이 다양한 대상의 꾸민 사진과 꾸미지 않은 사진을 평가했다(Holtzman & Strube, 2013). 그 결과, 어두운 성격의 3요소는 효과적인 외모 꾸밈의 좋은 예측 변수임이 드러났다. 세 가지 성향 간의 공통 분산을 통제했을 때, 나르시시즘이 아니라 사이코패시가 외모 꾸밈의 중요한 예측 변수로 나타났다. 나르시시즘과 사이코패시 모두 단기적 짝짓기 목표와 관련이 있으며, 이러한 성향이 강한 개인들이 성적 과시 표현을 통해 짝짓기 매력을 높이는 방법을 잘 알고 있다는 점은 이해할 수 있다. 그러나 효과적인 외모 꾸밈과 짝짓기 성공 간의 관계를 다룬 연구가 부족하여, 어두운 성격의 3요소 각각의 상대적 중요성이 무엇인지, 그리고 실제로 개인의 성별이 이 관계에서 어떠한 역할을 하는지 판단하기는 어렵다.

4.3.2 강압

성적 강압은 상호 협력적 상호작용보다는 성별 간 갈등에 기반한 이성 간 전략의 한 형태이다. 성적 강압 전략은 흔히 나타나며, 언어적 조작과 같은 미묘한 형태에서부터 신체적 강압과 같은 극단적 형태까지 다양하다. 성희롱과 성적 강압은 연인관계뿐 아니라 지인 관계, 심지어 완전한 낯선 사람들 사이에서도 빈번하게 발생한다. 성적 강압 전략은 주로 단기적 짝짓기 목표를 가진 남성들에게서 두드러지게 나타나며(Yost & Zurbriggen, 2006), 이는 성희롱이 문란한 짝짓기 목표를 달성하기 위한 효과적 도구가 될 수 있음을 시사한다. 그러나 성적 강압은 여성들에 의해서도 발생하며, 어두운 성격의 3요소는 성적 강압을 가하는 여성이 누구인지, 그리고 그들이 어떤 전략을 사용하는지 이해하는 데 있어 특히 흥미로운 단서를 제공한다.

전통적으로 어두운 성격의 3요소와 성적 강압에 대한 연구는 수감된 성범죄자들, 특히 사이코패시와 나르시시즘에 초점을 맞춰왔다(예: Porter 외, 2000). 그러나 성격이 어떻게 착취적 성적 양식을 촉진하는지를 이해하기 위해서는 사람들이 일상에서 어떻게 행동하는지를 조사하는 것이 중요하다. 최근 연구 증거에 따르면, 일상적으로 나타나는 어두운 성격의 3요소 성향의 정상 범위 내에서도 다양한 정도의 성희롱 가해 가능성에 중요한 영향을 미친다는 사실이 드러나고 있다. 어두운 성격의 3요소에서 낮은 공감 능력은 착취적 성적 전략을 이끄는 주요한 근접 요인 중 하나일 가능성이 있다(Willis, Birthrong, King, Nelson-Gray, & Latzman, 2017).

성적 강압에 대한 연구는 매우 까다롭다. 이 주제의 민감한 특성은 사람들이 어떤 형태로든 성적 강압적 행위를 저질렀다는 사실을 인정하려는 의지에 영향을 미친다. 이 주제를 조사하기 위해 사용된 측정 도구 중 하나는 거부 후 성적 지속성 척도(Postrefusal Sexual Persistence Scale)이다(Struckman-Johnson, Struckman-Johnson, & Anderson, 2003). 여기서의 핵심은 피해자가 성적 접촉을 원하지 않는다는 의사를 밝힌 이후에도 가해자가 계속해서 성관계를 추구한다면 그 행위가 강압으로 간주된다는 점이다. 이 척도는 파트너가 성적 접근을 이미 거부한 이후에도 응답자가 특정 전략을 사용했는지를 묻는 문항들로 구성되어 있다. 또한 이 척도는 심각도에 따라 네 가지 하위 척도로 구분된다. 덜 심각한 전략에는 "성적 흥분 유발"이 포함되며, 여기에는 지속적으로 파트너에게 키스하거나 신체 접촉을 시도하거나, 파트너 앞에서 옷을 벗는 행위 등이 있다. "정서적 조작 및 기만" 하위 척도에는 파트너의 성적 정체성을 의심하거나, 이별을 위협하거나, 협박을 가하는 등 언어적·심리적 압박을 다루는 항목들이 포함된다. 이러한 전략은 상대의 필요를 이용해 저항을 약화시키고, 속임수를 통해 성적 관계로 이끄는 것을 목표로 한다. "취한 상태의 착취"는 더 착취적인 전략으로, 이미 술에 취한 사람을 이용하거나, 의도적으로 술을 먹여 성관계를 시도하는 것을 포함한다. 가장 심각한 전략은 "물리적 힘과 상해"로, 신체적 억제, 출구 봉쇄, 폭행, 결박, 혹은 무기로 위협하는 행위가 해당된다.

일반인이나 학생 표본에서 개별 어두운 성격의 3요소 성향과 괴롭힘 간의 관계를 조사한 연구가 일부 존재한다. 그러나 서로 다른 수준의 심각성을 지닌 전술과 관련하여 어두운 성격의 3요소 전체를 아우른 연구는 여전히 부족하다. 사이코패시와 관련해서는, 1차적 사이코패시가 남성과 여성 모두에서 감정적 조작에서부터 신체적 강압과 위협에 이르기까지 성적 강압 전략을 촉진하는 것으로 나타났다(Munoz, Khan, & Cordwell, 2011). 또한 여성의 경우, 1차적 사이코패시는 감정적 조작과 같은 비폭력적 강압 전술을 예측하는 것으로 보고되었다(Khan, Brewer, Kim, & Centifanti, 2017). [표 4.3]은 강압적 전략의 유형별 유병률과 그것이 어두운 성격의 3요소와 어떻게 연관되는지를 보여준다.

표 4.3 성적 강압적 전술과 어두운 성격 3요소(Struckman-Johnson과 동료들(2003)의 연구의 % 데이터)

전술	남성 범행률(%)	여성 범행률(%)	어두운 성격 3요소 결과	참고문헌
성적 흥분 유발 (예: 키스, 접촉, 옷벗기기)	40.4	25.5	남녀 모두에서 나르시시즘 및 1차 사이코패시가 예측 요인	Blinkhorn 외(2015), Muñoz 외(2011)
정서적 조작 및 기만 (예: 떠난다고 위협하기, 성적 지향성 묻기, 협박하기)	32.4	15.2	남녀 모두에서 나르시시즘 및 1차 사이코패시가 예측 요인	Blinkhorn 외(2015), Muñoz 외(2011)
			1차 사이코패시는 남성보다 여성에게서 더 강력한 예측 요인	Khan 외(2017)
취한 상태의 착취 (예: 의도적으로 술에 취하게 하기 또는 술에 취한 사람을 착취/이용하기)	13.1	5.2	남녀 모두에서 나르시시즘 및 1차 사이코패시가 예측 요인	Blinkhorn 외(2015), Muñoz 외(2011)
물리적 힘과 상해 (예: 통제, 묶기, 때리기, 폭력으로 위협하기)	43.2	26.5	남녀 모두에서 나르시시즘이 예측 요인	Blinkhorn 외(2015)
			1차 사이코패시는 남성보다 여성에게서 더 강력한 예측 요인	Muñoz 외(2011)

나르시시즘은 특권의식(entitlement)[3]—즉, 개인이 당연히 특정한 권리나 특혜를 누려야 한다고 믿는 태도나 신념, 특히 정당한 근거 없이 자신이 특별한 대우를 받아야 한다고 여기는 경우—을 통해 성희롱과 강압을 촉진하는 것으로 보인다. 성적 강압과 강간을 설명하는 "나르시시즘 반응 이론(narcissistic reactance theory)"에 따르면, 나르시시즘 성향을 지닌 개인은 성관계를 거부당했을 때 공격성과 힘을 사용하여 반응한다(Baumeister, Catanese, & Wallace, 2002). 나르시시즘이 성적 강압에 미치는 영향은 가해자의 성별과 나르시시즘의 특정 측면에 따라 달라질 수 있다. 예를 들어, 박사과정 학생 빅토리아 블링크혼(Victoria Blinkhorn)의 연구에 따르면, 남성의 경우 나르시시즘의 리더십/권위 측면이 성적 강압 전략 사용 가능성과 더 밀접하게 관련되어 있었고, 여성의 경우에는 특권의식/착취성 측면이 성적 강압에 더 중요한 역할을 했다(Blinkhorn, Lyons, & Almond, 2015). 이러한 발견은 특히 할리우드 영화 제작자 하비 와인스타인(Harvey Weinstein)과 같은 권력 있는 남성들의 성추문 사건을 고려했을 때 매우 의미심장하다. 나르시시즘의 리더십/권위 측면은 사회적 성공과 권력과 관련이 있으며, 이는 일부 남성들로 하여금 자신이 원하는 누구와도 성관계를 가질 자격이 있다고 느끼게 만들고, 이를 위해 어떠한 수단이든 정당화할 수 있다고 믿게 할 수 있다.

몇몇 연구들은 어두운 성격의 3요소가 공유하는 공통 핵심—즉, 냉담함과 공감의 결여—이 각각의 성향을 독립적으로 고려하는 것보다 성희롱과 성적 강압을 더 잘 설명한다고 제안했다. 예를 들어, 조네이슨(Jonason), 기르기스(Girgis) 및 밀른-홈(Milne-Home)(2017)은 사이코패시 자체뿐만 아니라 어두운 성격의 3요소가 공유하는 공통된 핵심이 성폭력을 용인하는 태도를 예측하는 중요한 요인임을 발견했다. 이와 유사하게, 다른 연구들 역시 어두운 성격의 3요소가 공유하는 공통된 핵심이 남녀 모두에서 성적 강압과 성적 갈취 성향을 설명하는 데 중요한 역할을 한다는 사실을 보고했다(Figueredo, Gladden, Sisco, Patch, & Jones, 2015; Zeigler-Hill, Besser, Morag, & Campbell, 2016). 전반적으로 어두운 성격의 3요소 집합은 착취적인 단기 짝짓기에 기초한 약탈적 성적 전략과 관련이 있는 것으로

3 (역자주) 본문 맥락에서의 '특권의식(entitlement)'은 개인이 당연히 특정한 권리나 특혜를 누려야 한다고 믿는 태도나 신념을 의미한다. 특히 정당한 근거 없이 자신이 특별한 대우를 받아야 한다고 여기는 경우에 주로 사용된다.

보인다. 따라서, 동의한 파트너와의 성관계보다는 어두운 성격의 3요소 성향이 강한 개인들이 강압과 조작을 통해 짝짓기 목표를 달성할 가능성이 더 크다.

4.3.3 직접 공격성 및 간접 공격성

일반적으로 동성 간 선택은 자원에 대한 접근(여성들이 매력적으로 여길 수 있는)이나 짝짓기 기회를 얻기 위한 직접적인 남성 간의 싸움과 동일시되어 왔다. 예를 들어, '젊은 남성 증후군(young male syndrome)'이라는 개념은 위험하고 경쟁적인 행동(때로는 살인으로 이어지기도 하는)을 남성의 동성 간 선택 관점에서 가장 잘 이해할 수 있다고 설명한다(Wilson & Daly, 1985). 하나의 가설은 남성들이 폭력적인 이유가 짝짓기 경쟁에서 그것이 적응적으로 기능하기 때문이라는 것이다. 어두운 성격의 3요소 성향이 강한 개인들은 짝을 얻기 위해 더 많은 노력을 기울이며, 따라서 더 공격적인 경쟁 전략을 활용할 것으로 예상된다.

웨스트헤드(Westhead)와 이건(Egan)(2015)의 연구는 온라인 설문을 통해 어두운 성격의 3요소, 짝짓기 노력, 그리고 폭력 간의 관계를 규명하는 것을 목표로 했다. 이 연구는 짝짓기 노력과 어두운 성격의 3요소가 각각 폭력성과 독립적인 관계를 가진다는 이전 연구를 토대로 진행되었다. 여기서 흥미로운 질문은 성격과 폭력성 간의 관계가 어두운 성격의 3요소와 관련된 증가된 짝짓기 노력 때문에 발생하는가 하는 점이었다. 연구 결과, 짝짓기 노력과 어두운 성격의 3요소는 각각 폭력성 증가와 독립적으로 관련되어 있었다. 그러나 어두운 성격의 3요소와 관련된 짝짓기 노력의 증가는 반드시 폭력으로 이어지는 것은 아니었다. 회귀분석에서 어두운 성격의 3요소 간 공유된 분산을 통제했을 때, 폭력 증가와 관련된 유일한 성향은 '사이코패시'였다. 이러한 결과는 어두운 성격의 3요소 성향을 지닌 사람들이 반드시 짝짓기 경쟁에서 더 공격적인 동성 간 경쟁 전략을 사용하는 것은 아님을 시사한다.

간접적 공격성은 직접적이고 잠재적으로 위험한 물리적 대결에 비해 상대적으로 비용이 덜 드는 경쟁 형태일 수 있다. 직접적인 물리적 대결에 나서는 대신, 더 미묘한 동성 간 전략으로는 경쟁자를 비방하여 그들이 이성의 눈에 매력적이지 않게 보이도록 만드는 방식이 있다. 주목할 점은 어두운 성격의 3요소와 간접적 공격성에 관한 연구는 상당히 이루어져 왔지만, 그 대부분이 짝짓기 경쟁이라는 맥락에서 직접적으로 수행된 것은 아니라는 점이다.

인간의 동성 간 경쟁을 조사하는 한 가지 방법은 짝짓기 맥락에서 동성 구성원이 얼마나 위협적으로 인식되는지, 그리고 파트너에게 접근하기 위해 경쟁에 참여할 가능성과 의지를 살펴보는 것이다. 널리 사용되는 측정 도구 중 하나는 Buunk와 Fisher(2009)의 '동성 간 경쟁 척도(Intra-Sexual Competition Scale)'로, 이는 파트너를 두고 경쟁할 때 다른 사람과 대면하는 태도에 대해 질문한다(예: "나보다 더 매력적인 다른 남자를 만나면 참을 수 없다", "나는 항상 다른 남자를 이기고 싶다"). 이 척도를 활용하여 게일 브루어(Gayle Brewer)와 로렌 아벨(Loren Abell)(2015b)은 마키아벨리니즘 특성이 장기간의 헌신적 관계에서 경쟁 행동에 어떤 영향을 미치는지를 조사했다. 그 결과, 마키아벨리니즘 특성 점수가 높은 사람들은 성별에 관계없이 동성에 대해 경쟁적인 태도를 더 강하게 지지하는 경향을 보였다.

모든 어두운 성격의 3요소와 다양한 경쟁 전략을 함께 다룬 연구들은 이 세 특성이 동성 간 전술의 사용 측면에서 약간의 차이를 보인다는 사실을 발견했다. 곤살베스(Goncalves)와 캠벨(Campbell)(2014)은 참가자들에게 스포츠 맥락에서 경쟁자를 능가하는 전략부터, 잠재적 짝 앞에서 경쟁자의 충실성을 의심하게 만드는 비방 전략에 이르기까지 동성 간 경쟁 전략을 사용할 가능성을 질문했다. 그 결과, 남성과 여성 모두에서 나르시시즘은 경쟁자를 능가하려는 의지와, 사이코패시는 경쟁자에 대한 해로운 소문을 퍼뜨리는 것과, 마키아벨리니즘은 경쟁자에 대해 무례한 발언을 하는 것과 각각 연관이 있었다. 이러한 결과는 마키아벨리니즘과 사이코패시의 동성 간 전술이 경쟁자에 대한 간접적 공격에 초점을 두는 반면, 나르시시즘은 경쟁자를 능가하려는 데 더 많은 관심을 기울인다는 점을 시사한다.

또 다른 연구에서 세메니나(Semenyna)와 허니(Honey)(2015)는 동성 경쟁자를 압도하려는 의지와 직접적으로 연결된 성내 경쟁의 측면, 즉 지배 추구와 인정사정없는 자기 발전을 조사했다. 비록 연구자들은 지배와 자기 발전이 어두운 성격의 3요소 성향이 강한 개인에게 더 일반적이라는 점을 발견했지만, 이러한 특성들이 실제로 동성 구성원을 겨냥하는지 여부를 직접적으로 조사하지는 않았다. 이러한 행동은 잠재적 파트너를 두고 벌어지는 경쟁에서 이점을 제공할 수 있기 때문에 어두운 성격의 3요소 성향이 강한 개인들에게 더 전형적으로 나타날 가능성이 있다.

결론적으로, 직접적이든 간접적이든 괴롭힘은 가해자가 짝을 유혹하는 과정에서 경쟁자로 인식하는 대상을 겨냥할 때 동성 간 경쟁의 한 형태가 될 수 있다. 홀리 보우먼(Holly Baughman), 디어링(Dearing), 지암마르코(Giammarco) 및 버논(Vernon)(2012)의 연구는 인터넷 표본을 대상으로 어두운 성격의 3요소와 괴롭힘 행동 간의 관계를 조사했다. 그 결과, 세 가지 특성 모두가 직접적·간접적·신체적·언어적 괴롭힘과 정적으로 연관되어 있음이 밝혀졌다. 비록 연구자들이 괴롭힘이 발생하는 맥락을 더 구체적으로 살펴보지는 않았지만, 어두운 성격의 3요소 성향이 강한 개인들이 다른 사람을 괴롭히는 경향은 동성 간 경쟁의 맥락에서 적응적 행동일 가능성이 있다. 카터와 동료들(Carter, Montanaro, Linney, & Campbell, 2015)은 여성만을 대상으로 한 표본에서 동성 간 경쟁을 조사한 결과, 세 가지 특성 모두 경쟁과 유의미한 정적 상관을 보였다. 여기에는 경쟁자를 깎아내리거나 조작하는 행위, 그리고 남성의 관심을 끌기 위해 외모 경쟁을 벌이는 행동이 포함되었다. 연구자들은 일부 측면(예: 외모 가꾸기)이 이성에게는 매력적으로 작용하는 동시에 동성 경쟁자를 위축시키는 효과를 갖기 때문에, 동성 간 경쟁과 이성 간 선택을 명확히 구분하기 어렵다고 제안했다. 따라서 외모 가꾸기는 짝 선택과 짝 경쟁 모두의 일부로 간주될 수 있다.

4.4 확립된 관계

어두운 성격의 3요소 성향을 지닌 사람과의 연애는 빠르게 심각한 관계로 발전할 수 있으며, 이 과정에서 상대방은 학대, 착취, 그리고 기만에 취약해질 수 있다. 어두운 성격의 3요소 성향이 강한 개인은 억압적이고 지배적이며, 파트너에게 심각한 심리적 손상을 입힐 가능성이 크다. 이러한 피해는 어두운 성격을 지닌 개인과의 관계에서 벗어난 생존자들이 모여 상호 지지를 제공하는 온라인 그룹에서도 확인할 수 있다. 예를 들어, 2018년 기준 약 4만 3천 명의 회원이 활동한 나르시시스트 지원 집단(Narcissist Support Group)과 같은 커뮤니티가 그 사례이다. 그러나 경험적 연구들은 항상 '피해자' 가설만을 지지하지는 않으며, 오히려 이러한 성향을 지닌 사람들끼리 일정 수준의 '유사 선택(assortative mating)'이 일어날 가능성을 시사하기도 한다. 어두운 성격의 3요소가 장기적 연애 관계에 미치는 영향을 다룬 연구들은 관계의 질, 질투, 불륜, 그리고 친밀한 파트너 폭력(IPV) 등 다양한 측면을 탐구해왔다.

4.4.1 관계의 질

대부분의 연구는 비교적 새로운 로맨틱 파트너 관계에 초점을 두고, 어두운 성격의 3요소가 관계 초기의 만족과 헌신에 어떻게 영향을 미치는지를 조사해왔다. 스미스(Smith) 외(2014)는 45쌍의 이성애자 커플을 대상으로 관계 헌신도, 만족도, 그리고 어두운 성격의 3요소를 측정했다. 이들은 '행위자-파트너 상호의존 모델(actor-partner interdependence model)'을 사용하여 개인의 어두운 성격 3요소 점수가 파트너의 헌신도와 만족도, 그리고 자신의 헌신도와 만족도에 어떤 영향을 미치는지를 탐구했다. 연구 결과, 어두운 성격의 3요소 점수가 높은 사람들은 관계에서 덜 헌신적이고 덜 만족하는 경향을 보였다. 개별 성향을 살펴본 결과, 마키아벨리니즘 수준이 높은 남성의 여성 파트너는 관계에서 더 큰 만족을 보고했는데, 이는 마키아벨리니즘적 남성이 관계에 긍정적 영향을 줄 수 있음을 시사한다. 반면, 사이코패시 수준이 높은 남성과의 관계에서 만족감을 보고한 여성들은 파트너에 대한 헌신도 또한 높게 나타났다. 이는 만족이 헌신의 핵심 요소임을 시사하며, 일부 경우에는 어두운 성격의 3요소가 오히려 더 큰 만족과 헌신으로 이어질 수 있음을 보여준다. 그러나 이 연구의 전반적 결론은, 적어도 젊은 연애 커플의 경우 어두운 성격의 3요소가 전반적으로 낮은 관계의 질과 연관된다는 점이다. 또 다른 유사한 연구에서, 카르둠(Kardum), 후테크-크네제비치(Hudek-Knežević), 메히치(Mehic) 및 필레크(Pilek)(2018)은 100쌍의 젊은 데이트 커플을 대상으로 어두운 성격의 3요소와 관계 만족도를 분석했다. 동시 회귀분석에서 행위자와 파트너의 어두운 성격 3요소 특성을 통제했을 때, 사이코패시가 관계의 질에 가장 해로운 특성으로 나타났다. 이 부정적 효과는 여성보다는 주로 사이코패시가 높은 남성들에게서 두드러졌다. 전반적으로, 사이코패시가 높은 남성들은 관계에 불만을 보였으며, 그들의 파트너 또한 행복하지 않았다. 이 두 연구의 결과는 이성 연애 관계에서 남성의 어두운 성격 3요소가 관계의 질에 더 중요한 영향을 미친다는 점을 시사한다.

남성의 사이코패시가 연인 관계에 해로운 영향을 미치는 이유는 무엇일까? 괴츠(Goetz)와 마이어(Meyer)(2018)는 그 원인이 배우자 가치 불일치(Mate Value Discrepancies, MVD) 때문일 수 있다고 제안했다. 관계 맥락에서 개인에게 적용할 수 있는 배우자 가치 불일치는 두 가지가 있다. 첫 번째는 배우자–자신 MVD로, 이는 개인이 다른 잠재적 파트너들과 비교했을 때 자신이 지닌 가치와, 그 개인의 배우자가 잠재적 파트너들 사이에서 지닌 가치 간의 차이를 의미한다. 즉, 상대적으로 배우자의 매력이나 가치가 자신보다 낮다고 인식될 경우 현재 관계에 대한 불만족으로 이어질 수 있다. 두 번째는 배우자–잠재적 파트너 MVD로, 이는 현재 파트너의 가치와 다른 잠재적 파트너들의 가치 차이를 의미한다. 만약 잠재적 파트너들이 현재의 파트너보다 더 높은 가치를 지니고 있다고 인식되면, 관계 만족도는 낮아질 수 있다. 괴츠와 마이어는 연애 중인 211명의 대학생을 대상으로, 어두운 성격의 3요소가 높은 사람들이 낮은 연애 만족도를 보이는 이유가 자신, 잠재적 파트너, 그리고 현재 파트너 간의 가치 불일치 때문인지 조사했다. 그 결과, 어두운 성격의 3요소 전체 점수뿐만 아니라 마키아벨리니즘과 사이코패시가 높은 개인들은 현재 파트너와 잠재적 파트너 간의 배우자 가치 불일치가 더 크게 나타났고, 이는 현재 관계에서 더 큰 불만족으로 이어졌다. 따라서 연애 관계에서 불만족을 느끼는 이유 중 하나는, 이상적인 파트너 특성에 더 부합하는 잠재적 파트너들이 현재의 파트너보다 많다고 인식하기 때문일 수 있다. 특히, 마키아벨리니즘과 사이코패시가 높은 개인들은 항상 더 나은 파트너를 찾으려는 경향이 있으며, 타인을 더 매력적으로 인식하는 성향이 강하다. 이러한 특성이 바람 피우려는 경향과 관계의 해체로 이어질 가능성이 있다.

어두운 성격의 3요소가 시간에 걸쳐 관계의 질에 미치는 장기적 영향에 대한 연구는 상대적으로 적다. 대부분의 연구와 이론은 특히 나르시시즘에 초점을 맞추어 왔다. 윌리엄 캠벨(William Campbell)(2005)은 나르시시즘에 특히 적용될 수 있는 '초콜릿 케이크 모델(chocolate cake model)'을 제안했다. 즉, 초콜릿 케이크가 처음에는 달콤하고 풍부하며 만족감을 주지만 많이 먹으면 점차 부담스럽게 느껴지듯, 나르시시스트와의 관계 역시 초반에는 매우 매력적으로 느껴지나 시간이 지나면서 관계 만족도가 점차 하락한다는 것이다. 제한적이지만 일부 증거는 나르시시즘적 파트너의 초기 매력이 시간이 지남에 따라 불만족으로 전환될 수 있음을 시사한다. 예를 들어, 램킨(Lamkin), 캠벨(Campbell) 및 밀러(Miller)(2015)의 횡단연구에서는 두 파트너 모두 나르시시즘의 특권의식(entitlement)/착취성(exploitativeness) 측면에서 높은 점수를 받을 경우, 관계가 오래 지속될수록 불만족이 더 커지는 경향이 나타났다. 라브너(Lavner), 램킨(Lamkin), 밀러(Miller), 캠벨(Campbell) 및 카니(Karney)(2016)의 연구에서는 신혼부부를 대상으로 결혼 후 첫 4년 동안 나르시시즘이 결혼생활의 질 궤적에 어떤 영향을 미치는지를 종단적으로 분석했다. 횡단 연구들과 달리, 이 종단 연구는 시간이 지남에 따라 결혼의 질에 더 큰 영향을 미치는 요인이 남편의 나르시시즘이 아니라 아내의 나르시시즘이라는 점을 보여주었다. 특히, 아내의 전체 나르시시즘 수준과 특권의식/착취성 점수가 높을수록 결혼 만족도는 더욱 빠르게 감소하는 경향을 보였다.

어두운 성격 3요소, 특히 마키아벨리니즘과 사이코패시 성향이 강한 사람들은 관계에서 낮은 만족도와 낮은 투자 성향을 보이기 때문에, 관계가 끝났을 때 큰 고통을 느끼지 않을 것이라고 예상할 수 있다. 그러나 모로즈(Moroz), 첸(Chen), 달지트(Daljeet) 및 캠벨(Campbell)(2018)의 연구는 캐나다의 대학생 264명을 대상으로 어두운 성격 3요소와 이별 후 고통을 조사한 결과, 예상과 달리 마키아벨리니즘과 사이코패시 성향이 강한 참가자들이 이별 후 더 큰 고통을 경험했다고 보고했다. 특성 간 공분산을 통제한 회귀분석에서는, 마키아벨리니즘 성향이 강한 사람들이 헤어진 뒤 더 높은 수준의 고통을 경험하는 것으로 나타났다. 이는 마키아벨리니즘이 반드시 로맨틱한 파트너와 낮은 애착으로 이어지는 것은 아니라는 점을 보여준다. 앞서 검토한 연구들에 따르면, 오히려 마키아벨리니즘이 관계 만족도 증가와 연관될 수도 있다. 마키아벨리니즘은 장기적 계획 성향과 관련이 있으며, 이 특성이 높은 개인은 파트너에게 더 큰 투자를 하게 되어 관계가 끝날 때 더 심각한 고통을 겪을 수 있다.

4.4.2 연인관계에서의 질투

연인관계에서의 질투는 복잡한 부정적 감정으로, 상상 속 혹은 실제의 경쟁자가 존재할 때, 소중한 연인관계에 대한 상상적 또는 현실적 위협에 의해 유발될 수 있다. 질투와 관련된 행동(상대에게 질투심을 불러일으키거나 자신이 질투를 느끼는 것)은 파트너를 관계에 붙잡아 두려는 짝짓기 유지 전술의 일부가 될 수 있다. 진화심리학자들에 따르면, 연인관계에서의 질투는 불륜이나 배신을 감시하는 중요한 적응적 기능을 수행한다. 또한 남녀는 생식 능력의 근본적인 차이로 인해 질투 경험에서 차이를 보인다는 주장이 제기되었다. 연인관계에서의 질투를 포함한 감정을 느끼는 경향에는 개인차가 존재한다. 파이퍼(Pfeiffer)와 웡(Wong)(1989)은 연인관계에서의 질투가 세 가지 구성 요소로 이루어져 있다고 제안했다. 첫째는 감정적 질투(질투할 때 개인이 느끼는 정서), 둘째는 인지적 질투(질투를 유발하는 상황에 대한 개인의 평가), 셋째는 행동적 질투(질투할 때 개인이 취하는 행동)이다. 특히 인지적 및 행동적 질투는 연인관계에서 폭력과 같은 부정적 결과로 이어질 수 있으며, 이는 이 장 후반부에서 더 자세히 다루어진다.

어두운 성격 3요소 특성이 높은 사람들의 얄팍한 감정적 경험을 고려하면, 이러한 감정적 얄팍함은 연인관계에서 더 낮은 질투심과 더 적은 짝 지키기 행동으로 이어질 수 있다는 가설을 생각해 볼 수 있다. 앞서 살펴본 바와 같이, 어두운 성격 3요소 성향이 강한 사람들은 장기적이고 진지한 연인관계를 형성하려는 경향이 낮으며, 설령 그런 관계를 맺더라도 그 질은 전반적으로 낮은 경우가 많다. 여러 파트너와의 단기적 관계를 추구하려는 성향 역시 연인관계에서 낮은 수준의 질투 경험과 관련될 수 있다. 즉, 자녀 출산으로 이어질 수 있는 장기적 관계를 맺을 의도가 없다면 파트너에 대해 질투심을 느끼는 것은 무의미해 보이기 때문이다. 반면, 이들의 냉담함, 조종적 성향, 그리고 타인을 괴롭히려는 경향은 어두운 성격 3요소 성향이 강한 사람들이 오히려 파트너의 질투심을 유발하기 위해 다양한 수단을 활용할 가능성이 높다는 점을 시사한다.

마사르(Massar), 윈터스(Winters), 렌츠(Lenz) 및 조나선(Jonason)(2017)의 연구는 1차 및 2차 사이코패시와 감정적, 인지적, 행동적 질투 경험에 초점을 맞추었다. 1차 사이코패시는 대인관계에서 냉담한 성향과 관련되며, 이에 따라 질투를 느끼는 것과는 관련이 없는 것으로 나타났다. 반면, 불안하고 충동적인 대인관계 성향과 연관된 2차 사이코패시는 감정적 질투뿐만 아니라 인지적·행동적 질투(즉, 의심 기반의 질투)와도 높은 연관성을 보였다.

친(Chin), 앳킨슨(Atkinson), 라헤브(Raheb), 해리스(Harris) 및 버논(Vernon)(2017)은 학생과 일반인 453명을 대상으로 어두운 성격 3요소와 질투를 연구했다. 세 가지 성격 특질 모두 행동적 질투와 정적 상관관계를 보였으며, 여기에는 파트너의 행방을 캐묻는 경향이 포함되었다. 파트너가 다른 사람을 만나는지 의심하는 인지적 질투는 마키아벨리니즘과 부적 상관관계를 보였으며, 나머지 두 특성과는 관련이 없었다. 이는 마키아벨리니즘 성향이 강한 사람들이 일반적으로 의심이 많고 타인을 잘 신뢰하지 않음에도 불구하고, 연인관계에서는 그 성향이 나타나지 않는다는 흥미로운 결과이다. 마지막으로, 마키아벨리니즘과 나르시시즘은 감정적 질투와 정적 상관관계를 보였는데, 이는 이 특성이 높은 사람들이 파트너가 다른 사람과 플러팅하는 것을 보고 더욱 상처받는다는 것을 의미한다.

바렐츠(Barelds), 데이크스트라(Dijkstra), 흐루트호프(Groothof) 및 파스토르(Pastoor)(2017)은 반응적, 불안적, 예방적 질투에 대해 탐구했는데, 이는 각각 감정적, 인지적, 행동적 질투와 상당히 유사한 개념이다. 그들은 성별이나 성적 지향과 관계없이 마키아벨리니즘과 나르시시즘이 불안적(즉, 인지적) 질투와 약한 정적 상관관계를 보인다는 것을 발견했다. 이는 파트너의 불륜에 대한 불안과 의심을 가지고 있다는 의미이다. 이것은 친(Chin) 외(2017)의 연구 결과와는 상반되는데, 친(Chin)의 연구에서는 마키아벨리니즘 성향이 강한 사람들이 인지적 질투를 덜 경험한다고 보고되었다. 이러한 차이는 연구에서 사용된 측정도구나 표본 특성에 기인할 수 있다. 또한 친(Chin) 외 연구와 마찬가지로 어두운 성격 3요소는 모두 예방적(즉, 행동적) 질투와 연관성을 보였다. 이러한 질투는 파트너가 제3자와 접촉하는 것을 방지하려는 적극적인 행동으로 이어진다.

요약하면, 어두운 성격 3요소를 가진 사람들은 연인관계에서 무관심하거나 냉담한 태도를 보이는 것과 달리, 파트너의 잠재적 부정에 대해 질투를 느낀다. 이 세 가지 특성을 모두 살펴본 두 연구는 사회적으로 혐오적(적대적) 성향이 강한 사람들이 예컨대 파트너의 이메일과 소셜 미디어를 감시하거나, 경쟁자로 인식되는 사람들과의 상호작용을 차단하는 등 질투심을 드러내는 행동 전략을 사용한다는 점을 보여준다. 질투와 관련된 감정 및 전략은 파트너에게 질투를 유발하는 행동과 밀접하게 연결되어 있어, 이는 악순환으로 이어질 수 있다. 만약 개인이 자신의 파트너가 다른 사람에게 로맨틱한 관심을 가지고 있다고 생각한다면, 스스로도 다른 사람들에게 매력을 느끼게 하고 있다는 점을 드러내어 파트너의 질투를 유발하려 할 수 있다. 그러나 이러한 행동은 단순히 불안감에서 비롯된 것만은 아니며, 여러 다른 이유들에 의해 동기화될 수 있다.

연구자들은 왜 어떤 사람들이 파트너를 질투하게 만들고 싶어하는지를 설명하는 다섯 가지 주요 동기를 제시했다. 그것은 복수, 권력/통제, 관계 테스트, 안전 보장, 자존감 향상이다(Tortoriello, Hart, Richardson, & Tullett, 2017). 이 가운데 복수와 권력/통제에 기반한 동기는 악의적이고 공격적인 성격을 지니며, '다른 대안이 많다'는 점을 드러내어 파트너를 '자신의 위치에 묶어 두려는' 욕구에서 비롯된다. 반면 관계 테스트, 안전 보장, 자존감 향상의 세 가지 동기는 방어적이고 상대적으로 온화한 성격을 가지며, 주로 개인 자신이나 연인관계에 대한 불안에서 기인한다. 지금까지 몇몇 연구들은 사회적으로 적대적인 성격을 가진 사람들이 파트너에게 질투를 유발하려는 경향에 대해 조사해 왔다.

마사르(Massar) 외(2017)는 1차 및 2차 사이코패시와 파트너에게 질투를 유발하려는 동기에 초점을 맞추었다. 연구 결과, 1차 사이코패시가 높은 사람들은 파트너의 질투심을 유발하려는 경향을 보였으며, 그 이면에는 주로 불쾌하고 공격적인 동기가 자리하고 있었다. 즉, 차갑고 냉담한 개인은 파트너에 대한 권력을 확보하거나, 상대방의 잘못을 인지했을 때 이에 대한 복수를 위해 질투를 유발할 가능성이 가장 컸다. 반면, 2차 사이코패시는 전혀 다른 양상을 보였는데, 공격적 동기보다는 방어적 동기에 기반했다. 이들은 권력을 얻기보다는 관계에 대한 불안감에서 비롯된 질투 유발을 통해 자존감을 높이거나, 관계의 안정성과 강도를 시험하려는 의도를 가졌다.

토르토리엘로(Tortoriello) 외(2017)는 나르시시즘 성향이 있는 연인들이 질투를 유발하는 행동에 주목하였다. 나르시시즘 성향이 강한 개인은 다른 사람과 플러팅을 하거나 경쟁자의 매력에 대해 언급하는 등 파트너에게 질투를 불러일으키는 행동을 자주 보일 수 있다. 연구 결과, 웅대한 나르시시즘(NPI로 측정)은 파트너에 대한 권력 행사 욕구와 관련하여 질투 유발과 연관되었으며, 취약한 나르시시즘은 공격적이면서 동시에 방어적인 동기를 포함한 보다 다양한 이유로 질투를 유발하는 것으로 나타났다. 또한 연구진은 마키아벨리니즘과 자존감을 매개변수로 분석한 결과, 웅대한 나르시시스트의 경우 조종적인 성향이 질투 유발을 촉진했으나, 높은 자존감은 이를 억제하는 역할을 하는 것으로 나타났다. 반면, 취약한 나르시시스트의 질투 유발은 높은 조종 성향과 낮은 자존감에 의해 설명되었다. 즉, 웅대한 나르시시즘은 파트너를 통제하려는 도구적 관계 전략과 관련되는 반면, 취약한 나르시시즘은 관계를 시험하고 파트너를 통제하려는 보다 혼란스럽고 불안정한 전략과 연관된다고 볼 수 있다.

비록 일정 수준의 질투심은 관계를 유지하는 행동을 촉진하는 데 유익할 수 있지만, 과도한 질투는 오히려 해로울 수 있다. 질투가 통제 불가능하게 확대되면 공격성과 폭력으로 이어질 수 있다. 짝 지키기와 친밀한 관계에서의 폭력(Intimate Partner Violence, IPV)은 관계의 어두운 단면을 보여주는 사례로, 이러한 짝 유지 전략은 질투에서 비롯되어 파괴적인 결과를 초래할 수 있다.

4.4.3 짝 지키기와 친밀한 관계에서의 폭력

짝 지키기는 연인관계에서 흔히 나타나는 전략이다. 진화심리학적 문헌에서 광범위하게 연구되어 왔는데, 경쟁자에게 파트너를 빼앗기거나, 더 나아가 경쟁자가 파트너를 임신시키는 것은 개인의 진화적 적합성에 치명적인 결과를 가져올 수 있기 때문이다. 짝 지키기 전략은 파트너의 행동을 지속적으로 감시하는 것에서부터 잠재적 연애 경쟁자와의 접촉을 물리적으로 차단하는 것까지 다양하게 나타난다. 이러한 짝 지키기는 질투라는 감정과 밀접히 연결되어 있으며, 질투가 극단적으로 고조될 경우 대인 폭력을 포함해 양 당사자 모두에게 해를 끼치는 행동으로 이어질 수 있다. 특히 어두운 성격 3요소의 냉담한 성향을 고려할 때, 이 특성이 연인관계에서의 신체적·정서적 학대와 밀접히 관련된다는 점은 놀라운 일이 아니다. 친밀한 관계에서의 폭력(IPV)은 단순히 구타, 뺨 때리기, 강압적 성관계와 같은 신체적 행위에 국한되지 않는다. 폭력 위협, 통제, 기만, 조작 등 정서적 학대 역시 중요한 구성 요소이다. 지금까지는 개별 어두운 성격 특성이 친밀한 관계에서의 폭력에 어떻게 기여하는지를 탐구한 연구가 주를 이루었으나, 세 가지 특성을 함께 고려하여 그 상대적 중요성을 체계적으로 비교한 연구는 여전히 부족하다.

카턴(Carton)과 이건(Egan)(2017)은 어두운 성격 3요소가 연인 관계에서의 폭력(IPV) 가해와 피해에 어떻게 연관되는지를 탐구했다. 흥미롭게도, 어두운 성격 3요소 중 어느 특성도 신체적 학대 가해와는 직접적으로 관련되지 않았으며, 이 측면은 오히려 성격 5요인(Big Five) 중 '낮은 우호성'으로 더 잘 설명되었다. 그러나 어두운 성격 3요소는 정서적 학대의 다양한 양상에는 기여하는 것으로 나타났다. 예를 들어, 사이코패시 수준이 높은 사람들은 파트너에 대해 지배와 위협을 사용하거나, 사실이 아닌 일로 잘못 비난하는 폄하 행동을 더 많이 보였다. 또한 나르시시즘과 사이코패시는 파트너를 외부 세계와 차단하고 관계에만 몰입하게 만드는 제한적 포섭 전략과도 관련이 있었다. 이러한 결과는 사이코패시가 파트너 학대에 있어 특히 해로운 특성임을 시사한다. 다만 이 연구의 참가자는 모두 여성이었기 때문에, 동일한 결과를 어두운 성격 3요소가 높은 남성에게 일반화하기는 어렵다. 비슷한 맥락에서, 일본 표본을 대상으로 남녀 모두를 포함해 진행된 연구(Kiire, 2017)에서도 유사한 결과가 나타났다. 어두운 성격 3요소 간의 공분산을 회귀분석에서 통제했을 때, 사이코패시만이 남녀 모두에서 신체적·성적·언어적 폭력을 포함한 다양한 유형의 IPV를 예측하는 유의미한 변수로 확인되었다. 종합적으로 볼 때, 어두운 성격 3요소 간의 공유 분산을 통계적으로 통제하면, 사이코패시는 연인 관계에서 IPV를 설명하는 데 가장 중요한 특성으로 드러난다.

4.4.4 불륜

인간의 헌신적인 일부일처제 관계에서 가장 중요한 측면 중 하나는 파트너의 충실성이다. 불륜은 관계를 파괴하는 주요 요인 중 하나로, 남녀 모두 파트너를 선택할 때 충실성을 매우 중요하게 여긴다(예: Mogilski, Wade, & Welling, 2014). 그러나 진화적 관점에서 불륜이 남성과 여성에게 미치는 비용은 다르다. 남성의 경우, 불륜은 유전적으로 자신과 관계없는 자녀를 양육하게 되는 위험을 초래할 수 있어 비용이 클 수 있다. 여성의 경우, 파트너가 다른 생식 기회를 찾아 떠나거나 자녀 양육에 필요한 지원을 철회할 위험이 따른다. 또한 불륜은 피해를 입는 파트너에게도 잠재적으로 큰 대가를 치르게 한다. 이들은 파트너로부터 공격이나 이별의 위협을 받을 수 있으며, 특히 남성이 '생물학적으로 자신의 아이가 아닐 가능성(cuckoldry)'을 의심하는 경우 그 피해가 자녀에게까지 미칠 수 있다. 따라서 성격이 헌신적인 관계에서 불륜의 가능성과 그 결과에 어떤 영향을 미치는지 이해하는 것은 매우 중요하다.

분명한 것은, 현재의 연인관계에 만족하고 있음에도 불구하고 불륜에 끌리는 사람들이 있다는 점이다(Weeks, Gambescia, & Jenkins, 2004). 이는 빠른 생애사 전략과 관련된 높은 생식 욕구를 반영할 수 있다. 짝짓기 기회를 우선시하는 사람들은 헌신적인 관계 안에서 행복하게 지내면서도 혼외 성관계를 추구할 가능성이 더 크다. 불륜을 저지르는 사람들은 흔히 기존의 연인관계를 끝낼 의도가 없다. 불륜의 양상은 충동적인 순간적 만남에서부터, 보다 전략적이고 장기적인 혼외 파트너 관계에 이르기까지 다양하다. 연구에서는 어두운 성격 3요소와 불륜 간의 관계에서 성별에 따라 뚜렷한 차이가 나타나며, 이는 개인이 어떤 성향을 더 강하게 가지고 있는지에 따라 달라진다는 흥미로운 결과가 보고되었다.

존스(Jones)와 와이저(Weiser)(2014)는 대규모 인터넷 표본을 대상으로 어두운 성격 3요소와 불륜, 그리고 불륜이 관계에 미치는 결과를 조사했다. 그 결과, 남성의 경우 사이코패시가 현재 혹은 최근의 연인관계에서 불륜을 저지를 중요한 정적 예측 요인으로 나타났으며, 여성의 경우에는 마키아벨리니즘과 사이코패시 모두가 불륜을 예측하는 요인이었다. 불륜 이후 관계 해체와 관련해서는 남녀 모두에게서 사이코패시만이 유의한 연관성을 보였다. 흥미롭게도, 나르시시즘 수준이 높은 여성일수록 연인관계에서 불륜을 저지를 가능성이 더 낮았는데, 이는 여성의 나르시시즘이 불륜 발생률 증가와 연관된다고 보고한 브루어(Brewer)와 그녀의 동료들(2015)의 연구 결과와는 정반대였다.

실제 행동을 조사하는 것 외에도, 연구는 연인관계에서 부정행위를 저지르려는 의도도 살펴보았다. 영국의 한 대학에서 모집된 여성 표본만을 대상으로, 브루어(Brewer) 외(2015)는 향후 관계에서 불륜을 저지르려는 의도가 나르시시즘 및 사이코패시 특성과 긍정적으로 연관되어 있음을 보여주었다. 브루어(Brewer)와 아벨(Abell)(2015a, 2015b)은 마키아벨리니즘 특성을 살펴본 연구에서 동일한 결과를 반복적으로 확인했는데, 이 특성이 미래에 불륜을 저지르려는 의도와 정적인 관계가 있다는 점을 입증했다. 알라비(Alavi), 메이(Mei) 및 메흐리네자드(Mehrinezhad)(2018)는 말레이시아 참가자들을 대상으로 불륜을 연구했다. 그 결과, 미래의 불륜을 저지르려는 의도를 가진 참가자들은 더 높은 수준의 마키아벨리니즘과 사이코패시를 보였으나, 나르시시즘과 불륜 의도 사이에는 관련성이 발견되지 않았다.

이러한 연구 결과들을 종합하면, 불륜은 특히 사이코패시 성향이 강한 남성과 여성에게서 두드러진다는 것이 드러난다. 사이코패시는 실제 불륜뿐만 아니라 미래에 불륜을 저지를 의도와도 관련이 있다. 마키아벨리니즘과 관련해서는, 일부 연구에서 마키아벨리니즘 성향이 강한 여성들이 불륜을 저지를 가능성이 더 높다고 보고했고, 다른 연구에서는 남녀 모두에서 마키아벨리니즘이 불륜을 촉발하는 요인이라고 밝혔다. 반면, 나르시시즘과 불륜 사이의 관계는 연구마다 일관성이 없었으며, 때로는 정반대의 결과가 도출되기도 했다.

4.5 결론

연애, 데이트, 그리고 연인관계에 관한 연구들은 어두운 성격 3요소가 높은 사람들이 전반적으로 단기적이고 헌신 없는 관계를 선호한다는 점을 보여준다. 진지한 관계에 있을 때에도, 이들은 바람을 피울 가능성이 크며, 파트너를 통제하기 위해 폭력이나 다른 전략을 사용하는 경향이 있다. 나르시시즘은 처음에는 매력적으로 보일 수 있지만, 장기적으로는 관계에서 감당하기 어려운 특성으로 작용할 수 있다는 증거가 있으며, 이는 이른바 “초콜릿 케이크 모델”로 설명된다. 나르시시스트의 초기 매력은 주로 효과적인 외모 꾸밈, 화려한 옷차림, 외향적 행동, 그리고 높은 자신감에 기반하는 것으로 보인다. 이러한 요인들은 나르시시스트의 초기 매력을 강화하여 단기적 관계에서 성공을 가져올 수 있다. 그러나 이러한 매력은 지속적이지 않을 수 있다. 얼굴 변형 연구 결과에 따르면, 여성들은 남성의 어두운 성격 3요소가 반영된 얼굴을 매력적으로 평가하기보다는 오히려 기피하는 경향을 보였다. 수천 명의 여성을 대상으로 한 여러 연구에서, 어두운 성격 3요소가 높은 남성의 두개골 형태학적 특징은 단기적이든 장기적이든 관계 전반에서 기피되는 것으로 나타났다. 따라서 어두운 성격 3요소가 높은 사람들이 자기 보고식으로 제시한 단기적 짝짓기 성공률은 사실상 효과적인 외적 가면이나 강압적 전략에 기초하고 있을 가능성이 크다.

어두운 성격 3요소의 매력은 성격적 유사성과 같은 요인에 따라서도 달라질 수 있다. 유사한 파트너에 대한 선호를 조사한 몇몇 연구에서는 실제로 초기 단계에서 유사성에 대한 선호가 존재한다는 사실이 발견되었다. 더 나아가, 이미 확립된 연인관계에 있는 커플들도 사회적으로 부정적인 특성에서 유사성을 보이는 경향이 있으나, 이러한 유사성이 반드시 관계의 원활함이나 행복으로 이어지지는 않았다. 장기적 연인관계에서 사회적으로 부정적인 특성은 해롭고, 특히 사이코패시와 마키아벨리니즘은 불륜과 친밀한 관계에서의 폭력(IPV)과 깊은 관련이 있다. 반면, 나르시시즘은 특히 남성에게 있어 보다 적응적인 특성으로 보이며 자녀 수의 증가와 관련된다. 이에 비해 사이코패시와 마키아벨리니즘은, 적어도 대부분의 연구가 수행된 사회생태적 환경—즉, WEIRD 집단(서구, 고학력, 산업화, 부유, 민주적 인구; Western, Educated, Industrialized, Rich, and Democratic; 헨리히(Henrich), 하이네(Heine), & 노렌자얀(Norenzayan), 2010)—에서는 상대적으로 덜 적응적인 것으로 보인다.

추가 읽을 자료

Barelds, D. P. H., Dijkstra, P., Groothof, H. A. K., & Pastoor, C. D. (2017). The dark triad and three types of jealousy: Its relations among heterosexuals and homosexuals involved in a romantic relationship. *Personality and Individual Differences, 116*, 6-10.

Campbell, W. K. (2005). *When you love a man who loves himself: How to deal with a one-way relationship.* Chicago: Sourcebooks Casablanca.

Holtzman, N. S., & Strube, M. J. (2011). The intertwined evolution of narcissism and short-term mating: An emerging hypothesis. In W. K. Campbell & J. D. Miller (Eds.), *The handbook of narcissism and narcissistic personality disorder: Theoretical approaches, empirical findings, and treatments* (pp. 210-220). Hoboken, NJ: Wiley.

Lyons, M., & Blanchard, A. (2016). "I could see, in the depth of his eyes, my own beauty reflected": Women's assortative preference for narcissistic, but not Machiavellian or psychopathic, male faces. *Personality and Individual Differences, 97*, 40-44.

Moroz, S., Chen, S., Dagenais, K. N., & Campbell, L. (2018). The dark triad and break-up distress. *Personality and Individual Differences, 132*, 52-59.

Struckman-Johnson, C., Struckman-Johnson, D., & Anderson, P. B. (2003). Tactics of sexual coercion: When men and women don't take no for an answer. *The Journal of Sex Research, 40*(1), 76-86.

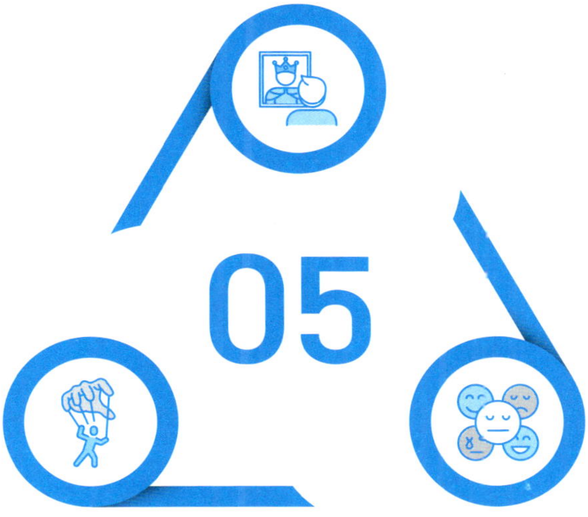

어두운 성격 3요소와 우정

The Dark Triad of Personality

제 5 장

어두운 성격 3요소와 우정

5.1 도입

내 가장 친한 친구… 나는 그녀를 사랑하고 오랜 시간 친구로 지내왔지만, 솔직히 말하면 그녀와의 관계는 매우 힘듭니다. 그녀는 지나치게 자기중심적이고, 제 삶에는 거의 관심이 없습니다. 제 아이가 이제 15개월인데, 그동안 그녀가 아이를 본 것은 고작 두 번뿐이고, 아이에 대해 묻지도 않으며 제 생활에 무슨 일이 일어나고 있는지에도 무관심합니다. 그럼에도 제가 이 관계를 유지하는 이유는 그녀가 근본적으로 저를 아낀다는 걸 알기 때문입니다. 단지 자기 자신에게 지나치게 몰두할 뿐이지요. 또 다른 문제는 끊임없는 '드라마'입니다. 새벽 2시에 술에 취해 전화를 걸어와 남자친구와 헤어졌다고 털어놓으면, 저는 상황에 휘말려 신경을 쓰게 됩니다. 하지만 다음 날이 되면 언제 그랬냐는 듯 상황이 끝나버리고, 저는 시간과 에너지를 허비한 것 같아 허탈하고 짜증이 납니다. 이런 관계는 정말 지치게 만듭니다. 남편에게도 제가 많은 것을 쏟아붓는 데 비해 이 우정으로부터 얻는 것이 거의 없다고 토로한 적이 있습니다. 그럼에도 우리가 여전히 친구로 지내는 이유는 제가 그녀를 여전히 아끼고, 그녀가 재미있으며, 함께한 오랜 추억이 있기 때문입니다. 사실 그녀는 예전부터 이런 사람이 아니었고, 저는 과거의 그녀를 그리워합니다. 이제는 예전처럼 깊게 관여하지 않으려

합니다. 과거에는 제가 이 관계에 과도하게 몰입해 많은 스트레스를 받았고, 심지어 제 개인적인 생활에도 부담이 되었기 때문입니다(crayfish; 2016년 10월 5일 수요일; 12:13:29; https//www.mumsnet.com/Talk/relationships/).

위의 글은 영국의 인기 있는 육아 웹사이트 맘스넷(Mumsnet)에서 발췌한 것이다. 수많은 진솔한 게시물들을 살펴보면, 문제가 있는 우정 관계에 대한 불평이 가득하다. 이를 통해 우정이 위안과 지지의 원천이 되기도 하지만, 동시에 정신적·육체적으로 소모적일 수 있다는 점이 분명히 드러난다. 일부 우정 관계에서는 상대방이 변덕스럽고, 조종하려 들며, 무심한 태도를 보이면서 우정의 질에 크게 부정적인 영향을 미치기도 한다. 조종과 냉담함은 어두운 성격의 3요소의 핵심 특성이며, 이는 우정의 관계 역동에 영향을 미치는 전략으로 작용할 가능성이 높다. 이 장에서는 어두운 성격의 3요소와 우정의 다양한 측면에 대한 연구 결과를 검토하는 데 초점을 둔다.

우정은 장기적이고 애정 어린 비(非)성적인 사회적 유대 관계로, 이는 인간뿐만 아니라 다른 종의 웰빙과 생존에도 근본적으로 중요한 역할을 한다. 우정은 영장류를 대상으로 광범위하게 연구되어 왔으며, 번식 적합성에 크게 기여하는 것으로 보인다(Seyfarth & Cheney, 2012). 예를 들어, 침팬지나 개코원숭이와 같은 영장류에서 우정은 선호하는 상대와의 털 고르기, 연합적 지지, 육아, 그리고 가까운 공간적 밀착으로 나타난다. 인간의 경우, 우정의 역동성과 복잡성은 또 다른 차원을 지닌다. 우리는 친구라고 부르는 다수의 동료들과 사회적 유대를 유지하며, 이러한 관계는 종종 더 큰 사회적 네트워크에 속하고 지리적 경계를 넘어 확장되기도 한다. 현대 기술(예: 인터넷과 소셜 미디어)의 발달로, 평소에는 매우 드물게 볼 수 있는 사람들과도 지속적으로 연락을 유지할 수 있게 되었다.

동성 간의 친밀하고 비(非)성적인 유대 관계는 흔히 나타나지만, 이성 간에도 발생할 수 있다. 남녀 간의 우정은 여성－여성 또는 남성－남성 간의 관계와는 매우 다른 동기를 가질 수 있다. 이성 간의 우정에는 종종 감춰진 로맨틱하거나 성적인 동기가 내재하는 경우가 많다(Lemay Jr & Wolf, 2016). 이 장에서는 개념적 혼란을 피하기 위해 동성 간의 우정에 초점을 맞추어 논의를 진행할 것이다. 이는 '잠재적 성적 동기가 있는 관계'와 '성적 동기 없이 사회적 유대를 형성하는 관계'

를 구분하기 위함이다.

친구 관계에서는 적어도 어느 정도의 이타심이 나타나는 것이 특징이다. 친구들은 서로에게 정서적, 신체적, 때로는 물질적인 지원을 제공하는데, 이는 동시에 속임수의 여지도 있다는 것을 의미한다. 진화론적으로 볼 때, 혈연관계가 없는 사람과의 친화적이고 비(非)성적인 유대는 상호 이타주의의 규칙에 기반할 수 있다(Trivers, 1971). 상호적인 관계에서, 한 친구를 도우면서 발생하는 적합도 비용(fitness costs)은 그 친구로부터 받은 적합도 이익(fitness benefits)에 의해 상쇄될 수 있다. 친구 관계에서 호의의 이해득실을 따진다면, 이는 아마도 무의식적인 과정일 가능성이 높다. 실제로 한 연구에서는 사람들은 친척보다 친구에게서 더 강한 상호성을 기대하는 경향이 있음이 발견되었다(Rotkirch, Lyons, David-Barrett, & Jokela, 2014). 그러나 보통은 주고받은 도움을 의식적으로 계산하지 않는다. 이를 설명하기 위해, 내가 경제적으로 어려운 친구에게 재정적인 도움을 자발적으로 제공하고, 그들의 아이를 돌보는 것을 도우며, 학대적인 전 연인으로부터 벗어나도록 돕는다고 가정해보자. 이 모든 행동은 내 시간, 자원, 그리고 내 안전과 웰빙에 잠재적 위험을 초래할 수 있어 비용이 든다. 가치 있는 친구에게 베푸는 이타적 행동은 나의 번식 적합성에 부정적인 영향을 미칠 수 있으며, 즉 내가 이타주의자로 행동함으로써 자손 수가 줄어들 가능성이 있다. 나는 설령 친구가 미래에 보답하지 못할 것 같더라도 지나칠 정도로 도움을 주게 될 수 있다. 상호 관계에서 '호의 계산'이 이루어지지 않으면, 그 관계는 착취의 여지를 남긴다. 기만성은 어두운 성격 3요소 성향이 강한 사람들의 핵심 특징 중 하나이며, 이는 친구 관계에서도 '사기꾼 전략'으로 나타날 수 있다. 어두운 성격 3요소 특성이 높은 사람들은 우정의 부정적인 측면과 관련되어, 도움의 비용을 지불하지 않은 채 친구들의 지원을 착취할 가능성이 있다. 물론, 시간이 지나면서 친구에게 이용당했다는 생각이 들면, 나는 친구 관계를 끝내거나 적어도 차츰 멀어지도록 거리를 둘 수 있다.

우정은 항상 가시적인 이익을 가져다주지는 않지만, 보이지 않더라도 중요한 수많은 보상을 줄 수 있다. 플로라(Flora)(2016)의 말을 빌리자면, "좋은 친구들은 면역력을 높이고, 창의성을 자극하며, 혈압을 낮추고, 노인들의 치매를 예방하며, 심지어 사망 확률까지 낮춘다. 만약 친구 없이는 살 수 없다고 느낀다면, 그것은 과장된 말이 아니다”(https://aeon.co/essays/when-a-friendship-turns-sour-more-than-feelings-get-hurt). 하지만 이는 우정이 보상적이라고 인식될 때만 해당된다. “나쁜 친구들”은 그와 정반대의 효과를 낼 수 있으며, 인지된 건강과 실제 건강 모두에 부정적인 영향을 미칠 수 있다.

모든 친구 관계가 동등하지 않다는 것은 분명하며, 때로는 한쪽이 다른 쪽을 이용하기도 한다. 가끔 우정은 독성을 띠어, 사회적 네트워크 내의 한 친구가 다른 이들을 착취하거나 괴롭히는 경우도 있다. 둘 사이의 친구 관계나 더 넓은 친구 관계 집단에서 개인들이 동일한 사회적 지위를 갖는 것은 아니다. 때로는 한 친구가 관계에 더 큰 중요성을 두지만, 다른 쪽은 그 우정을 그만큼 소중히 여기지 않을 수도 있다. 자신의 친구들을 떠올려 보고, 그들이 당신에게 얼마나 중요한지 생각해보라. 그들 중 몇 명이나 당신이 느끼는 중요성만큼 당신을 중요하게 여기고 있다고 생각하는가? 우리는 종종 다른 친구들 속에서 자신의 중요성을 과대평가하곤 한다. 더 나아가, 어떤 사람들은 더 넓은 사회적 네트워크 안에서 인기 있는 구성원으로 다른 이들의 존경을 받으며 지내는 반면, 어떤 사람들은 2인자(혹은 3인자, 4인자)의 위치로 밀려나기도 한다. 우정의 관계 역동에서 사회적으로 독성이 강한 성격이 미치는 영향에 대한 연구는 아직 초기 단계에 머물러 있지만, 어두운 성격 3요소의 적대적 성향을 고려한다면 이러한 특성이 높게 나타날 경우 (적어도 성인에게서) 사회적 관계에서 인기를 얻기 어렵다고 예상할 수 있다. 성격은 누가 누구와 친구가 되는지, 그 관계가 얼마나 깊고 가까운지, 그리고 더 넓은 친구 관계에서 개인이 어떤 위치를 차지하는지를 결정하는 데 근본적으로 중요한 요인임은 분명하다. 실제로 우정 연구는 두 가지 접근을 취할 수 있는데, 하나는 개인이 둘만의 관계 속에서 어떻게 기능하는지를 살펴보는 것이고, 다른 하나는 더 큰 친구 네트워크 안에서의 인기도를 조사하는 것이다.

인간을 대상으로 한 대부분의 우정 연구는 어린이와 청소년에 집중되어 있으며, 성인기의 우정에 대한 연구는 상대적으로 부족하다. 어두운 성격 3요소와 관련된 연구에서는 다양한 연령대의 아동 우정 네트워크를 대상으로 마키아벨리즘, 반사회적 행동, 그리고 따돌림을 주로 탐구해왔다. 그러나 어두운 성격 3요소의 세 특성을 함께 다룬 연구는 극히 적으며, 기존 연구의 초점은 주로 학교 환경에서 나타나는 공격성, 괴롭힘, 그리고 인기에 맞추어져 있다.

어두운 성격 3요소는 전반적으로 대인관계에서의 적대성으로 특징지어지며, 이는 사회적 관계에서 다양한 어려움을 초래한다. 이는 우정의 질과 지속성에 영향을 미칠 뿐 아니라, 사람들이 친구 관계에서 활용하는 전략의 종류에도 작용할 수 있다. 이 장에서는 동성 간 우정을 중심으로, 어두운 성격 3요소(개별적으로 혹은 집합적으로)가 어떻게 나타나는지를 탐구한 연구들을 살펴볼 것이다. 구체적으로는 친구들 간의 유사성, 우정을 맺는 이유, 우정에서 사용되는 전략, 사회적 유대의 질, 그리고 개인의 인기도를 다룬다. 최근 몇 년간 소셜 미디어 상의 우정에 관한 연구가 급격히 증가해 왔으나, 본 장에서는 오프라인 관계에 초점을 맞출 것이며, 온라인상의 우정은 제7장에서 별도로 논의될 예정이다.

5.2 우정의 목표

사람들이 다른 이들과 사회적 관계를 맺고 유지함으로써 얻는 보상은 매우 다양하다. 우정의 동기는 서로 가까이하며 상호적으로 지지적인 유대를 형성하려는 욕구(즉, 관계적 욕구)에서부터, 친구를 개인적 목표를 달성하기 위한 수단으로 활용하려는 조작적 목적(즉, 주체적 욕구)에 이르기까지 다양하다. 어두운 성격의 세 가지 특성을 모두 높게 지닌 사람들의 이기적이고 목표 지향적인 대인관계 양식은, 이들이 친구를 개인적 목표 달성을 위한 도구로 활용할 가능성이 크다는 점을 시사한다. 이러한 유형의 우정 동기는 대체로 더 빠른 관계 해체로 이어지기 쉬운데, 장기적으로는 착취당한 사람들이 지쳐버리거나, 혹은 착취하는 쪽이 자신의 필요를 충족시켜줄 더 나은 희생양을 찾아 떠나기 때문이다.

친구들은 "짝짓기 시장"에서 유용할 수 있으며, 의도적이든 아니든 파트너를 유혹하고 획득하는 데 도움을 줄 수 있다. 이 과정에서 신체적 매력은 중요한 역할을 한다. 사회심리학 실험에 따르면, 한 사람이 매력적인 사람들과 함께 있을 때 혼자 있을 때보다 더 높은 매력 평가를 받는 것으로 나타났다(van Osch, Blanken, Meijs, & van Wolferen, 2015). 이 현상은 영국 TV 시리즈 「내가 그녀를 만났을 때(How I Met Your Mother)」에 등장하는 바니 스틴슨(Barney Stinson)이라는 캐릭터에서 따와 "치어리더 효과(cheerleader effect)"라고 불린다. 우리의 뇌는 그룹 내 개인들의 매력을 평균적으로 인식하기 때문에, 상대적으로 덜 매력적인 구성원의 매력이 높아진다고 보고되었다(Walker & Vul, 2014). 즉, 매력적인 친구들과 함께 있을 때 그 매력이 다른 사람에게도 전이되며, 따라서 잘생긴 친구들과 어울리는 것이 효과적인 전략이 될 수 있다. 이 치어리더 효과는 짝짓기에 높은 관심을 가진 사람들에게 더욱 두드러질 가능성이 크다. 앞 장에서 검토된 연구에 따르면, 어두운 성격 3요소 성향은 단기적인 짝짓기 동기와 관련이 있으며, 이는 이 성향이 신체적으로 매력적인 친구를 선택하는 중요한 요인이 될 수 있음을 시사한다.

어두운 성격 3요소와 친구를 사귀는 이유를 조사한 연구에 따르면, 이러한 특성은 실제로 친구를 도구적 수단으로 사용하는 것과 관련이 있었다(Jonason & Schmitt, 2012). 예를 들어, 나르시시즘 성향이 강한 여성들은 매력적인 동성 친구를 선호했는데, 이는 나르시시스트의 자아를 강화하고 확인받기 위함(소위 "트로피 친구"를 두는 것)일 뿐만 아니라, 잠재적 구혼자들의 눈에 나르시시즘 성향이 강한 여성을 더 매력적으로 보이게 하는 효과가 있었다. 반면, 마키아벨리니즘이 높은 여성들은 사회적 지위가 높은 친구를 선호했으며, 이는 그들이 사회적 사다리를 오르는 과정에서 친구를 이용한다는 것을 보여준다. 한편, 사이코패시가 높은 남성들은 짝짓기 노력을 도와줄 수 있는 동성 친구를 선택했는데, 이는 단기적인 짝짓기에 관심이 많은 이들의 특성과 잘 부합한다. 이러한 결과는 어두운 성격 3요소 성향을 가진 사람들이 친밀하고 상호 지지적인 우정을 추구하기보다는, 자신의 짝짓기와 지위 상승 욕구를 충족시킬 수 있는 도구로 친구를 선호한다는 점을 분명히 보여준다.

나르시시즘은 어두운 성격 3요소 가운데 가장 사교적인 특성을 보인다. 나르시시즘 성향이 강한 사람들은 활발한 사회적 관계 속에서 존재감을 발휘한다. 그들은 타인의 찬사를 추구하며, 항상 관심의 중심에 서고자 한다. 이들은 친구들과 즐거운 시간을 보내는 것과 같은 사회적 보상을 중시한다. 포스터(Foster), 미스라(Misra) 및 레이디(Reidy)(2009)에 따르면, 자기애적 우정은 회피 동기보다는 접근 동기로 특징지어진다. 접근 지향은 긍정적인 사회적 결과를 극대화하는 것을 목표로 하는 반면, 회피 지향은 부정적인 상호작용을 피하려는 데에 초점을 둔다.

예를 들어, 접근 지향은 친구가 다른 친구에게 칭찬을 건네는 행동을 의미하고, 회피 지향은 갈등을 피하기 위해 친구를 비난하지 않는 행동을 뜻한다. 나르시시즘과 전반적인 접근 지향성, 그리고 우정에서의 접근 지향성을 다룬 연구에서 포스터(Foster) 외(2009)는, 나르시시즘이 친구 관계 접근 목표(예: 친구들과 즐겁게 시간을 보내거나 더 깊은 관계를 맺으려는 것)와는 관련이 있었으나, 회피 목표(예: 갈등을 피하기 위해 친구를 상처 주지 않으려는 것)와는 관련이 없다는 점을 발견했다. 또한, 연구는 전반적인 접근 지향성 점수가 나르시시즘과 친구 관계 접근 목표 간의 관계를 완전히 매개한다는 사실도 보여주었다. 즉, 나르시시즘 성향이 강한 사람들은 삶의 전반에서 접근 지향적 태도를 보이며, 목표를 추구하는 데 더 큰 동기를 부여받는 "해내겠다"는 자세를 지닌다. 이러한 태도는 그들이 왜 즐거운 친구 관계를 추구하려는지를 설명하며, 만약 우정의 목표가 달성되지 않으면 관계가 쉽게 해체될 수 있음을 보여준다. 회피 동기가 부족하기 때문에, 나르시시즘 성향이 강한 사람들은 우정의 단절을 더 쉽게 경험할 수 있다. 그들은 친구를 모욕하지 않으려는 동기가 약하며, 우정의 목표가 충족되지 않을 경우 다른 곳에서 기회를 찾으려는 경향이 크다.

사이코패시와 연관된 정서적 냉담함과 분리된 태도는 그들의 우정 동기가 나르시시즘적 우정 목표와 극명하게 다르다는 점을 시사한다. 또한, 사이코패시의 다양한 측면(예: 정서적–대인관계적 측면과 생활방식–반사회적 측면) 간에도 큰 차이가 존재할 수 있다. 사이코패시는 타인과의 장기적 유대 관계에 낮은 가치를 두며, 친구에게 잔인하게 대하는 과정에서 얻는 부정적인 사회적 보상과 관련이 있다(Foulkes, McCrory, Neumann, & Viding, 2014). 특히 정서적–대인관계적 측면(또는 1차 사이코패시/사이코패시 1요인; 제1장 참조)은 타인과의 친밀한 친구 관계에 무관심한 것과 밀접히 연관된다. 폴크스(Foulkes), 세아라–카르도소(Seara–Cardoso), 노이만(Neumann), 로저스(Rogers) 및 비딩(Viding)(2014)의 연구는 사이코패시의 다양한 구성 요소와 관계 목표를 살펴보았다. 연구 결과, 정서적 냉담함과 냉혹함이 두드러진 사람들은 따뜻하고 친화적인 장기적 친구 관계보다는 자신의 이미지를 관리하고 타인에 대한 지배력을 얻는 데 더 큰 관심을 보였다(Foulkes, McCrory 외, 2014). 또한, 대인관계–정서적 측면은 냉담하고 지배적인 특성을 보이는 가상의 인물에 대해 호감을 느끼고, 그 인물과 유사해지고 싶어 하는 욕구와도 관련이 있었다.

어두운 성격 3요소와 우정 추구 동기에 관한 연구는 비교적 적지만, 다음과 같은 시사점을 제공한다. 나르시시즘은 접근 동기(예: 재미를 추구하는 것)와 짝짓기 관심(예: 이성을 끌기 위해 매력적인 친구를 사귀는 것)과 관련이 있다. 마키아벨리니즘은 사회적 지위 상승에 도움이 되는 친구를 두는 것과 연관되며, 사이코패시는 친구를 성적 파트너를 얻는 수단으로 삼거나, 자신의 이익을 위해 타인을 지배하는 도구로 활용하는 것과 관련이 있다.

5.3 우정 관계의 선택 - 유사성인가, 착취인가?

우정 연구에서 흥미로운 질문 중 하나는 친구를 선택하는 초기 단계에서 성격 유사성이 어떤 영향을 미치는가 하는 점이다. 친구가 되는 사람들은 서로 비슷한가? 아니면 어두운 성격 3요소 성향이 강한 개인들이 자신에게 무언가를 제공할 수 있는 사회적 파트너, 예를 들어 인기 있고 외모가 뛰어나며 사교적인 친구들을 선택하는 것일까? 혹은 착취하고 조종하기 쉬운 사람을 선택해 관계를 맺는 것일까? 연구에 따르면, 특히 나르시시스트들은 처음에는 매력적인 친구로 보일 수 있지만, 시간이 지남에 따라 그들의 오만함과 과장된 자아로 인해 그 매력은 빠르게 사라진다. 그럼에도 불구하고 어두운 성격 3요소 성향을 지닌 개인들이 전혀 친구가 없는 것은 아니다. 이는 사람들이 그들과의 관계를 용인하게 만드는 특정한 특성이 존재함을 의미한다. 아마도 유사성이 우정에서 관용을 가능하게 하는 핵심 요인이 되어, 타인과 장기적인 유대로 이어지는 것일 수 있다.

실제로 세포 수준의 연구에서, 우정 네트워크를 형성하는 사람들이 도파민 수용체 유전자 DRD2의 동일한 변이체를 공유할 가능성이 더 높다는 사실이 밝혀졌다(Fowler, Settle, & Christakis, 2011). 이 유전자의 다양한 변이는 사이코패시뿐 아니라 감각 추구, 위험 감수, 약물 남용과 같은 행동과도 관련이 있는 것으로 보고되었다. 따라서 우정 네트워크가 형성될 때 '유유상종'의 원리가 적용된다는 주장은 충분히 설득력이 있으며, 이러한 유사성은 어두운 성격 3요소 특성을 가진 사람들에게서도 관찰될 수 있을 것이다.

이전 장에서는 연인 사이의 유사성 짝짓기(동종 선호 또는 유유상종 가설이라고도 함)의 측면을 다룬 바 있다. 연인 간의 결속력을 높이는 것과 마찬가지로, 유사성은 연애 감정이 없는 우정에서도 기능성과 친밀감을 높일 수 있다. 친구 사이의 유사성은 인간뿐만 아니라 침팬지에게서도 분명하게 관찰된다. 침팬지의 성격과 우정(개체들이 함께 앉아 있는 시간을 기준으로 측정)을 살펴본 마센(Massen)과 코스키(Koski)(2014)의 연구는, 침팬지들이 사교성과 대담성 수준에서 유사할 가능성이 더 크다는 사실을 발견했다. 이처럼 성격 특성의 유사성은 서로에 대한 관용을 증진시켜, 그 사람과의 접촉 가능성을 높일 수 있다.

어두운 성격 3요소와 둘만의 우정, 혹은 더 넓은 친구 집단 내에서의 성격 유사성에 관한 연구는 많지 않다. 마스(Maaß), 렘레(Lämmle), 벤쉬(Bensch) 및 치글러(Ziegler)(2016)의 연구에서는 독일의 체육학 전공 학생들(최소 2년 이상 친구로 지낸 사이)을 대상으로 친구 쌍의 어두운 성격 3요소 점수 유사성을 조사하였다. 그 결과, 친구 쌍은 어두운 성격 3요소의 모든 특성에서 유사한 경향을 보였다. 이는 장기적인 친구 관계에서 오래 함께하는 사람들이 사회적으로 혐오스러운 성격 특성에서도 비슷한 수준을 가질 가능성이 높다는 것을 보여준다. 특히 나르시시즘의 경우, 친구 사이의 유사성이 높을수록 성격 5요인(Big Five)에서도 비슷한 경향을 나타냈다. 이는 사회적으로 혐오스러운 성격 특성이 높은 사람들 사이에서 친구 관계가 유지되기 위해서는 외향성, 우호성과 같은 다른 성격 측면에서도 유사성이 필요할 수 있음을 시사한다.

장기적인 친구 관계에서 어두운 성격 3요소 특성의 유사성에 관한 연구는 많지 않지만, 사람들이 처음 서로를 알아가는 초기 상호작용에서 자기와 유사한 성격 특성을 가진 사람을 선호한다는 일부 증거가 있다. 연구에 따르면, 초기 상호작용에서 나르시시즘 성향이 강한 사람들은 자신과 비슷한 특성을 가진 사람들에게 더 관대하다. 반면, 나르시시즘 성향이 높지 않은 사람들은 처음에 나르시시즘 성향이 강한 사람들을 싫어하는 경향이 있다(Burton 외, 2017). 아마도 나르시시스트들은 장기적으로도 자신과 비슷한 성향을 가진 사람들과의 우정을 선호할 가능성이 있다. 나르시시즘 성향이 강한 사람들은 얕은 친밀감과 재미 추구가 특징인 사회적 관계에서 즐거움을 느낀다. 반면, 나르시시즘 성향이 강하지 않은 사람들은 이러한 피상적인 우정을 쉽게 받아들이지 않으며, 같은 성향이 높지 않은 사람들과 어울리는 것을 더 선호할 가능성이 있다.

친구 성격에 대한 선호는 성격 특성의 다른 수준에서도 나타날 수 있다. 일마리넨(Ilmarinen), 뢴크비스트(Lönnqvist) 및 파우노넨(Paunonen)(2016)은 핀란드 남성 사관생도들을 대상으로 조작성과 이기심에 대한 연구를 진행했다. 그들은 생도들에게 성격 검사를 실시한 뒤, 같은 소대 친구들의 성격 요인을 평가하고 그 친구의 호감도를 표시하게 했다. 참가자들은 알지 못했지만, 그들의 소대 동료들도 동일한 평가 과정을 수행했다. 연구진은 생도들 간의 상호 평가를 분석한 결과, 조작성과 이기심이 낮은 수준에서만 선호된다는 사실을 발견했다. 즉, 어두운 성격 특성에 대한 유사성 선호(homophily)는 존재하지만, 오직 정직성과 이타성과 같은 낮은 수준의 특성에서만 나타난다는 것이다. 이 결과는 네덜란드 대학 신입생들을 대상으로 성격 5요인이 친구 선택 과정에 미치는 영향을 조사한 또 다른 연구에서도 확인되었다. 그 연구에서는 우호성(어두운 성격 3요소와 부정적인 관계를 가지는 특성)이 높은 학생들이 자신과 비슷한 성향의 친구를 선택하는 경향이 있다는 사실이 발견되었다(Selfhout 외, 2010). 종합하면, 친절함, 협력성, 우호성이 높은 사람들은 자신과 유사한 특성을 가진 친구를 선호하는 반면, 더 이기적인 성향을 가진 사람들(즉, 어두운 성격 특성이 높은 사람들)은 친구가 친절한지 아닌지에 크게 신경 쓰지 않는다. 어두운 성격 3요소 성향이 낮은 수준에서 나타나는 이러한 동류 선호는 이타주의의 진화와 관련된 질문에도 흥미로운 함의를 제공한다. 아마도 이타주의가 진화적으로 유효한 전략일 수 있는 이유는, 이타주의자들이 서로를 선호하며 집단을 형성하고 상호적으로 도움을 주고받는 경향이 있기 때문일 것이다.

비록 어두운 성격 3요소의 특성을 모두 고려하여 성인 친구 간의 유사성을 살펴본 연구는 많지 않지만, 아동과 청소년을 대상으로 한 다수의 연구에서는 반사회적 특성(예: 비행, 괴롭힘)이 친구 네트워크 내에서 유사하게 나타난다는 사실을 확인했다. 예를 들어, 청소년기의 사이코패시는 또래의 일탈 행동, 낮은 우정의 질, 그리고 친구와 함께 범죄를 저지를 가능성과 상관관계가 있는 것으로 나타났다(Munoz, Kerr, & Bsic, 2008). 그러나 사람들이 자신이 사귀는 친구들에 의해 영향을 받아 점차 비슷해질 가능성도 존재한다. 비행 청소년들의 사이코패시, 또래 비행, 사회적 유대의 질을 종단적으로 살펴본 한 연구에서는, 친구 관계의 질이 높은 청소년들은 장기적으로 사이코패스 점수가 낮아졌으며, 반대로 반사회적 행동 수준이 높은 친구를 둔 청소년들은 더 높은 사이코패스 성향을 보였다(Backman, Laajasalo, Jokela, & Aronen, 2018). 이 결과는 초기에는 개인들이 친구와 유사한 특성과 행동(예: 사이코패시와 비행)을 보일 수 있지만, 만약 친구 관계의 질이 높다면 시간이 지나면서 사이코패시가 감소할 수 있음을 시사한다. 그럼에도 불구하고, 어린 시절 친구의 특성과 성인기에 우리가 맺는 인간관계 간의 발달 경로에 대해서는 아직 충분히 밝혀지지 않았다.

전반적으로 이러한 연구들은 "어두운 깃털의 새들"이 반드시 의도적으로 함께 모이는 것은 아님을 보여준다. 어두운 성격의 특성을 가진 사람들은 유사한 특성을 다른 사람들만큼 불쾌하게 여기지 않을 수 있지만, 그렇다고 해서 친구에게서 그러한 특성을 더 선호한다고 보고하지는 않는다. 즉, 유사성에 대한 적극적인 선호는 어두운 성격 3요소 특성이 낮은 수준에서 더 두드러진다. 이는 스스로 친절하고 정직하며 배려심 있는 특성을 가진 사람들이, 유사한 특성을 지닌 잠재적 친구에게 더 강하게 끌리게 된다는 것을 의미한다.

5.4 인기

인기는 사회 집단에 속하고자 하는 인간의 근본적인 욕구에서 중요한 측면을 차지한다. 인기 있는 사람들은 다른 사람들이 우선적으로 어울리고 싶어 하거나, 혹은 호감을 가지는 사람들이다. 이 두 가지는 상호 배타적이지 않다. 때로는 어떤 사람이 다른 사람들의 호감 때문이 아니라, 카리스마로 인해 사람들을 끌어들이기 때문에 인기를 얻기도 한다. 예컨대 학교에서 마키아벨리니즘적 괴롭힘을 일삼는 학생이 인기를 끄는 이유는 사람들이 그를 좋아해서가 아니라, 그가 가진 영향력과 카리스마 때문이다. 실제로, 인기에 관한 이론들(학교에서의 아동 사회

네트워크를 기반으로 한)은 두 가지 유형의 인기 있는 또래를 제시한다. 하나는 '대중적 인기(populistic)'로, 인기 있지만 반드시 다른 사람들에게 호감을 얻거나 좋아하는 것은 아닌 경우이고, 다른 하나는 '친사회적 인기(prosocial popular)'로, 다른 사람들에게 호감과 인정을 받으며 인기를 얻는 유형이다(De Bruyn & Cillessen, 2006). 인기에 관한 대부분의 연구는 아동을 대상으로 이루어졌으며, 성인에 대한 연구는 상대적으로 부족하다. 어두운 성격 3요소의 반사회적 특성을 고려할 때, 이러한 사람들이 인기를 얻는다면 그것은 친사회적이라기보다는 대중적 인기, 즉 다른 사람들에게 호감을 얻기보다는 그들의 카리스마나 영향력에 기반한 인기일 가능성이 크다.

사회 집단 내에서 인기를 연구하는 일은 쉽지 않다. 인기는 개인의 성격, 나이, 기술, 지위와 같은 내부 요인뿐만 아니라 집단 역학과 관련된 외부 영향력에 의해서도 결정되기 때문이다. 예를 들어, 어떤 사람은 집단 내에서 단지 다른 구성원이 그를 성가시게 여긴다는 이유만으로 미움을 받을 수 있다. 성인에 대한 연구의 대부분은 이러한 사회적 네트워크의 복잡성을 고려하지 않고, 주로 이원적 수준(dyadic level)에서 인기를 조사해 왔다.

아동의 마키아벨리니즘과 인기에 관한 연구 결과는 마키아벨리니즘 성향이 강한 아이들이 동시에 인기가 있기도 하고(Abell 외, 2015; Hawley, 2003), 인기가 없기도 하다는 점을 보여준다(Abell 외, 2015). [Box 5.1]에 소개된 패트리샤 홀리(Patricia Hawley)는 마키아벨리니즘 성향을 가진 아동들이 긍정적 특성과 부정적 특성을 모두 지니고 있으며, 상황에 따라 친사회적 행동과 공격적 행동을 오가며 전략을 전환할 수 있는 능력을 가지고 있다고 제안했다.

아벨(Abell) 외(2015)는 9세에서 11세 사이 아동들의 학교 운동장에서의 상호작용을 관찰했다. 그 결과, 마키아벨리니즘 성향이 강한 남자아이들은 또래와의 관계에서 공격적 전략과 친사회적 전략을 복합적으로 사용하는 것으로 나타났다. 이들은 한편으로는 다른 아이들을 놀이 집단에 받아들이며 친사회적 행동을 보였지만, 동시에 직접적 공격(예: 신체적 공격)과 간접적 공격(예: 따돌림)도 높은 수준으로 나타냈다. 마키아벨리니즘 성향이 강한 남자아이들은 또래에게 인기가 있었고, 다른 집단에도 더 자주 받아들여졌다. 반면, 마키아벨리니즘 성향이 강한 여자아이들은 더 냉담하고 인기가 적은 모습을 보였다. 그들은 또래가 자신의 집단에 들어오려 할 때 이를 수용하거나 거절하는 경우가 드물었고, 새로운 집단에 합류하려고 시도할 때도 다른 아이들에게 받아들여질 가능성이 낮았다. 이러한 성별 차이는 흥미로운데, 이는 마키아벨리니즘 성향을 가진 여자아이들보다는 남자아이들이 또래 집단에서 더 높은 인기를 얻는다는 것을 시사한다. 앞서 언급했듯이, 성인 친구 네트워크에서 마키아벨리니즘이 인기에 미치는 영향은 아직 잘 알려져 있지 않으며, 이는 향후 연구에서 주목해야 할 과제이다.

BOX 5.1 패트리샤 홀리(Patricia Hawley) 교수

텍사스 공과대학교 교육심리학 및 리더십 교수인 패트리샤 홀리(Hawley)는 아동과 성인의 사회적 관계 발달에 관한 진화 이론과 연구를 발전시키는 데 중요한 기여를 해왔다. 그녀의 핵심 이론 중 하나인 자원통제이론(Resource Control Theory, RCT)은 공격적 전략과 친사회적 전략을 진화론적 관점에서 설명한다. 자원통제이론에 따르면, 우정은 장기적인 협력적 동맹을 형성함으로써 자원에 대한 접근을 확대하는 적응적 수단이다. 그러나 자원 통제에는 또 다른 경로도 있는데, 바로 강압과 공격이다. 홀리 교수의 연구는 부정적인 우정 행동을 병리적이거나 비정상적인 것이 아니라 적응적인 것으로 이해하는 데 중요한 역할을 해왔다.

홀리(Hawley) 교수의 연구에 따르면, 개인은 타인과 교류할 때 친사회적 전략과 강압적 전략을 어떤 조합으로 사용하는지에 따라 구분될 수 있다. 일부 사람들은 두 전략을 모두 능숙하게 활용하는데, 이들을 이중 전략 통제자(bistrategic controllers)라고 부른다. 이중 전략 통제자는 사회적 관계에서 강압적 전술과 친사회적 전술을 모두 익힌 아동(또는 성인)으로, 사회적 규범과 도덕성에 대한 이해는 높지만 내면화된 양심은 부족한 경우가 많다. 이들은 도덕적 위반 이후에도 낮은 수준의 죄책감을 보일 수 있다. 많은 측면에서 이중 전략 통제자들은 마키아벨리니즘과 1차적 사이코패시의 특징을 공유하며, 조종과 아첨을 활용해 사회적 환경에서 능숙하게 움직인다. 친사회적 전략과 강압적 전술을 모두 능란하게 사용하는 것은 사회적 유능성뿐 아니라 물질적·사회적 성공과도 밀접하게 연관된다.

홀리(Hawley)(2003)의 연구에서는 1,700명 이상의 독일 청소년을 대상으로, 친사회적 전략(예: "나는 보답으로 무언가를 함으로써 다른 사람에게 영향을 미친다")에서 강압적 전략(예: "나는 보통 다른 사람들이 내가 원하는 대로 하도록 강요한다")에 이르기까지 다양한 전략의 사용 빈도를 조사하였다. 또한 참가자들이 스스로 보고한 사회적 기술을 측정했으며, 또래와 교사들에게는 그들의 전략 사용, 인기도, 사회적 기술 등에 대해 평가하도록 요청하였다. 그 결과, 이중 전략 통제자(즉, 마키아벨리니즘 성향이 강한 아이들)는 또래들로부터는 공격적이라는 평가를 받았지만, 교사들에게는 그렇지 않았다. 이는 그들이 권위적 인물에게는 강압적 전략을 교묘히 숨길 수 있는 능력이 있음을 시사한다. 이들은 또래 집단 내에서 사회적 적응이 뛰어나고, 사회적 기술을 잘 활용하며, 높은 인기를 누리는 인물로 평가되었다.

이 맥락에서 마키아벨리니즘은 "잘 지내기(getting along)"와 "앞서 나가기(getting ahead)" 사이에서 (아마도) 신중하게 균형을 맞추는 효과적인 접근 방식을 의미한다. 이러한 아이들은 자신이 공격적이라는 사실을 인정하고(가장 공격적이라고 함), 적대적이라고 주장하며, 학교에서 부정행위를 저질렀다고 고백한다. 또래들 역시 유사한 관점에서 이들을 평가하며, 그들을 학교 운동장에서 가장 공격적인 아이들이라고 보고하였다. 그럼에도 불구하고, 이들은 능력이 뛰어나고 사회적으로 중심적인 인물로 여겨지며, 상당히 인기가 있는 것으로 나타났다(Hawley, 2003, p. 239).

추천 참고문헌

Hawley, P. H. (2014). The duality of human nature: Coercion and prosociality in youths' hierarchy ascension and social success. *Current Directions in Psychological Science, 23*(6), 433–438.

나르시시즘과 인기에 대한 관심은 특히 젊은 성인들을 대상으로 많이 연구되어 왔다. 나르시시즘은 새로운 친구들과의 첫 만남에서부터 개인이 친구 그룹 내에서 얻게 되는 호감도와 지위에 영향을 미칠 수 있는 성격 특성이다. 칼슨(Carlson)과 데자르댕(DesJardins)(2015)은 지위(다른 사람들로부터 받는 중요성, 영향력, 존경)와 인기(다른 사람들에게 얼마나 호감을 받는지)에 대해 세 가지 패턴을 설명했다. 이들은 각각 유지(Maintenance) 패턴, 쇠퇴(Waning) 패턴, 무효(Null) 패턴이다. 유지 패턴에 따르면, 나르시시스트는 친구들 사이에서 지위와 인기를 얻을 수 있을 뿐 아니라, 시간이 지나도 이를 유지할 수 있어야 한다. 쇠퇴 패턴은 나르시시스트가 처음에는 지위와 인기를 얻지만, 시간이 지남에 따라 그들의 매력이 줄어들어 친구들로부터 덜 호감과 존경을 받게 된다고 예측한다. 나르시시즘 성향을 가진 사람들은 다른 사람들의 관심을 끌기 위해 노력하며, 종종 센스 있는 농담을 하거나 깔끔한 옷차림을 하고, 유쾌한 동작과 표정을 사용하여 겉으로 보기에는 우월해 보이는 사회적 기술을 드러낸다(Back, Schmuckle, & Egloff, 2010). 단기적으로 다른 사람들은 종종 나르시시스트의 쇼맨십에 매력을 느낀다. 그러나 장기적인 관계에서는 이들의 자아중심적이고 이기적인 행동 패턴이 결국 반감을 불러일으킬 수 있다. 마지막으로, 무효과 패턴은 나르시시즘이 친구를 사귀고 유지하는 데 특별한 역할을 하지 않으며, 인기와 지위 모두와 관련이 없다고 본다. 무효 패턴은 나르시시즘의 긍정적 측면(예: 외향성, 매력)과 부정적 측면(예: 적대감, 과장된 자아)이 서로 상쇄되어 나타날 수 있다. 일부 실험적 증거에 따르면, 나르시시즘은 인기와 관련된 긍정적 경로와 부정적 경로 모두와 관련이 있으며, 이는 나르시시스트가 처음 만난 사람들에게 호감과 반감을 동시에 불러일으킬 수 있음을 시사한다(Küfner, Nestler, & Back, 2013). 나르시시스트를 자신감 있는 사람으로 보는 사람들은 그를 좋아할 수 있고, 적대적이라고 보는 사람들은 그를 싫어할 것이다. 이러한 두 가지 상반된 반응은 통계적으로 결과가 무효 효과(null findings)로 나타날 가능성을 높인다.

서로 친해지는 초기 과정에서 어두운 성격 3요소 특성에 대한 연구가 있다. 존 라우트만(John Rauthmann)(2012)의 실험실 연구에서는 대학생들을 2인 1조로 구성하여 "NASA 게임"을 수행하게 했다. 이 게임은 달에서 기지로 돌아가기 위해 필요한 물품들의 중요도를 정하는 과제였다. 협력 활동 후 참가자들은 상호작용의 특성을 평가하고, 자신의 성격과 상호작용한 파트너의 성격에 관한 설문을 작성했다. 연구 결과, 나르시시즘 성향이 강한 사람들은 새로운 지인들에게 특별히 긍정적이거나 부정적인 인상을 주지 않았다. 이는 인기의 무효과 패턴을 지지하는 결과로 해석될 수 있다. 그러나 이 무효과 패턴이 호감과 반감이 상쇄된 결과인지, 아니면 나르시시즘이 협력적 상호작용에서 중립적 평가로 이어지는 것인지는 결과만으로는 명확하지 않았다. 반면, 마키아벨리니즘과 사이코패시 성향에 대한 결과는 나르시시즘과 뚜렷하게 달랐다. 이 두 성향은 초기부터 부정적인 인상과 반감을 불러일으켰다. 즉, 마키아벨리니즘이나 사이코패시 성향이 강한 사람들의 행동에는 새로운 친구를 사귀기에 이상적인 상황에서도 낮은 인기와 반감을 유발하는 요인이 존재했다.

나르시시즘이 초기의 인기나 중립적 호감과 관련이 있든 없든, 나르시시즘 성향이 가진 매력적인 겉모습은 오래 지속되지 않는 것으로 보인다. 이 주제에 대한 일부 연구는 쇠퇴(Waning) 패턴을 뒷받침한다. 안나 차르나(Anna Czarna)와 동료들은 나르시시즘 성향을 가진 개인들의 시간에 따른 인기도와 특정 시점에서의 인기도를 조사했다. 그들의 연구는 소셜 네트워크 분석 방법을 활용하여 더 큰 또래 네트워크에서 성격과 인기도를 분석했다. 한 연구에서는 폴란드 대학생들을 대상으로 스터디 그룹 내에서 좋아하는 친구와 좋아하지 않는 친구를 지명하도록 요청했다. 또한, 연구자들은 학생들의 웅대한 나르시시즘과 취약한 나르시시즘을 측정했다. 이 연구의 출발점은 일부 개인이 단순히 인기가 낮은 것(즉, 다른 사람에게 무관심하게 여겨지는 것)에 그치지 않고, 다른 사람들에게 적극적으로 비호감을 살 수도 있다는 가정에 있었다. 취약한 나르시시즘은 낮은 자존감과 관련이 있으며, 사회적 네트워크에서 눈에 덜 띄는 경향이 있기 때문에, 연구자들은 취약한 나르시시즘이 사회적 관계망에서 보이지 않는 존재가 되어 호감 가는 또래로 지명될 가능성이 낮을 것이라고 예상했다. 반면, 웅대한 나르시시즘이 강한 사람들이 보이는 과시적 행동은 장기적으로 타인에게 짜증을 유발하여, 비호감으로 지명될 가능성이 더 높을 것이라고 보았다.

차르나(Czarna), 뒤프너(Dufner) 및 클리프턴(Clifton)(2014)의 연구 결과는 취약한 나르시시즘이 집단 내에서 더 적은 수의 구성원들에게만 호감을 받는다는 점에서 낮은 인기도와 관련이 있음을 보여준다. 또한, 취약한 나르시시즘의 반사회적이고 내향적인 성향은 그들 스스로도 네트워크 내에서 다른 사람들을 덜 좋아하는 모습으로 나타났다. 웅대한 나르시시즘은 비호감으로 지명되는 횟수 증가와 관련이 있었는데, 이는 그들이 학습 집단 내에서 다른 사람들에게 적극적으로 비호감을 사고 있음을 의미한다. 흥미롭게도, 두 유형의 나르시시즘 모두 관계망에서 비호감의 중심적 위치를 차지했다. 즉, 서로를 비호감으로 여기지 않는 다른 그룹 구성원들조차 나르시시즘 성향이 강한 사람들을 비호감으로 인식했다. 요약하면, 나르시시즘 성향이 강한 사람들은 관계 내에서 타인에게 비호감의 중심에 있었다. 이러한 결과는 나르시시즘의 인기가 시간이 지나면서 쇠퇴하고, 확립된 친구 네트워크에서 인기를 유지하는 데 기여하지 못한다는 쇠퇴 패턴을 뒷받침한다.

차르나(Czarna), 라이펠트(Leifeld), 스미에야(Śmieja), 뒤프너(Dufner) 및 살로베이(Salovey)(2016)의 또 다른 연구에서는 대학생들을 대상으로 새로운 사회적 네트워크가 형성되는 초기(즉, 서로 전혀 모르는 상태)와 3개월 후에 나르시시즘과 정서 지능이 미치는 영향을 조사했다. 이들은 나르시시즘뿐 아니라 정서 지능이 시간이 지남에 따라 친구 집단 내 인기에 어떤 영향을 주는지를 탐구하는 데 관심을 가졌다. 연구 결과, 나르시시즘과 정서 지능 모두 인기를 예측하는 중요한 요인으로 나타났다. 나르시시즘 성향이 강한 사람들은 첫 만남에서는 또래로부터 더 많은 지명을 받았지만, 3개월 후에는 지명 수가 줄어들었다. 이러한 결과는 나르시시즘이 처음에는 매력적으로 보일 수 있으나, 시간이 지나면서 사회적으로 혐오스러운 측면 때문에 인기가 감소할 가능성이 있다는 점을 시사한다. 반면 정서 지능은 장기적인 인기에서 중요한 역할을 했는데, 정서 지능이 높은 사람들은 3개월 동안 인기가 증가했다. 이는 타인의 감정을 이해하고 조절하는 능력뿐만 아니라 자신의 감정을 잘 다스리는 능력이 인기를 결정짓는 핵심 요소가 될 수 있음을 보여준다.

인기라는 것도 상호적인 과정이라는 점을 기억하는 것이 중요하다. 누가 누구를 좋아하는지는 양쪽 당사자의 성격에 따라 달라질 수 있다. 어두운 성격 3요소 성향이 강한 사람들은 그들의 사회적 관계망 안에서 큰 인기를 얻지 못할 수 있지만, 같은 성향을 강하게 가진 사람들에게는 어느 정도 용인되거나 심지어 호감을 받을 수도 있다. 예를 들어, 램킨(Lamkin), 메이플스-켈러(Maples-Keller) 및 밀러(Miller)(2018)의 연구에서는, 일반적으로 사람들은 어두운 성격 3요소 특성(특히 적대성)이 강한 사람들을 비호감으로 평가했지만, 이 성향이 강한 사람들끼리는 서로를 그렇게까지 싫어하지 않는 경향이 있음이 밝혀졌다. 이러한 결과는 버튼(Burton) 외(2017)의 연구와도 일치한다. 그 연구에서는 나르시시즘 성향이 강한 사람들이 그렇지 않은 사람들에 비해 나르시시즘을 덜 싫어한다는 점이 보고되었다. 따라서 어두운 성격 3요소 성향이 강한 사람들은 친구들 사이에서 자신과 유사한 특성을 더 잘 수용할 가능성이 있다.

성격 5요인 특성 중 하나인 우호성은 초기 만남에서의 인기뿐만 아니라 장기적인 우정에서의 인기 측면에서도 연구자들의 관심을 받아왔다. 우호성은 어두운 성격 3요소 연구와도 관련이 있는데, 비우호적인 사람들이 어두운 성격 점수가 높게 나타나는 경향이 있기 때문이다. 우호적인 사람들의 따뜻함과 친절함은 첫 만남에서 즉각적으로 다른 사람들을 강하게 끌어들이지 않을 수도 있다. 그러나 장기적으로 볼 때, 우호적인 사람들은 우정 네트워크 연구에서 더 많은 지명을 받고, 큰 규모의 안정적 관계망을 유지하는 경향이 있다. 이는 다른 사람들이 그들과 함께하는 것을 선호하기 때문이다(Harris & Vazire, 2016). 따라서 성공적인 장기적 관계 형성에 있어, 어두운 성격 3요소의 핵심 특성인 비우호성은 분명히 방해 요인으로 작용하는 것으로 보인다.

5.5 우정 관계에서의 전략

사람들은 새로운 친구를 사귀거나 기존의 우정을 유지하기 위해 다양한 전략을 사용한다. 이러한 전략은 상대방에게 영향을 주기 위해 자아 개방, 칭찬, 선물과 같은 온화한 방법을 사용하는 것부터, 괴롭힘, 괴롭히기, 험담 등 자신에게 유리하게 작용하기 위한 공격적인 방법까지 다양하다. 다른 사람과 가까워지기 위한 한 가지 중요한 전략은 자기 개방이다. 자기 개방은 자신의 개인적인 이야기를 밝히는 것으로, 이는 사람들을 하나로 묶고 친밀감을 형성하는 효과적인 방법이 될 수 있다. 자기 개방은 깊이 있게 이루어질 수 있는데, 예컨대 자신의 두려움,

희망, 과거의 중요한 사건들을 드러내는 경우가 있다. 또한 음식, 음악, 미디어 취향과 같은 비교적 사소한 개인적 정보를 공유하는 방식으로 나타나기도 한다. 자기 개방은 이미 형성된 우정 관계에서는 긍정적인 영향을 주지만, 새로운 관계에서는 신뢰를 얻기 위한 조작적 도구로 사용될 수도 있다. 즉, 충분히 서로를 알아갈 기회를 갖지 못한 상황에서 상대방의 신뢰를 얻어내고 이를 바탕으로 조종하는 방식으로 악용될 가능성도 있다.

자기 개방은 새로운 사람과의 관계에서 더 빠르게 친밀감을 형성할 수 있는 조작적 도구가 될 수 있다. 이는 친밀한 자기 개방을 하는 사람들이 다른 이들로부터 더 많은 호감을 얻기 때문이다. 그러나 사람들은 우정의 단계에 따라 자기 개방의 적절한 수준에 민감하게 반응한다. 초기 단계에서는 사소한 자기 개방이 더 적절하며, 보다 개인적인 정보는 시간이 지나 우정이 깊어지면서 공유되는 경우가 일반적이다. 만약 누군가가 너무 많은 정보를 너무 이른 시점에 공개한다면, 이는 오히려 의심을 불러일으켜 상대방을 멀어지게 만들 수 있다.

자기 개방에 관한 연구는 주로 마키아벨리니즘에 초점을 맞추어 왔다. 이는 이 특성이 지닌 계산적이고 정치적인 대인관계 전략과 연관되어 있기 때문일 것이다. 초기 실험 연구들에서는 낯선 사람들 간의 자기 개방에 마키아벨리니즘이 어떤 영향을 미치는지 탐구하였다. 흥미롭게도, 여러 연구에서 마키아벨리니즘 성향이 강한 여성(남성은 아님)은 낯선 사람에게 개인적인 정보를 더 쉽게 공개하는 경향이 있음이 발견되었다(Brown & Guy, 1983; Domelsmith & Dietch, 1978; O'Connor & Simms, 1990). 이러한 결과는 마키아벨리니즘 성향이 강한 여성들이 자기 개방을 타인을 통제하기 위한 전략으로 활용할 수 있다는 해석을 가능하게 한다. 친밀감과 자기 개방은 여성 간 관계에서는 흔한 특성이지만, 남성들 사이에서는 새롭게 알게 된 사람이 지나치게 많은 개인 정보를 공개할 경우 더 큰 의심을 불러일으킬 수 있다. 따라서 자기 개방은 마키아벨리니즘적 남성들보다 마키아벨리니즘적 여성들이 새로운 친구와 가까워지는 데 더 유용한 전략일 가능성이 있다.

안타깝게도, 어두운 성격 3요소와 자기 개방이 새로운 친구를 사귀고 기존 우정을 유지하기 위한 전략으로 어떻게 작동하는지에 대한 연구는 부족하다. 어두운 성격의 세 가지 특성 모두가 우정 초기 단계에서 자기 개방의 양에 영향을 미칠 가능성이 있다. 자기 개방은 다른 사람들과 가까워지거나 더 많은 친구를 얻기 위한 조작적 전략으로 사용될 수 있다. 그러나 장기적으로는 자기 개방이 우정에서 차지하는 비중이 줄어들 수 있다. 어두운 성격 3요소 성향을 보유한 사람들의 우정 양식은 덜 친밀하고 보다 도구적이기 때문에, 자신의 중요한 정보를 공개할 가능성은 낮다. 다만, 친구의 동정심을 얻어 무언가를 획득하기 위한 수단으로 활용될 때는 예외가 될 수 있다. 자기 개방은 우정을 형성하고 유지하는 데 중요한 요소이며, 향후 부정적 성격과 우정 전략에 관한 연구에서 더 많은 주목을 받을 필요가 있다.

사람들이 친구 관계에서 사용하는 더 부정적인 전략들도 있다. 그중 하나가 관계적 공격(또는 간접적 공격)인데, 이는 상호 관계뿐 아니라 더 넓은 사회적 네트워크에서도 사용되는 흔한 공격적 우정 전략이다. 관계적 공격은 위협, 배척, 험담과 같은 사회적 조작을 통해 친구의 지위나 평판을 손상시키려는 목적을 가진다. 관계적 공격은 직접적인 공격과는 달리 훨씬 더 미묘하며, 피해자에게 심리적으로 큰 상처를 주지만 이를 감지하기 어려운 경우가 많다. 일상적인 표현에서, 이러한 관계적 공격을 사용하는 친구들은 '프레너미(frenemy, 친구이자 적)'라고 불리며, 이들과의 관계는 긍정적이면서 동시에 부정적인 양면적 관계로 분류된다. 어두운 성격 3요소 성향이 강한 사람들은 독성이 있지만 여전히 친구로 분류되는 '프레너미'의 적합한 후보라고 할 수 있다.

우정에서 관계적 공격을 사용하는 이유는 다양하며, 이는 친구들의 성격과 관계의 역동에 따라 달라진다. 연구에 따르면, 관계적 공격을 유발하는 요인은 도발에 대한 반응으로 공격하는 경우부터 외부 자극이 없음에도 적극적으로 공격하려는 경우까지 다양하다. 반응적 공격은 친구로부터 위협을 인지했을 때 나타나는 적대적이고 방어적인 반응으로, 실제 혹은 지각된 도발에 의해 발생한다. 예를 들어, 반응적 공격을 하는 사람은 친구가 자신을 곤란한 상황에 빠뜨렸다고 생각할 때, 그 친구를 자신의 소셜 네트워크에서 차단하는 방식으로 대응할 수 있다.

능동적 공격은 보다 의도적이고 계획된 행동으로, 도발이 필요하지 않다. 선제적 공격을 사용하는 사람은 친구의 손해를 대가로 무언가를 얻기 위한 도구로 이를 활용한다. 예를 들어, 사회적 관계에서의 지위나 권력을 높이기 위해서이다. 한 가지 예로, 인기 있는 고등학생 소녀가 친구를 자신의 지위를 위협하는 존재로 인식하여 그 친구를 친구 집단에서 배제하는 방식으로 따돌리는 경우가 있다. 이러한 유형의 공격은 청소년과 젊은 성인들이 즐겨보는 영화나 TV 시리즈에서 자주 묘사된다(Coyne & Archer, 2004). 관계적 공격과 그 다양한 형태는 청소년과 아동의 우정 관계에서 광범위하게 연구되었지만, 성인 집단에서는 상대적으로 덜 연구되어 있다.

성인을 대상으로 관계적 공격과 어두운 성격의 세 가지 특성을 함께 조사한 연구는 드물다. 그중 하나인 나이트(Knight), 달렌(Dahlen), 불록-요웰(Bullock-Yowell) 및 매드슨(Madson)(2018)의 연구에서는 대학생들을 대상으로 성격 5요인뿐만 아니라 마키아벨리니즘, 사이코패시, 그리고 취약한 나르시시즘과 웅대한 나르시시즘이 공격성에 미치는 영향을 살펴보았다. 이 연구에서는 반응적 공격성과 능동적 공격성을 구분하여 관계적 공격성을 측정했다. 흥미롭게도, 연구 결과 웅대한 나르시시즘 성향이 강한 사람들은 친구들에게 관계적 공격 전략을 거의 사용하지 않는 것으로 나타났다. 웅대한 나르시시스트들은 대인관계에서 더 안정감을 느끼기 때문에 친구들에게 부정적인 영향을 끼칠 필요성을 느끼지 않는다. 반면, 취약한 나르시시즘과 사이코패시 성향이 강한 사람들은 능동적 공격과 반응적 공격을 모두 사용할 가능성이 더 높았다. 취약한 나르시시즘은 친구 관계에서 사회적으로 해로운 전략을 사용하는 중요한 요인으로 보이며, 이는 낮은 자존감과 사회적 관계 속 자신의 위치에 대한 불안감에서 비롯된 적대감이 동기가 될 수 있다. 사이코패시 성향이 강한 사람들의 경우, 관계적 공격성은 단순한 악의나 타인을 지배하고 통제하려는 욕구에서 비롯될 가능성이 크다.

또 다른 연구에서 차르(Czar), 달렌(Dahlen), 불록(Bullock) 및 니콜슨(Nicholson)(2011)은 대학생들과 그들의 친구 관계에서 1차적, 2차적 사이코패시가 관계적 공격성을 촉진하는 데 어떤 역할을 하는지 조사했다. 참가자들에게는 친구에 대한 소문 퍼뜨리기와 같은 전술 사용 여부를 물었고, 그 결과 냉정하고 무감각한 성향과 위험 감수를 즐기는 충동적인 성향이 모두 관계적 공격성의 사용 증가와 관련이 있다는 사실이 밝혀졌다. 이러한 발견은 가까운 사회적 유대 속에서 '프레너미(frenemy)' 역할을 하는 사람들이 사이코패시와 그 하위 특성이 높은 이들일 가능성이 크다는 주장을 강화한다.

감정적 조작은 우정 관계에서 흔히 사용되는 또 다른 유해한 전략으로, 이는 주로 간접적이고 계획적인 관계적 공격성의 일부로 나타난다. 감정적으로 조작하는 사람들은 친구에게 죄책감을 심어주어 스스로를 '나쁜' 친구라고 느끼게 만들려 한다. 또한 그들은 질투를 유발하기 위해 여러 방식을 활용할 수 있다. 예컨대 다른 사람들과 시간을 보내고 그 사실을 친구가 알도록 하거나(인터넷과 소셜 미디어의 등장으로 더욱 쉬워진), 다른 사람들을 지나치게 칭찬하는 방식이다. 이들은 친구를 당황스럽게 만들거나 부끄럽게 하고, 다른 사람들 앞에서 친구를 깎아내리는 데에도 주저하지 않는다. 그러나 감정적 조작에는 아첨이나 칭찬과 같은 전술도 포함되며, 이는 친구로 하여금 조작하는 사람을 위해 무언가를 하도록 만드는 저렴한 전략으로 사용될 수 있다. 감정적으로 조작하는 사람들은 친구들 사이에서 서로를 이간질시키거나 갈등을 일으키는 능력을 지니고 있어, 우정 네트워크에 상당한 해를 끼칠 수 있다.

우정에서의 감정적 조작은 주로 자기보고식 설문을 통해 연구되어 왔다(Austin, Farrelly, Black, & Moore, 2007). 엘리자베스 오스틴(Elizabeth Austin)과 동료들이 개발한 척도는 '나는 누군가에게 칭찬을 하여 그들의 호감을 얻을 수 있다' 혹은 '나는 누군가를 불안하게 만들어 특정한 방식으로 행동하게 할 수 있다'와 같은 문항에 대해 응답자가 얼마나 동의하는지를 평가한다. 이 도구의 초기 타당화 연구에서 연구자들은 마키아벨리니즘 성향이 강한 사람들이 감정적 조작 문항에 더 동의하는 경향이 있음을 발견했으며, 동시에 정서 지능(즉, 타인과 자신의 감정을 이해하고 조절하는 능력) 수준은 낮게 나타났다. 이는 타인의 감정을 이해하는 능력이 반드시 감정적 조작의 성공에 필수적인 것은 아니거나, 마키아벨리니즘 성향을 지닌 사람들이 감정적 조작을 시도할 때 실제로는 그다지 성공적이지 않을 수 있음을 시사한다.

다른 연구에서도 마키아벨리니즘과 관련해 비슷한 결과가 나왔지만, 사이코패시와 나르시시즘에 대해서는 다른 결과가 나타났다. 나글러(Nagler), 라이터(Reiter), 푸르트너(Furtner) 및 라우트만(Rauthmann)(2014)은 어두운 성격 3요소와 감정적 조작, 그리고 '사회정서지능(socioemotional intelligence)'의 관계를 탐구했다. 사회정서지능은 자신의 감정을 조절하고 표현하는 능력, 타인의 감정을 이해하는 능력, 타인과의 사회적 상호작용 능력 등 여섯 가지 하위 요소로 나뉘었다.

연구 결과 마키아벨리니즘 성향은 감정적 조작을 더 많이 사용하려는 경향과 관련이 있었지만, 이들은 사회정서 기술이 부족했다. 아마도 마키아벨리니즘 성향의 사람들은 단지 "어둠 속에서 총을 쏘며", 이러한 행동의 결과가 친구 관계의 역동에 어떤 영향을 미칠 수 있는지에 대한 이해 없이 감정적 조작을 일종의 기본 전략으로 사용하는 것일 수 있다. 그러나 해당 연구 결과는 나르시시즘과 사이코패시는 마키아벨리니즘과는 상당히 다름을 나타냈다. 이 두 성향(나르시시즘과 사이코패시)은 감정적 조작을 더 많이 사용하는 것과 관련이 있었고, 다만 나르시시즘은 자기보고식 평가로 측정한 사회정서지능 수준이 더 높게 나타났다. 조절 분석에서 나르시시즘과 사이코패시는 감정 지능과 감정적 조작 간의 관계를 조절하는 것으로 나타났다(Nagler 외, 2014). 즉, 나르시시즘과 사이코패시는 '어두운 지능'의 한 예라고 볼 수 있다. 이는 감정 지능이 감정적 조작에 유용하며, 특히 나르시시즘과 사이코패시 성향이 강한 사람들이 이를 효과적으로 활용한다는 것을 시사한다.

감정적 조작이 특히 우정에서 유용할 수 있는 기술임에도 불구하고, 어두운 성격 3요소의 모든 성향을 감정적 조작과 관련지어 명확하게 조사한 연구는 많지 않다. 하지만 여러 연구에서 마키아벨리니즘과 여성 간의 우정에서 감정적 조작의 관계를 탐구해왔다. 아벨(Abell), 브루어(Brewer), 퀴커(Quaker) 및 오스틴(Austin)(2016)의 연구에서는 온라인으로 모집된 여성들에게 가장 친한 친구와의 감정적 조작 경험에 대해 질문했다. 이 연구는 참가자가 감정적 조작의 가해자이자 피해자인 경우 모두를 조사했다. 흥미로운 점은, 마키아벨리니즘 성향이 강한 여성들은 자신이 감정적으로 조작당했다고 인식하는 경향이 있었다는 것이다. 이 결과는 마키아벨리니즘과 관련된 의심 많은 성향과도 일치한다. 이러한 발견에 대한 몇 가지 가능한 설명이 있다. 마스(Maaß) 외(2016)의 친구 유사성 연구를 참고하면, 마키아벨리니즘 성향이 강한 여성들은 자신과 비슷한 성향을 가진 친구를 사귀며, 따라서 서로 감정적 조작을 더 많이 사용할 가능성이 있다. 또 다른 설명은 마키아벨리니즘 성향의 사람들이 필요 이상으로 타인에 대해 의심이 많다는 점이다. 이러한 과도한 의심은 실제로 친구가 감정적 조작을 하지 않더라도 조작당했다고 잘못 인식하는 결과로 이어질 수 있다.

아벨(Abell)과 동료들은 마키아벨리니즘 성향이 강한 여성들이 감정적 조작 전략을 더 자주 사용하는지, 그리고 자신들이 이러한 조작을 얼마나 잘한다고 생각하는지에 관심을 가졌다. 연구 결과, 마키아벨리니즘 성향을 가진 사람들은 친구에게 부끄러움, 당혹감, 죄책감을 느끼게 하는 등 감정적 조작을 능숙하게 사용한다고 보고했다. 또한 그들은 친구가 질투를 느끼도록 만들거나 삐치는 행동을 통해 감정적 압박을 가하는 전략도 자주 사용했다. 이러한 고통스러운 우정 행동은 관계의 질을 떨어뜨리고, 궁극적으로는 우정의 붕괴로 이어질 가능성이 크다.

친구들 사이의 경쟁은 우정에 있어서 잠재적으로 해를 끼칠 수 있는 또 다른 전략이다. 사람마다 경쟁 성향에는 차이가 있으며, 일부는 친구보다 더 우월하다는 것을 증명하려는 강한 욕구를 지니고 있다. 이러한 경쟁은 교육, 직장, 관계, 돈, 운동, 육아 등 삶의 다양한 영역에서 나타날 수 있다. 친구 사이의 경쟁은 흔히 관찰되며, 다른 우정 연구와 마찬가지로 아동과 청소년을 대상으로는 폭넓게 연구된 반면, 성인 집단에서는 상대적으로 덜 연구되어 왔다.

"Mumsnet"과 같은 온라인 게시글들을 살펴보면 여성들 간의 경쟁은 흔히 나타나며, 이는 불안감과 조작적 성향이 결합된 결과일 수 있음을 보여준다.

> 제게는 'X'라고 부를 한 '친구'가 있습니다. 우리는 같은 동네에 살고 아이들도 같은 학교에 다녀서 자주 마주치게 됩니다. 구체적인 발언을 다 밝히지는 않겠지만, 그녀는 집 크기, 돈, 체중, 아이들 문제 등에서 늘 저를 은근히 깎아내리며 경쟁하려 드는 사람입니다. 또한 지나치게 참견이 심한데, 초대도 없이 집에 찾아와 문을 두드리곤 하고(저는 그것을 정말 싫어합니다), 돈과 관련된 질문을 계속 던지면서 본인은 예산을 짤 필요도 없다며 자랑하기 일쑤입니다. 그녀의 참견을 잘 보여주는 예로, 저희가 한때 관심을 보였던 집을 그녀와 남편이 굳이 가서 둘러본 일이 있었습니다. 정작 그들이 이사 갈 계획은 전혀 없었음에도 말이죠. 정말 황당했습니다! 지금 그녀는 우리가 아는 또 다른 사람을 헐뜯고 있는데, 아마도 그 사람이 그녀가 원하는 무언가를 가지고 있기 때문일 겁니다(그 사람이 살을 많이 뺐거든요). 그럼에도 불구하고, 꼭 필요한 순간에는 X가 믿기 어려울 만큼 관대해지고, 가장 먼저 나서서 도움을 주려 하는 사람이기도 합니다(Samnella; 2013년 3월 9일 토요일, 07:40:28; https://www.mumsnet.com/Talk/amI_being_unreasonable/1703580-to-ask-how-to-deal-with-A-frenemy).

이 글에서 묘사된 '프레너미(frenemy)'는 외모, 재정 상태, 자녀의 성취 등 삶의 다양한 영역에서 강한 경쟁심을 드러낸다. 그녀는 마키아벨리니즘적 성향과 동시에 불안정한 고습을 보이는데, 이는 마키아벨리니즘과 관련된 낮은 정서지능을 반영하는 것으로 보인다. 이 때문에 그녀의 경쟁이나 감정적 조작이 반드시 성공적이지 않을 수 있다. 실제로 "Mumsnet"에는 이와 유사한 수백 건의 글들이 올라와 있으며, 많은 사람들이 이러한 관계를 어떻게 끝내야 할지에 대한 조언을 구하고 있다. 이는 조작적이고 경쟁적인 성향을 지닌 사람들과의 우정이 장기적으로 유지되기 어렵다는 점을 잘 보여준다.

어두운 성격 3요소와 우정에서의 경쟁에 대한 실증적 연구는 매우 드물다. 다만 직장, 연인관계, 스포츠 분야에서는 일부 관련 연구가 이루어졌다. 예를 들어, 직장 내 태도를 조사한 연구에서는 마키아벨리니즘과 사이코패시(그러나 나르시시즘은 아님)가 사무실 내 경쟁에 대한 인식과 관련이 있는 것으로 나타났다(Jonason, Wee, & Li, 2015). 또 다른 연구에서는 여성만을 대상으로 하여 어두운 성격 3요소 모두가 전반적인 경쟁심과 연인 경쟁에 긍정적으로 연관되어 있음을 확인했으며, 특히 나르시시즘이 가장 강력한 예측 요인으로 나타났다(Carter, Montanaro, Linney, & Campbell, 2015). 그러나 우정에서의 경쟁은 단순한 전반적 경쟁심이나 성 내 경쟁과는 다른 양상을 보일 수 있다. 친구 간 경쟁은 사회적 비교와 낮은 자존감에서 비롯된 질투와 밀접하게 연결될 수 있다. 특히 웅대한 나르시시즘은 이러한 자기 의심에 상대적으로 둔감하기 때문에 친구와 경쟁하려는 필요성에는 덜 영향을 받을 것으로 예상된다.

게일 브루어(Gayle Brewer) 및 로렌 아벨(Loren Abell)과 함께한 연구에서 우리는 마키아벨리니즘이 친구와의 경쟁에 어떤 영향을 미치는지, 그리고 경쟁과 마키아벨리니즘이 자기 개방(intent to self-disclose)이라는 긍정적인 우정 행동에 어떤 영향을 주는지를 살펴보았다(Brewer, Abell, & Lyons, 2014). 연구 결과, 마키아벨리니즘 성향이 강한 참가자일수록 "나는 친구가 나보다 더 많이 성취하는 것을 좋아하지 않는다", "나는 친구와 경쟁하는 것을 좋아한다"와 같은 항목에 더 많이 동의했다. 특히 여성 참가자의 경우, 마키아벨리니즘과 경쟁심 모두가 향후 개인 정보를 공개하려는 의도와 자기 개방의 깊이를 예측하는 부정적 요인으로 작용했다. 즉, 마키아벨리니즘 성향이 강한 사람들은 친구와 더 경쟁적이고, 마키아벨리니즘과 경쟁이 결합되면 우정의 친밀도가 낮아질 가능성이 크다는 것이다. 그러나 지금까지 연구는 사이코패시와 나르시시즘이 친구 관계에서 경쟁과 친밀성에 어떻게 연결되는지를 충분히 다루지 않았다. 이는 향후 반드시 탐구되어야 할 중요한 주제이다. 또한, 여성 간 경쟁의 미묘한 양상은 크게 간과되어 왔다(Carter 외, 2015; Singleton & Vacca, 2007). 어두운 성격 3요소와 여성의 경쟁을 다룬 연구가 부족한 이유는 사회적으로 부정적인 성향이 남성에게 더 적응적이라는 오해와, 경쟁이 여성의 생식 성공에 덜 중요하다는 잘못된 인식에서 비롯된 것일 수 있다. 이는 사실과 다르며, 앞으로의 이론과 경험적 연구가 이러한 문헌의 공백을 메우는 데 기여해야 할 것이다.

친구 간의 의견 차이로 인해 때로는 대인 갈등이 발생하곤 한다. 갈등은 친구들 사이의 의사소통에서 필수적인 부분이며, 의견 차이가 항상 불쾌하거나 대립적인 성격을 띨 필요는 없다. 사실, 갈등이 해결되는 방식 중 하나는 한쪽이 다른 쪽을 설득하여 자신의 관점을 받아들이게 만드는 것이다. 조나슨(Jonason)과 웹스터(Webster)(2010)는 어두운 성격 3요소와 관련하여, 사람들이 친구를 설득할 때 사용하는 다양한 전략 간의 관계를 연구했다. 연구 결과는 [표 5.1]에 제시되어 있으며, 사용된 전략의 유형과 어두운 성격 3요소 성향 간의 관계가 정리되어 있다. 설득 전략은 긍정적인 것(예: 매력을 발휘하기, 금전적 유혹, 보답 약속, 쾌락 강조)에서부터 부정적인 것(예: 강압, 힘겨루기, 침묵으로 일관하기)까지 다양하게 나타났다.

표 5.1 동성 친구 관계에서의 어두운 성격 3요소와 사회적 영향 전략

전술	나르시시즘	마키아벨리니즘	사이코패시
강요(억지로 따르게 하려는 시도)	+	+	×
책임 부여(책임감 유발하기)	+	×	×
강경한 태도	×	+	×
매혹시키기/매료하기	×	×	×
무시하기	×	+	×
퇴행적 행동	×	×	×

호혜 유도(보답 전략)	+	+	×
쾌락 유도	×	+	−
자기비하	×	×	×
이성적 설득	+	×	×
사회적 비교	+	×	×
금전적 보상	+	×	×
유혹	+	×	×

조나슨(Jonason)과 웹스터(Webster)(2010)의 연구에서 어두운 성격 3요소 성향을 다양한 전략과 회귀분석한 결과를 바탕으로 작성되었음. 'X'는 해당 특성의 회귀계수(β값)가 통계적으로 유의하지 않음을 의미하며(일부 값이 유의수준에 근접한 경우도 포함), '+'는 유의한 정적 β값, '−'는 유의한 부적 β값을 의미함.

전반적으로, 사이코패시 성향이 강한 참가자들은 설득 전략을 덜 사용하는 경향을 보였다. 사이코패시는 실제로 긍정적인 전략, 예컨대 쾌락 유도(친구에게 동의하면 즐거운 이익을 얻을 수 있다고 설득하는 방식)와는 음의 상관관계를 보였다.

반면, 마키아벨리니즘 성향은 긍정적·부정적 전략 모두와 관련이 있었다. 마키아벨리니즘 성향이 강한 사람들은 친구를 강압하거나, 힘겨루기를 하거나, 침묵으로 압박하여 결국 동의하게 만드는 경향이 두드러졌다. 또한 긍정적인 측면에서는 보답을 약속하거나, 금전적으로 유인하거나, 합의의 즐거운 면을 강조해 친구를 끌어들이는 경향도 나타났다. 나르시시즘 역시 책임감을 자극하거나 논리로 설득하는 것과 같은 다양한 전략과 관련이 있었으며, 동시에 강압적 방법을 사용하기도 했다.

5.6 우정의 질

사람마다 사회적 관계의 질은 매우 다르게 나타난다. 우정의 유대는 따뜻하고 상호 지지적인 관계에서부터 얕고 피상적인 관계에 이르기까지 다양하다. 만족스럽고 친밀한 친구 관계를 유지하는 것은 정신적·신체적 건강에 매우 중요하며, 전반적인 삶의 질에도 긍정적인 기여를 할 수 있다. 흥미로운 질문은 과연 누가 이러한 만족스러운 친구 관계를 형성하고 유지할 수 있느냐는 것이다. 많은 사람들은 친구 관계에서 어려움을 겪으며, 모두가 친구를 통해 행복을 얻는 것은 아니다. 연인관계나 직장 내 만족도에 비해, 친구 관계에서의 만족도는 심리학 연구에서 상대적으로 덜 주목받았다(Wilson, Harris, & Vazire, 2015).

어두운 성격 3요소 성향은 자기중심적이고 이기적인 대인관계 스타일과 얕은 감정과 관련이 있기 때문에, 윌킨슨(Wilkinson)(2018)은 친구 관계에서 '유대감의 존재 여부'와 '유대감의 질'을 명확히 구분하는 것이 중요하다고 강조했다. 연구자들은 우정을 자동차에 비유하며, "자동차의 소유 여부와 그 품질을 혼동해서는 안 된다. 품질이 낮은 자동차도 운송 목적으로 사용할 수는 있지만, 차량이 전혀 없는 것과는 다르다"라고 설명했다(Christian 외, 2018, p. 4). 이는 어두운 성격 3요소 성향을 가진 사람들이 '품질이 낮은 자동차' 같은 친구가 될 가능성이 높음을 시사한다. 즉, 이들은 좋은 친구가 제공하는 수준의 지지나 도움을 충분히 제공하지 못할 것이다.

우정의 질에 대한 연구는 주로 마키아벨리니즘에 집중되어 있으며, 특히 마키아벨리니즘 성향이 강한 사람들이 타인과의 사회적 유대를 어떻게 인식하는지를 다룬 경우가 많다. 그러나 마키아벨리니즘, 나르시시즘, 사이코패시 성향을 가진 사람들의 친구가 그 관계를 어떻게 바라보는지에 대한 연구는 상대적으로 부족하다. 어두운 성격 3요소 특성이 높은 사람과의 관계에서 친구들이 느끼는 유대감의 질은 얕을 가능성이 있으며, 이러한 우정은 단명할 수 있다. 성인에서 우정의 질과 그 해체에 관한 연구는 어두운 성격 3요소와의 여러 잠재적 연결 고리를 지니고 있음에도 불구하고 아직 충분히 탐구되지 않은 영역이다.

초기 연구 중 하나에서 우리는 마키아벨리니즘이 우정의 중요성과 질에 어떤 영향을 미치는지를 조사했다(Lyons & Aitken, 2010). 참가자의 성별이나 연령과 상관없이, 마키아벨리니즘은 좋은 친구 관계의 중요성에 대한 자기보고와 부적 상관을 보였다. 마키아벨리니즘 성향이 강한 사람들은 감정적으로 냉담하고 거리 두는 대인관계 스타일을 지니며, 이는 사회적 관계에서도 감정적 거리감으로 이어진다. 이는 타인을 신뢰할 수 없다는 믿음에서 부분적으로 비롯될 수 있으며, 그 결과 마키아벨리니즘 성향이 강한 사람들은 친구를 덜 좋아할 가능성이 있다. 이러한 냉담한 우정 스타일의 한 요인은 어린 시절 부모와의 경험일 수 있다. 부모와의 관계는 성인이 된 이후 우정이나 연인관계를 형성하는 데 중요한 틀을 제공한다. 로렌 아벨(Loren Abell) 및 게일 브루어(Gayle Brewer)와 함께한 연구(Abell, Lyons, & Brewer, 2014)에서, 우리는 마키아벨리니즘과 성인기의 우정의 질이 어린 시절 부모와의 경험과 어떻게 연결되는지를 탐구했다. 연구 결과, 어머니를 냉담하고 무관심하게, 아버지를 통제적이고 과보호적이라고 회상한 사람들이 마키아벨리니즘 점수가 높았으며, 우정의 질이 낮은 것으로 나타났다. 따라서 마키아벨리니즘은 낮은 질의 우정과 연관이 있으며, 이는 어린 시절 부모와의 경험에서 기인할 수 있다.

같은 주제와 관련하여, 아벨(Abell) 외(2016)는 마키아벨리니즘과 우정의 기능을 동반자 관계, 도움, 친밀감, 정서적 안정성 등 여러 영역에서 조사했다. 연구 결과, 마키아벨리니즘 점수가 높은 여성들은 모든 측정 영역에서 우정 기능이 낮다고 보고했다. 또한, 브루어(Brewer), 아벨(Abell) 및 라이언스(Lyons)(2013)은 사람들이 친구에게 얼마나 애착을 느끼는지에 따른 우정의 질을 조사했으며, 마키아벨리니즘이 낮은 질의 우정과 관련이 있다는 것을 발견했다. 이 연구 결과들은 마키아벨리니즘 성향이 강한 사람들이 보이는 냉담하고 거리 두는 대인관계 스타일이 낮은 질의 우정과 연관이 있다는 것을 시사한다.

친구에 대한 질투는 우정에서 흔히 나타나는 요소로, 친구 간 유대감의 질에 큰 영향을 미친다. 외모, 성취, 재정 상태 등에서 친구에게 질투를 느끼는 사람들은 친구가 불행을 겪을 때 '샤덴프로이데(schadenfreude, 남의 불행에서 느끼는 쾌감)'를 경험할 수 있다. 아벨(Abell)과 브루어(Brewer)(2017)는 여성 간 우정에서 마키아벨리니즘, 질투, 경쟁이 샤덴프로이데에 미치는 영향을 연구했다 연구 참가자들은 학업적 불운(낮은 성적), 외모적 불운(잘못된 헤어스타일), 관계적 불운(이별) 등 세 가지 상황을 묘사한 이야기(vignette)를 읽고, 친구에게 느끼는 감정(예: 재미, 만족, 기쁨)을 평가했다. 연구 결과, 마키아벨리니즘 성향이 강한 여성들은 친구가 이별을 겪거나 잘못된 헤어스타일을 했을 때 기쁨을 느꼈다. 또한, 마키아벨리니즘 성향뿐만 아니라 친구에 대한 경쟁심과 질투가 강한 사람들 역시 친구가 불운을 겪을 때 더 높은 수준의 만족감을 경험했다.

마지막으로, 크리스천(Christian) 외(2018)는 사이코패시의 네 가지 요인 모델을 토대로, 친구에 대한 애착 유대감과 개인의 친밀한 지지망에 속한 사람들의 수가 어떻게 관련되는지를 온라인 커뮤니티 참가자를 대상으로 조사했다. 그 결과, 사이코패시의 '냉담함' 요인만이 친구에 대한 애착과 부정적인 관계를 보였는데, 이는 냉담함 수준이 높을수록 친구 관계의 질에 부정적인 영향을 미친다는 것을 의미한다. 또한, 사람들이 가까운 친구로 지명한 인원의 수와 관련해서는, 사이코패시의 반사회적 요인이 가까운 친구의 수와 부정적인 상관관계를 나타냈다. 이 연구는 우정의 질과 양이 사이코패시의 서로 다른 요인들에 의해 영향을 받음을 시사한다. 즉, 냉담한 사람들은 질적으로 낮은 우정을 맺는 반면, 반사회적 성향이 강한 사람들은 친구의 수 자체가 적다는 것이다.

5.7 결론

어두운 성격 3요소가 친구 관계의 행동, 전략, 동기에 미치는 영향에 대한 연구는 아직 상대적으로 부족하지만, 기존 연구들은 점차 흥미로운 양상을 드러내고 있다. 어두운 성격 3요소 성향이 강한 사람들은 친구를 선택하고 유지하는 동기에서 도구적 성향이 두드러지며, 주로 짝짓기나 사회적 지위 상승에 도움이 되는 친구를 선호하는 경향이 있다. 이러한 특성은 얕은 우정으로 이어지며, 아마도 (아직 충분히 검증되지는 않았으나) 친구로부터 받는 도움에서 상호성이 부족할 가능성이 크다. 나르시시즘은 어두운 성격 3요소 중 가장 "가벼운" 특성으로, 친구 관계에서 접근 지향적 태도를 보이며 사회적 접촉과 즐거움을 우선시한다. 특히 마키아벨리니즘 성향이 강한 사람들은 질투심이 강하고 경쟁적이며 잠재적으로 해로운 '프레너미(frenemy)'가 될 가능성이 높다. 반면, 사이코패시는 친구 관계에서 사회적 영향력을 행사하려는 전략이 부족한데, 이는 이 성향이 본질적으로 감정적으로 단절된 특성과 관련이 있을 수 있다. 사이코패시 성향의 개인들은 대체로 외톨이 성향을 보이며, 친구 관계에 큰 관심을 두지 않고 친구에게 영향을 미치려는 욕구도 없다. 우정과 어두운 성격 3요소 간의 관계에 대한 연구는 아직 초기 단계에 있으며, 경험적 연구를 통해 풀어야 할 과제가 많다. 우정 연구는 사회적으로 부정적인 이 세 가지 성향의 진화적 적응성에서의 공통점과 차이를 이해하는 데 중요한 통찰을 제공할 잠재력을 지니고 있다.

추가 읽을 자료

Jonason, P. K., & Schmitt, D. P. (2012). What have you done for me lately? Friendship selection in the shadow of the Dark Triad traits. *Evolutionary Psychology, 10*(3).

Kennedy-Moore, E. (2014). Frenemies. *Psychology Today*. Retrieved from: https://www.psychologytoday.com/gb/blog/growing-friendships/201404/frenemies. Accessed June 2018.

Maaß, U., Lämmle, L., Bensch, D., & Ziegler, M. (2016). Narcissists of a feather flock together: Narcissism and the similarity of friends. *Personality and Social Psychology Bulletin, 42*(3), 366-384.

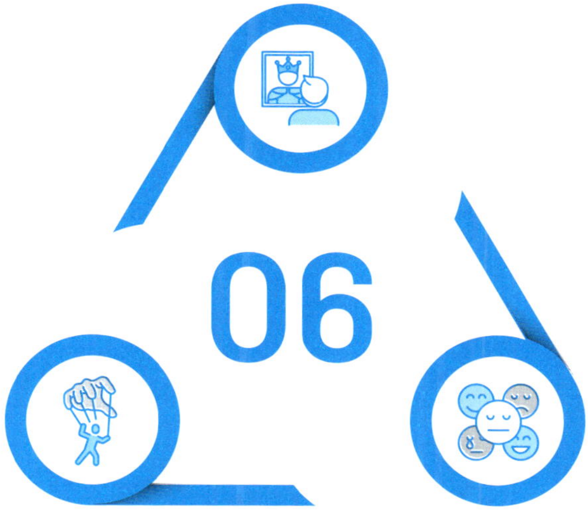

직장에서 만나는 어두운 성격 3요소

The Dark Triad of Personality

제 6 장

직장에서 만나는 어두운 성격 3요소

6.1 직장에서의 어두운 성격 3요소에 대한 소개

대부분의 사람들은 직장에서 "교활한 사기꾼, 거만한 허풍쟁이, 또는 냉담한 쾌락주의자"를 마주친 경험이 있다(LeBreton, Shiverdecker, & Grimaldi, 2018, p. 388). 르 브레톤(LeBreton)과 동료들은 이 세 가지 묘사를 통해 마키아벨리니즘, 나르시시즘, 그리고 사이코패시의 핵심 특징을 간결하게 설명하며, 직장에서 마주할 수 있는 어두운 성격의 3요소를 가진 인물들의 다소 정확한 이미지를 제시했다. 어두운 성격의 3요소는 직업심리학, 경영심리학, 조직심리학 분야에서 상당한 관심을 받아왔다. 이는 놀라운 일이 아니다. 냉담하고 무자비한 조종은 직장에서 개인의 웰빙뿐 아니라 직장의 전반적 기능에도 심각한 영향을 미칠 수 있으며, 때로는 사회 전체와 세계 경제에까지 파급된다. 실제로, 일부 연구자들은 2008년 글로벌 금융위기가 금융 기업의 고위직에 있던 비윤리적이고 탐욕스러운 사이코패시적 인물들로 인해 발생했다고 주장한다(Boddy, 2011). 어두운 성격의 3요소가 높은 사람들은 권력과 지위에 강하게 끌리는 경향이 있으므로(Lee 외, 2013), 이러한 목표를 달성할 수 있는 직업 영역에 이끌릴 것으로 예상된다. 또한, 어두운 성격의 3요소는 물질주의, 소비주의, 그리고 인본주의적 가치보다 돈을 더 중시하는 성향과 관련되어 있으며(Lee 외, 2013), 이는 직업생활에서 탐욕과 이기심으로 이어질 수 있다. 어두운 성격의 3요소가 높은 사람들의 직장 내 행동은 대개 타인의 안녕을 희생하면서 자신의 이득을 극대화하는 데 초점을 두고 있다.

어두운 성격의 3요소는 개인이 선호하는 학문 분야나 직업 영역과 관련될 뿐 아니라, 조직 구성원으로서 직장 내 행동에도 영향을 미친다. 어두운 성격의 3요소 특성이 높은 사람들은 회사 물품을 훔치거나, 지각 또는 결근을 하거나, 동료를 괴롭히는 등 반생산적 업무행동(Counterproductive Work Behaviors: CWBs)을 보일 수 있다. 이러한 행동은 직장 동료와의 관계 및 팀워크 역동을 해칠 뿐 아니라, 직장 전체의 기능에도 부정적인 영향을 미친다. 반면에, 상황에 따라 어두운 성격의 3요소의 특징들이 이점으로 작용할 수도 있다. 예를 들어, 확실하지 않지만 잠재적 이익이 큰 상황에서는 위험을 감수하는 것이 필요할 수 있으며, 이는 어두운 성격의 3요소가 높은 사람들이 보다 자주 시도하는 행동이다. 스미스(Smith), 힐(Hill), 월리스(Wallace), 레센데스(Recendes) 및 저지(Judge)(2018)는 직장인을 "어둠(dark)"과 "밝음(bright)"으로 이분화하고, 어둠을 해로움과, 밝음을 이로움과 동일시하는 것에 대해 경고하였다. 직장 환경과 어두운 성격의 3요소 간의 상호작용은 복잡한 양상을 띠며, 직장 내 정치적 역학, 직무 자율성, 경력 개발 기회와 같은 다양한 요인들이 성격과 직장 내 결과 사이에서 조절변인으로 작용할 수 있다. 직장에서의 어두운 성격의 3요소에 대해 대중 매체와 대중과학에서 많은 관심을 보이고 있지만, 실제 직장 내 부정적 성격 특성에 관한 실증적 연구는 의외로 많지 않다(Smith & Lilienfeld, 2013). 기존 연구들은 직장에서의 실제 행동보다는 업무에 대한 태도에 더 초점을 맞추는 경향이 있다. 비록 바비악(Babiak)과 헤어(Hare)(2006)의 『직장으로 간 사이코패스(Snakes in Suits)』와 같은 저작에서 "사이코패시적 상사"에 대해 많이 서술하고 있으나, 이와 관련된 실증적 연구는 이론이나 일반적 논의에 비해 여전히 부족하다. 이 장에서는 직장 내 어두운 성격의 3요소에 대한 실증적 연구와 이론적 문헌을 종합하여, 직장 구성원과 경영진 양측의 태도와 행동을 모두 고려한 개관을 제공하고자 한다.

6.2 어두운 성격 3요소는 직업 선택과 관련이 있는가?

슈나이더(Schneider)(1987)의 ASA 모형(Attraction: 유인, Selection: 선발, Attrition: 소멸)에 따르면, 사람들은 자신의 성격, 가치관, 관심사가 특정 회사나 직무와 얼마나 잘 맞는지에 따라 진로를 선택한다. 취업 준비생들은 자신의 성격과 부합하는 일자리를 찾을 뿐 아니라, 기업들 또한 조직 문화와 잘 어울릴 수 있는 인재를 적극적으로 채용하려 한다. 예를 들어, 일부 극단적인 사례에서는 기업이 사이코패시적 성향을 가진 인재를 공개적으로 모집하기도 한다(실제 구인 광고: "Psychopathic New Business Media Sales Superstar £50k-110k," https://jobs.theguardian.com/job/6404273/psychopathic-new-businessmedia-sales-executive-superstar-50k-110k/). 높은 수준의 사이코패시 특성(냉담성, 피상적 매력, 금전적 탐욕)은 타인을 설득해야 하는 직종에서 오히려 긍정적으로 평가되기도 한다. ASA 모형은 개인의 성격이 직장 문화와 가치관에 잘 부합할수록 해당 직무를 지속하려는 동기가 더 강해지고, 해고되거나 감원될 가능성이 낮아진다고 예측한다. 이러한 과정은 시간이 지남에 따라 기업 내 동질적 인력 구성을 초래하게 된다. 더튼(Dutton)(2012)은 사이코패시적 성향이 강한 사람들이 선호할 것으로 예상되는 직업 10개를 제시하였다. 그 목록의 상위에는 CEO, 변호사, 언론인, 영업직 종사자들이 포함되었다. 이러한 직업들은 기업이 추구하는 가치와 직원의 성격적 특성이 잘 부합하는 영역으로, ASA 모형(유인-선발-이탈 모델)을 지지하는 사례라 할 수 있다.

어두운 성격의 3요소는 돈과 권력에 대한 높은 관심과 관련이 있다. 따라서 높은 연봉과 지위를 얻을 수 있는 전공(예: 경영학, 법학)을 선택한 학생들이, 돈과 권력이 상대적으로 덜 중요한 전공(예: 인문학, 사회과학)을 선택한 학생들보다 어두운 성격의 3요소 점수가 더 높을 것으로 예상할 수 있다. 성격 5요인(Big Five) 모형을 활용한 선행연구에 따르면, 경쟁심과 냉혹함이 성공에 유리하게 작용할 수 있는 분야(예: 경영학, 경제학, 법학)의 학생들이, 상대적으로 "부드러운" 학문 분야(예: 예술, 인문학)의 학생들보다 우호성 성격 특성이 더 낮은 것으로 나타났다

(Vedel, 2016). 제1장에서 논의된 것처럼, 어두운 성격의 3요소는 특히 낮은 수준의 우호성과 관련이 있으며, 이는 경영학과 같은 전공의 학생들이 다른 분야의 학생들보다 더 높은 점수를 보일 수 있음을 시사한다.

이러한 가설은 베델(Vedel)과 톰센(Thomsen)(2017)의 연구에서 검증되었다. 그들은 심리학, 법학, 경영학, 경제학 전공에 막 입학한 신입생들을 대상으로 어두운 성격의 3요소를 측정하였고, 그 결과 경영학과 및 경제학 전공 학생들에 비해 심리학 전공 학생들이 어두운 성격의 3요소 척도에서 더 낮은 점수를 보였다. 이 연구가 특히 흥미로웠던 이유는 연구 대상이 된 신입생들이 아직 자신이 선택한 전공 분야의 특성에 영향을 받지 않은 상태였기 때문이다. 또 다른 연구에서 크릭(Krick)과 동료들(2016)은 경영학 전공 신입생과 상급생을 비교하여, 만약 전공 특성이 개인을 더 조종적으로 만든다면 상급생의 어두운 성격의 3요소 점수가 더 높을 것이라는 가정 하에 검증을 실시하였다. 그러나 연구 결과, 상급생이 신입생보다 어두운 성격의 3요소 점수가 더 높지 않은 것으로 나타났다. 또한 경영학 및 경영관리 전공 학생들이 인문학 및 사회과학 전공 학생들보다 어두운 성격의 3요소 점수가 높게 나타났다. 베델(Vedel)과 톰센(Thompsen)(2017), 그리고 크릭(Krick) 외(2016)의 연구 결과는, 비즈니스 분야에서 활동하는 사람들이 전공 특성상 더 냉혹하고 조종적인 성향을 갖게 되는 것이 아니라, 이미 이러한 성격 특성을 가진 사람들이 어두운 성격의 3요소가 유리하게 작용할 수 있는 분야로 자연스럽게 유입된다는 점을 보여준다.

사이코패시와 그 하위 구성요소들은 직업 선택 분야에서 특히 주목할 만한 주제이다. 성공한 사이코패시(제1장 참조)라는 개념은, 금전적 성공을 보장하는 학문을 전공한 학생들이 차갑고 냉담하며 감정을 드러내지 않는 1차 사이코패시 특성에서 더 높은 점수를 보일 것이라는 예측을 뒷받침한다. 윌슨(Wilson)과 멕카시(McCarthy)(2011)는 여러 전공 분야의 대학생들을 대상으로 사이코패시의 2요인 구조를 연구하였다. 그들은 상경계열 전공 학생들이 예술, 자연과학, 법학 전공 학생들보다 1차 사이코패시 점수가 더 높을 것이라고 예상했다. 900명 이상의 학부생을 대상으로 한 연구 결과, 상경계열 전공 학생들이 실제로 다른 전공 학생들보다 1차 사이코패시 점수가 더 높게 나타났다. 예상대로, 충동적이고 위험 감수를 특징으로 하는 2차 사이코패시에서는 전공 간 차이가 나타나지 않았다. 탐욕에 의해 동기화된 사람들은 기업 세계로 진출할 수 있는 전공을 선택함으로써 사회적 지위 상승을 꾀하고 경력 목표를 구체화할 수 있다. 연구자들은 공감과 죄책감의 결여, 탐욕적인 위험 감수 성향, 금융 지도자들의 피상적 매력과 같은 1차 사이코패시 특성들이 2008년 세계 금융위기에 주요하게 기여했을 수 있다고 제안하였다.

최근 리튼(Litten), 로버츠(Roberts), 레이디슈스키(Ladyshewsky), 카스텔(Castell) 및 케인(Kane)(2018)은 여러 학년에 걸친 경영학과와 심리학과 학생들을 대상으로 공감 능력과 사이코패시를 조사하였다. 예상대로 심리학 전공 학생들은 경영학 전공 학생들보다 높은 공감 능력과 낮은 사이코패시 점수를 보였다. 두 전공 모두에서 1학년부터 3학년까지 학업 기간 동안 공감 능력 수준에는 변화가 관찰되지 않았다. 이 결과는 공감 수준이 높은 학생들이 처음에 심리학을 전공으로 선택하는 경향이 있지만, 학업이 진행되더라도 심리학 학위 과정 자체가 학생들의 공감 능력을 향상시키지는 않는다는 점을 보여준다. 마찬가지로, 경영학 전공 학생들의 경우 처음부터 공감 능력이 낮았으며 학년이 올라가도 그 수준은 크게 변하지 않았다. 그러나 심리학 전공 3학년 학생들의 사이코패시 점수는 유의하게 낮은 수준을 보였다. 이는 초기부터 사이코패시 수준이 낮은 학생들이 심리학을 선택하며, 학업 과정에서 해당 학문 특성이 영향을 미쳐 사이코패시적 성향이 더 줄어들 수 있음을 시사한다. 반면, 경영학 전공 학생들의 경우 처음부터 사이코패시 점수가 높았고, 학년이 올라가도 그 수준에 큰 변화가 없었다. 이 연구는 ASA 모형을 뒷받침하는 근거를 제공한다. 직업으로서 심리학은 타인을 돕는 데 중점을 두는 반면, 경영학은 수익 창출에 더 큰 비중을 두고 있기 때문이다. 그러나 비교적 작은 표본 크기와 횡단적 연구 설계라는 한계가 있으므로, 결과 해석에는 주의가 필요하다. 대부분의 어두운 성격의 3요소 연구와 마찬가지로, 이 연구 또한 더 큰 표본을 활용한 반복 연구와 학생들을 종단적으로 추적하는 연구가 필요하다. 조직심리학 연구에 따르면 학생들뿐만 아니라 다양한 분야의 직장인들 역시 자신의 성격 특성에 따라 특정 분야를 선택하는 경향을 보인다. 예를 들어, 기업 비즈니스 분야 종사자들은 흔히 무자비하고 조종적인 성향을 지닌 1차 사이코패시 특성을 보인다(Babiak & Hare, 2006). 최근 몇 년간 "성공한 사이코패시"라는 개념이 주목받고 있으나(Smith, Watts, & Lilienfeld, 2014), 이 주제는 실제 학술 연구보다는 대중과학과 언론에서 더 빈번히 다루어지고 있다(Smith & Lilienfeld, 2013).

옥스퍼드 대학교의 심리학자인 케빈 더튼(Kevin Dutton)은 『천재의 두 얼굴: 사이코패스(The Wisdom of Psychopaths)』에서 사이코패시 성향이 강한 사람들이 선호할 만한 여러 직업들을 제시하였다. 그중 상위 5위에는 CEO, 변호사, 언론인, 영업직 종사자, 외과 의사가 포함되었다. 이러한 직업들은 조종과 대담성, 낮은 공감 능력을 통해 성취를 이루는 특징을 가지며, 사이코패시 성향이 강한 사람들은 이 직업들에서 두각을 나타내고 일 자체에서 즐거움을 얻기도 한다. 사이코패시 성향이 강한 사람들이 선호하는 상위 직업들은 대체로 고소득 직종이며, 성과가 종종 금전적 보상과 직접적으로 연결된다. 이러한 직업군의 상위 목록을 살펴보면, 구성원들은 표면적인 공감 표현 없이 냉철한 태도로 일을 수행해야 한다는 특징을 보인다. 예를 들어, 의료진이 수술을 집도할 때는 환자에 대한 감정적 걱정보다는 복잡한 수술 절차 자체에 집중해야 한다. 더튼(Dutton)은 또한 사이코패시 성향이 강한 사람들이 상대적으로 덜 선호하는 직업군을 제시했는데, 이는 예상대로 타인을 돕고 돌보는 역할, 즉 간호사, 간병인, 치료사, 의사와 같은 직종들이었다. 그러나 현재까지 사이코패시(혹은 어두운 성격의 3요소)와 직업 선호 간의 관계를 본격적으로 탐구한 연구는 많지 않은 실정이다.

어두운 성격의 3요소와 다양한 직업 흥미 간의 관계를 살펴본 연구들에 따르면, 각 성격 특성은 서로 다른 직업적 포부와 연관성을 보이는 것으로 나타났다. 예컨대, 피터 조나슨(Peter Jonason)과 동료들(Jonason, Lyons, Baughman, & Vernon, 2014; Jonason, Wee, Li, & Jackson, 2014)은 존 홀랜드(John Holland)의 직업 유형론인 현실형(realistic), 탐구형(investigative), 예술형(artistic), 사회형(social), 기업형(enterprising), 관습형(conventional)(RIASEC 모델)을 활용하여 다양한 직업 관심 유형을 연구하였다. 연구 결과, 사이코패시는 현실적이고 기업가적인 직업 선호와 정적 상관을 보였다. 마키아벨리니즘은 예술형, 사회형, 기업형 직업에 대한 선호와 부적 상관관계를 나타냈다. 반면, 나르시시즘은 예술형, 사회형, 기업형 직업에 대한 선호와 정적 상관관계를 보였다. 코왈스키(Kowalski), 버넌(Vernon) 및 셰르머(Schermer)(2017)의 최근 연구에서도 나르시시즘은 다시금 예술형, 사회형, 기업형 직업 흥미와 관련이 있는 것으로 나타났다. 마키아벨리니즘은 사회형 직업 선호와 부적 상관을 보였으며, 사이코패시는 모험적 성향의 물리과학 및 공학 직종, 영업과 금융을 포함한 일부 비즈니스 분야와 정적 상관을 나타냈다. 또한 사이코패시는 사회적 관계 중심 직업(예: 사회복지사, 교육자, 환경운동가, 인권 활동가 등)과는 부적 상관을 보였다. 이러한 결과는 예술 분야 직업(특히 공연예술)에 관심을 가지는 많은 사람들이 타인의 인정에 대한 나르시시즘적 욕구를 지니고 있으며, 연기와 같은 직업이 대중으로부터 찬사를 받는 경로가 될 수 있음을 뒷받침한다(Dufner 외, 2015b; Box 6.1).

BOX 6.1 대중예술 산업에서의 나르시시즘

"사람들의 입에 오르내리는 게 싫을 수도 있지만, 아무도 나를 주목하지 않는 것이야말로 최악의 일이다"(Oscar Wilde). 이 오스카 와일드(Oscar Wilde)의 유명한 명언은 나르시시즘의 전형적인 예로, 다른 사람들의 관심의 중심이 되고 찬사를 받고자 하는 강렬한 욕망을 보여준다. 이러한 목표를 충족시킬 수 있는 직업은 대중예술 산업, 특히 연기, 음악, 무용과 같은 공연예술 분야에서 찾을 수 있다. "나는 관심의 중심이 되는 것을 좋아한다", "언젠가 누군가가 나의 전기를 써주길 바란다"는 말은 신예 연예인들의 발언처럼 들린다. 실제로 이러한 문항들은 자기애성 성격검사(NPI)에 포함되어 있으며, 과도한 자기과시와 웅대성을 나타내는 지표로서, 연예계 조명 아래 있는 많은 사람들의 특징을 잘 보여준다.

일부 학술 연구에서는 유명인들의 나르시시즘을 탐구하였다. 영(Young)과 핀스키(Pinsky)(2006)는 드류 핀스키(Dr. Drew Pinsky)가 진행하는 라디오 쇼 "러브라인3(Loveline3)"에 출연한 200명의 유명인(배우, 코미디언, 뮤지션, 리얼리티 TV 출연자들)을 대상으로 나르시시즘을 연구하였다. 이 라디오 쇼에서는 청취자들이 직접 전화를 걸어 연애 고민을 털어놓고, 진행자와 출연한 연예인들이 이에 대해 조언을 건네는 방식으로 진행되었다. 연구 결과, 여성 연예인들이 남성 연예인들보다 나르시시즘 수준이 훨씬 높았으며, 특히 자기과시성, 우월감, 허영심에서 두드러진 차이를 보였다. 이는 유명인 지위를 가진 여성 연예인들이 남성 연예인들보다 외모에 더 많은 신경을 쓰고 있음을 시사한다. 또한 유명인의 유형별 분석에서는 리얼리티 TV 스타들이 가장 높은 나르시시즘 점수를 보였고, 그 뒤를 코미디언, 배우, 마지막으로 음악가가 가장 낮은 점수를 보였다. 이 표본에 포함된 유명인들은 MBA 학생이나 일반인들과 비교했을 때 훨씬 더 높은 나르시시즘을 보였다. 한편, 연예계 경력 기간은 나르시시즘과 관련이 없는 것으로 나타나, 이는 사람들이 조명 속에서 활동하면서 나르시시즘적이 되는 것이 아니라, 애초에 나르시시즘적 목표에 의해 이끌려 연예계에 진출한다는 점을 시사한다.

더프너(Dufner)와 동료들(2015b)은 독일, 오스트리아, 스위스의 연기 전공 학생들과 즉흥극 배우들을 대상으로 나르시시즘을 연구하였다. 그 결과, 연기 전공 학생들과 전문 배우들이 일반 대조군에 비해 자기애적 예찬(narcissistic admiration) 성향이 더 높은 것으로 나타났다. 자기애적 예찬은 타인으로부터 관심과 인정을 받고자 하는 욕구에 기반한 대인관계적 스타일로, 웅대한 자기상을 강화하기 위해 관심을 극대화하는 방식으로 행동하는 것이 특징이다. 연기라는 영역에서, 특히 자기애적 예찬 성향이 강한 사람들에게는 관객들의 박수갈채가 연기를 직업으로 선택하도록 만드는 긍정적 동기로 작용한다.

다음은 전형적인 나르시시즘 특성이 드러나는 발언들이다. "나는 신의 그릇이다. 그러나 내 인생에서 가장 큰 고통은 내가 공연하는 모습을 내 눈으로 직접 볼 수 없다는 것이다.", "나는 역사를 읽기에는 너무 바쁘다. 나는 역사를 쓰고 있기 때문이다.", "나는 앤디 워홀[1]이다. 나는 우리 세대에서 가장 영향력 있는 예술가다. 나는 살아있는 셰익스피어다." 래퍼 칸예 웨스트(Kanye West)의 이러한 발언들은 나르시시즘적 웅대성과 타인의 찬사에 대한 강한 욕구를 잘 보여주는 사례이다. 제한적인 학술 연구들은 연예계에서 성공하고자 하는 욕구의 핵심 동력이 나르시시즘임을 시사한다. 연예계는 대중으로부터 찬사를 받고자 하는 자기애적 목표를 충족시켜 주는 세계이기 때문이다.

참고문헌

Dufner, M., Egloff, B., Hausmann, C. M., Wendland, L. M., Neyer, F. J., & Back, M. D. (2015b). Narcissistic tendencies among actors: Craving for admiration, but not at the cost of others. *Social Psychological and Personality Science, 6*(4), 447–454.

Young, S. M., & Pinsky, D. (2006). Narcissism and celebrity. *Journal of Research in Personality, 40*(5), 463–471.

1 (역자주) 미국의 화가, 조각가, 영화감독, 출판인으로 20세기 예술계에서 혁신적 역할을 한 인물이다.

6.3 취업 면접에서의 어두운 성격 3요소

어두운 성격의 3요소를 지닌 사람들의 부정적 영향력은 채용 과정과 같은 고용 초기 단계에서부터 나타날 수 있다. 입사 지원서나 면접 과정에서 자신의 업적과 자격을 설득력 있게 거짓으로 꾸며내는 사람들은 지원한 자리에 채용될 가능성이 더 높다. 그 결과 실제로 해당 직무에 가장 적합하지 않은 지원자가 고용될 수 있다. 나아가 이는 채용 이후에도 기만적인 전략을 지속할 가능성이 높은 지원자를 고용하는 결과를 초래할 수 있다.

끊임없는 자기 과시, 피상적 매력, 그리고 긍정적 인상 관리 전략으로 인해 어두운 성격의 3요소가 높은 사람들은 취업 면접에서 더 높은 성공률을 보일 수 있다. 폴허스(Paulhus), 웨스트레이크(Westlake), 칼베즈(Calvez) 및 함스(Harms)(2013)에 따르면, 자기 과시는 면접관들에게 깊은 인상을 남기기 위한 효과적인 면접 전략이다. 자기 과시는 다시 자화자찬(self-praise, 예: 자신의 특정 재능에 대해 자랑하는 것)과 자기 고양(self-enhancement, 예: 자신의 재능을 부적절하게 과대 포장하는 것)으로 세분화될 수 있다. 이 두 전략 모두 나르시시즘 성향이 강한 사람들이 널리 사용하는 방식이다. 실험 연구에 따르면, 나르시시즘은 긍정적인 첫인상 형성과 밀접히 관련되어 있으며(Back, Schmuckle, & Egloff, 2010), 이는 면접 후 채용 가능성을 높이는 결과로 이어질 수 있다. 반면, 마키아벨리니즘과 사이코패시는 초기 대면 상황에서 대체로 부정적으로 인식되며(Rauthmann, 2012), 오히려 취업 면접에서 장애 요인으로 작용할 수 있다. 이처럼 어두운 성격의 3요소가 면접 상황에서 중요한 영향을 미칠 수 있음에도 불구하고, 실제 혹은 모의 면접 환경에서 이를 직접적으로 다룬 연구는 많지 않다.

폴허스(Paulhus) 외(2013)는 모의 취업 면접을 활용한 실험을 실시하였다. 참가자들은 "심리학 분야에서 당신의 역량을 면접관에게 보여주세요"라는 과제를 수행하는 동안 촬영되었다. 연구참여자들은 낮은 책임감 집단과 높은 책임감 집단으로 나누어졌다. 낮은 책임감 조건에서는 면접관이 심리학 지식이 거의 없는 2학년 영문학과 학생이라고 알려주었다. 높은 책임감 조건에서는 면접관이 심리학 전공의 대학원생으로, 해당 분야의 전문가라는 점을 알렸다. 또한 일부 질문은 참가자들이 자신의 지식을 과도하게 고양하거나 과장하도록 유도하기 위해 특별히 설계되었다. 예를 들어, 실제로 존재하지 않는 심리학 주제에 대해 질문을 던졌다. 자기 고양(self-enhancement) 성향이 강한 사람들은 이러한 질문에 허세를 부리며 자신감 있게 대답하는 경향을 보였다.

동영상 자료에서는 "네, 저 그거 알아요"와 같은 표현을 포함하여 과도한 자기 고양의 빈도를 측정하였다. 연구 결과, 나르시시즘 성향이 강한 사람들은 전문가가 면접관인 높은 책임감 조건에서 자기 고양 행동을 더 많이 보였다. 반면, 나르시시즘 성향이 낮은 사람들은 낮은 책임감 조건에서 자기 고양적 행동을 더 자주 나타냈다. 즉, 나르시시즘이 강한 사람들은 전문가에게 깊은 인상을 줄 기회가 주어지면, 노골적인 거짓말까지 포함하여 가능한 모든 자기 과시 전략을 사용하는 경향이 있다. 자기애적 자기 과시자들은 채용 적합성 평가에서 더 높은 점수를 받았는데, 특히 아시아계보다 유럽계 지원자일 때 그 경향이 두드러졌다. 이러한 면접 상황에서의 자기 과시는, 자신감을 가지고 과장하거나 모든 것을 아는 듯 행동하는 사람들이 면접 후 실제로 채용될 가능성이 더 높다는 점에서, 나르시시즘이 고위직에서 흔히 관찰되는 이유를 설명할 수 있다.

자기 과시 외에도 면접에서 성공할 수 있는 또 다른 전략은 환심 사기(자신을 호감 가는 사람으로 보이게 하기)와 이미지 보호(바람직하지 않은 특성을 감추기)이다. 호그(Hogue), 레바시나(Levashina) 및 항(Hang)(2013)은 마키아벨리니즘과 취업 면접에 관한 연구에서, 대학생 참가자들에게 미래의 면접 상황에서 특정 방식으로 행동할 가능성에 대해 질문하였다. 예를 들어, 실제로는 동의하지 않으면서도 면접관의 의견에 동의하는 척하는 행동(즉, 아부), 또는 업무 수행을 위해 추가 교육이 필요하다는 사실을 언급하지 않는 행동(즉, 이미지 보호) 등이 포함되었다. 연구 결과, 마키아벨리니즘 성향이 강한 남녀 참가자들은 자기 과시, 이미지 보호, 그리고 면접관의 호감을 얻기 위한 다양한 조종 전략을 더 많이 사용할 가능성이 높았다. 실제 면접 상황에서 이러한 전략들을 신빙성 있게 구사한다면 취업에 성공할 수 있는 결과로 이어질 수 있다.

루랭(Roulin)과 부르다주(Bourdage)(2017)는 3개월간의 인턴십 기회를 위해 지역 조직에서 면접을 본 경영학 전공 학생들을 추적 조사하였다. 연구 결과, 경험이 부족하고 정직–겸손성이 낮으며 어두운 성격의 3요소 점수가 높은 학생일수록 자신의 약점을 숨기는 등 기만적인 인상 관리 전략을 더 자주 사용하는 것으로 나타났다. 또한 어두운 성격의 3요소 점수가 높은 사람들(특히 사이코패시)은 연속된 면접 과정에서 인상 관리 전략을 역동적으로 변화시키며, 면접이 거듭될수록 업적 과장과 같은 전략을 조정·강화하는 경향을 보였다. 이러한 연구 결과들을 종합하면, 면접에서의 위장된 행동은 어두운 성격의 3요소가 높은 지원자들에게 전형적으로 나타나는 특성임을 알 수 있다. 이들은 칭찬하기, 정보 은폐하기, 과거 업적을 과장하거나 거짓말하기 등 다양한 전략을 구사한다. 이와 같은 기만적 행동은 실제로 취업 성공으로 이어질 수 있으며, 이는 기업이 부적절한 행동을 일삼는 직원을 채용하게 되어 재정적 손실이나 평판 하락의 위험에 직면할 수 있음을 시사한다.

6.4 어두운 성격 3요소와 리더십

조직 맥락에서 리더십은 매우 중요한 요소이다. 리더는 혁신적이고 영감을 주는 동기부여자의 역할을 하는 유형부터, 무능하고 파괴적이며 약자를 괴롭히는 유형까지 다양하다. 리더십은 개인, 팀, 그리고 조직 전체의 성과와 웰빙에 중대한 결과를 가져온다. 실제로 리더십의 영향은 일대일 상호작용, 팀 역동, 조직 기능이라는 세 가지 수준에서 분석될 수 있다.

개인의 성격은 리더십 스타일에 영향을 미치며, 이는 조직심리학 분야에서 많은 연구가 이루어진 주제이다. 어두운 성격의 3요소와 리더십에 관한 연구에서는 특히 직장에서의 사이코패시 성향을 다룬 연구가 많은 관심을 받아왔다. 반면, 나르시시즘이나 마키아벨리니즘, 혹은 어두운 성격의 3요소 전체를 함께 살펴본 연구는 상대적으로 드물다. [표 6.1]은 어두운 성격의 3요소가 다양한 리더십 결과에 미치는 영향을 다룬 연구들을 정리한 것이다.

표 6.1 어두운 성격 3요소와 리더십과의 관계

연구자	연구 대상	어두운 성격 3요소 구조	결과
Volmer, Koch 및 Göritz(2016)	직원 811명, 독일	N, P, M	리더 N = 더 높은 연봉과 더 많은 승진. 리더 M = 경력 만족도 및 정서적 행복 저하
Tokarev, Phillips, Hughes 및 Irwing(2017)	직원 508명, 미국	N, P	리더 N과 P = 더 많은 괴롭힘, 더 높은 우울증
Wisse와 Sleebos(2016)	관리자 225명, 부하직원 740명, 네덜란드	N, P, M	리더 M = 권력이 있다고 인식할 때 가학적 감독(abusive supervision) 경향
Braun(2017)	45개 연구 메타분석	N	카리스마 있고, 대담하며, 불확실한 상황에서 새로운 계획을 시작함. 직원들에게 부정적인 감정을 유발하고, 협업을 방해하며, 회사 이미지를 손상시킴.
Mathieu 외(2014)	매니저와 직원 612명, 캐나다	P	관리자가 사이코패스로 인식될 때 심리적 고통은 더 높아지고 직무 만족도는 더 낮아짐.
ten Brinke, Kish 및 Keltner(2018)	헤지펀드 매니저 101명	N, P, M	매니저 P = 더 나쁜 투자 성과 매니저 N = 위험조정 후 수익률 하락
Blickle, Schütte 및 Genau(2018)	매니저 154명, 관리자 154명, 부하직원 258명, 독일	P	미래 업무 전망이 좋고 부하직원을 학대할 때 상사 평가 직무성과 감소
Babiak 외(2010)	경영 개발 프로그램 전문가 203명, 미국	P	카리스마와 프레젠테이션 스타일에 대한 평가 높음. 책임감과 성과 평가 낮음.
Zhang, Ou, Tsui 및 Wang(2017)	CEO 206명, CEO 63명, 고위 관리자 518명, 중간 관리자 645명, 중국	N	나르시시즘 리더는 조직 혁신과 관련이 있었으나, 이는 부하직원들 앞에서 겸손한 리더에게서만 나타남.

N = 나르시시즘, P = 사이코패시, M = 마키아벨리니즘.

"사이코패스 상사"라는 개념은 바비악(Babiak)과 헤어(Hare)(2006)의 『직장으로 간 사이코패스(Snakes in Suits)』 출간 이후 언론에서 주목받기 시작했다. 이 책은 실제 사례 연구를 바탕으로 직장 내 사이코패스를 식별하고 대처하는 방법에 대해 조언한다. 조직 내 사이코패시적 출세 지향자라는 개념은 널리 알려져 있음에도 불구하고, 어두운 성격의 3요소와 조직 리더십 간 관계에 대한 실증적 연구는 놀라울 만큼 부족하다. 이는 아마도 해당 연구 주제가 지닌 민감성 때문일 것이다. 그럼에도 불구하고, 직장인들은 동료나 리더를 손쉽게 사이코패스로 낙인찍는 경향을 보인다(Caponecchia, Sun, & Wyatt, 2012). 이는 언론의 과도한 관심, 대중 과학 서적, 그리고 직장 내 사이코패스를 식별하려는 다양한 웹 자료들의 영향일 가능성이 크다.

일부 연구에 따르면 조직의 고위직에서 사이코패시의 비율이 불균형적으로 높게 나타나는 것으로 보고되었다(Babiak, Neumann, & Hare, 2010; Boddy, Ladyshewsky, & Galvin, 2010). 예를 들어, 바비악(Babiak) 외(2010)는 『사이코패시 체크리스트-개정판(Psychopathy Checklist-Revised, PCL-R)』을 사용하여 200명 이상의 기업 전문가들을 조사한 결과, 점수가 높은 사람들이 관리직이나 감독직을 맡을 가능성이 더 높다는 사실을 발견하였다. 또 다른 연구에서는 특히 고위 경영진 직급에서 사이코패시적 성향을 가진 개인의 수가 지나치게 많다는 결과가 보고되었다(Boddy 외, 2010). 따라서 사이코패시 성향은 단순히 기업 조직에서 일하는 것과 관련될 뿐 아니라, 개인의 조직 내 위치에도 영향을 미칠 수 있다. 지배성, 카리스마, 대담성과 같은 특성들은 리더십 지위에서 적어도 단기적인 성공과 연관될 수 있다.

어두운 성격의 3요소가 강한 사람들은 어떤 리더가 될까? 직원들에게 고함을 치고 괴롭히며 업무를 방해하는 상사들은 사이코패시 성향이 높을 가능성이 있을까? 흥미롭게도 실제 직장에서 리더십 스타일과 사이코패시 간의 관계를 직접 살펴본 연구는 많지 않다. 베스테를라켄(Westerlaken)과 우즈(Woods)(2013)는 경영 경험이 있는 대학생들을 대상으로 사이코패시와 리더십 스타일 간의 관계를 조사한 결과, 사이코패시 성향이 강한 학생들이 자유방임형 리더십 스타일을 보이는 경향이 있다는 사실을 발견했다. 이는 대부분의 업무를 부하 직원에게 위임하고 수동적·방관적으로 이끄는 방식을 선호함을 의미한다. 직속 상사의 리더십 스타일과 사이코패시적 성향에 대한 직원들의 인식을 조사한 또 다른 연구에서도 유사한 결과가 나타났다. 상사를 사이코패스로 평가한 직원들은 그들의 리더십 스타일을 수동적이라고 인식한 것이다(Mathieu, Neumann, Babiak, & Hare, 2015). 이러한 결과는 사이코패시 성향이 강한 상사들이 직원이나 회사를 돌보는 것보다 자신의 경력 상승에 더 큰 관심을 두고 있음을 시사한다. 즉, 이들은 이기적인 경력 개발을 위한 시간을 확보하기 위해 최소한의 노력으로 리더십을 행사하려는 경향을 보일 수 있다.

사이코패시 성향을 가진 상사 밑에서 일한다고 인식하는 직원들은 여러 가지 부정적인 결과를 경험한다. 한 연구에 따르면, 상사가 사이코패시 성향이 높다고 평가한 직원들은 이직을 고려할 가능성이 높았고, 직무 만족도와 업무 동기가 낮았으며, 업무 수행에 무관심한 태도를 보였다(Mathieu & Babiak, 2015). 흥미롭게도, 이 연구에서는 상사의 리더십 스타일보다 사이코패스적 특성에 대한 인식이 더 부정적인 영향을 미쳤다. 즉, 지도자의 유형이 무엇이든 간에, 사이코패시 성향이 높으면 직원들에게 부정적인 영향을 미친다. 이와 유사하게, 클라이브 바디(Clive Boddy)(2014)는 영국 기업에서 근무하는 300명 이상의 직장인을 대상으로 분석을 진행하였다. 그 결과, 상사를 사이코패스로 인식한 직원들은 직장에서 갈등과 괴롭힘을 보고하였으며, 더 많은 불안, 분노, 지루함, 우울감을 경험한다고 응답했다. 이는 사이코패스적 상사가 직원들의 정서적 웰빙에 부정적인 영향을 미친다는 것을 보여준다. 또한, 사이코패스 상사와 함께 일한다고 보고한 직원들은 업무 수행 동기가 현저히 낮았는데, 이는 낮은 노력, 잦은 결근, 심지어 업무나 장비를 의도적으로 파괴하는 행위로 나타났다. 즉, 직장에서 부당한 대우를 경험하면 업무 동기가 저하되고, 이는 반생산적 행동으로 이어질 수 있으며, 결국 사이코패시 성향을 가진 상사들이 직원들의 반생산적 업무행동(Counterproductive Work Behavior: CWB)의 원인이 될 수 있다.

그러나 "어두운" 리더십의 모든 측면이 반드시 부정적인 결과로 이어지는 것은 아니다. 대담성과 의사결정의 측면에서, 어두운 성격의 3요소가 높은 경우 개인에게는 반드시 성공적이지 않더라도 회사 전체의 성과에는 긍정적으로 작용할 수 있다. 따라서 리더십의 성공을 개별 직원 차원이 아닌 조직의 이익과 손실로 평가할 때, 어두운 성격의 3요소가 반드시 해로운 것만은 아닐 수 있다. 예를 들어, 과감한 위험 감수는 한 나라의 대통령과 같은 궁극적인 정치적 리더십 역할에서 성공으로 이어질 수 있다. 릴리엔펠트(Lilienfeld) 외(2012)는 42명의 미국 대통령들의 성격에 대한 전문가 평가를 분석한 결과, 사이코패시의 핵심 특성 중 하나인 '대담한 지배성'이 위기관리 능력, 새로운 프로젝트 추진, 그리고 세계적 리더로서의 이미지 형성과 정적 관계가 있음을 보고하였다. 미국 대통령들에 대한 또 다른 연구에서도 나르시시즘에서 유사한 결과가 나타났는데, 특히 웅대한 나르시시즘은 설득력, 위기관리, 대중적 지지 확보와 정적 상관을 보였으며, 동시에 다양한 비윤리적 행동을 동반하는 경향이 있었다(Watts 외, 2013). 따라서 혼란스러운 시기에는 어두운 성격의 3요소 중 일부 특성과 관련된 무자비함이 위기 상황을 다루는 데 유리하게 작용할 수 있다. 릴리엔펠트(Lilienfeld) 외(2012)에 따르면, 사회적·물리적 상황에서의 대담성과 연관된 사이코패시적 특성은 리더십 지위를 성공적으로 획득하는 데 기여할 수 있다. 이러한 대담성은 과감한 리더십 결정이 필요한 상황에서도 도움이 될 수 있다.

6.5 어두운 성격 3요소, 직업 만족도 및 성공

때로는 해로운(toxic) 직원들이 동료와 상사를 능숙하게 조종함으로써 직장에서 권력을 얻고, 승진하며, 성공을 거두고, 급여 인상을 받으며 승진의 사다리를 오른다. 이들이 계산적인 술수를 부리는 것을 동료들이 알아채지 못하고, 상사들이 부하의 이기적인 책략을 눈치채지 못할 때, 그들의 승진 과정은 더욱 수월해진다. 만약 이러한 직장 내 조종 전략이 실제로 효과적이라면, 어두운 성격의 연속선상에서 높은 수준을 보이는 사람들은 급여, 승진, 권력 측면에서 더 많은 성공을 거두게 될 것이다. 성공은 직무 수행에서의 우수한 성과를 의미할 수도 있으며, 이는 개인의 성격과 수행하는 업무 유형 등 여러 요인들과의 상호작용에 의해 영향을 받을 수 있다. 그러나 성공은 개인이 자신의 직업으로부터 얻는 만족감으로도 측정될 수 있으며, 이는 반드시 물질적 보상과 관련이 있는 것은 아니다. 다음 절에서는 어두운 성격의 3요소와 직업적 성공 간의 관계를 물질적 이득, 업무 성과, 그리고 직무를 통해 얻는 주관적 만족감 측면에서 검토하고자 한다.

비록 대부분의 연구가 직장 내 어두운 성격의 3요소의 부정적인 측면에 초점을 맞추어 왔지만, 상황에 따라 이러한 특성들이 탁월한 업무 성과로 이어질 수도 있다. 예를 들어, 마키아벨리니즘과 1차 사이코패시에 수반되는 피상적인 정서는 냉철하고 이성적인 의사결정이 요구되는 상황에서 유리하게 작용할 수 있다. 까다로운 뇌 수술을 집도하는 외과의사가 환자에게 강한 정서적 공감을 느낀다면, 침착하고 효율적인 수술을 수행하기 어려울 것이다. 또한 2차 사이코패시의 전형적인 특징인 충동성은 화재 현장에서 구조 활동을 하는 소방 인력처럼 신속하고 위험을 감수해야 하는 직종에서는 오히려 필요한 자질이 될 수 있다. 종합해보면, 어두운 성격의 3요소는 직장에서 긍정적 행동과 결과, 부정적 행동과 결과가 공존하는 양날의 검과 같은 특성을 지닌다고 할 수 있다.

직무 성과와 어두운 성격의 3요소 간의 성공 관계를 살펴본 연구들은 혼재된 결과를 보여준다. 예를 들어, 바비악(Babiak) 외(2010)는 사이코패시 성향이 미국 여러 기업에서의 업무 평가와 어떤 관련성을 가지는지 조사하였다. 연구자 중 한 명은 상사와 부하 직원들을 대상으로 면담을 실시하고, 사이코패시 측정 도구(PCL－R)를 활용해 성향을 평가하였다. 또한 동료들은 일부 참가자들의 의사소통 능력, 리더십, 창의성·혁신성 등 다양한 업무 측면을 평가하였다. 연구 결과, 대인관계, 정서, 생활방식, 반사회적 행동이라는 네 가지 사이코패시 하위 요인은 모두 성과관리 기록을 통한 업무 수행 평가와 부적 상관을 보였다. 이는 사이코패시 성향이 업무 성과 향상으로 이어지지 않고, 오히려 반대 결과를 낳는다는 것을 의미한다. 그러나 동료 평가에서는 긍정적 인식과 부정적 인식이 혼재된 양상이 나타났다. 구체적으로, 동료들이 평가한 의사소통 능력, 전략적 사고, 창의성은 연구자가 평가한 사이코패시 점수와 정적 상관관계를 보였으며, 이는 사이코패시의 모든 하위 요인에서 동일하게 나타났다. 반면, 팀워크 능력, 관리 능력, 전반적 성취도에 대해서는 사이코패시 점수가 높을수록 부정적인 평가가 주어졌다.

바비악(Babiak)과 동료들의 연구 결과를 종합하면, 사이코패시 성향이 강한 개인들은 인상 관리에 능숙하여 창의성이나 전략적 사고와 같은 측면에서 긍정적인 평가를 이끌어낼 수 있음을 보여준다. 이들은 자신의 주장을 효과적으로 전달하기 위해 설득력 있는 의사소통 전략을 활용할 수도 있다. 반면, 직장 동료들은 사이코패시 성향이 강한 동료들이 팀워크와 리더십이 부족하고 실제 업무 성과도 저조하다고 평가한다. 결국 사이코패시 성향이 강한 사람들은 이미지 관리 능력을 통해 고위직에 오를 수 있지만, 정작 맡은 업무에서는 무능하거나 부적절한 경우가 많을 수 있다.

일부 직업에서는 새로운 아이디어를 생성하고, 제안하며, 실행하는 것이 업무 성공의 핵심 요소이다. 비서(Wisse), 바렐즈(Barelds) 및 리츠첼(Rietzschel)(2015)은 306쌍의 관리자–직원 데이터를 분석하여 직원들의 어두운 성격의 3요소가 관리자가 평가한 혁신성과 어떤 관련이 있는지, 또 관리자의 어두운 성격 3요소 점수가 이러한 인식에 어떤 영향을 미치는지를 조사하였다. 그 결과, 관리자는 마키아벨리니즘 성향이 강한 직원을 덜 혁신적이라고 평가한 반면, 나르시시즘 성향이 강한 직원은 더 혁신적이라고 평가하였다. 마키아벨리니즘 성향의 사람들은 적극적이거나 사교적이지 않은 반면, 나르시시즘 성향의 사람들은 자신의 아이디어를 전달하고 홍보하는 데 더 능숙할 수 있다. 흥미롭게도, 나르시시즘 성향이 낮은 관리자들만이 나르시시즘이 높은 직원을 더 창의적이라고 평가하였다. 연구자들은 이를 설명하면서, 나르시시즘 성향의 관리자들은 다른 나르시시스트들의 겉모습을 꿰뚫어 보고, 그들이 연출하는 '창의성의 환상'에 쉽게 현혹되지 않는다고 보았다. 이는 나르시시즘 성향의 사람들이 스스로를 창의적이라고 여기지만 실제로는 그렇지 않다는 기존 연구 결과(Jonason, Abboud, Tome, Dummett, & Hazer, 2017)와도 일치한다. 결국 어두운 성격의 3요소는 진정한 혁신성 측면에서의 업무 성공과는 뚜렷한 관련이 없을 가능성이 높다.

그러나 마키아벨리니즘과 업무 성과 간의 관계는 상황적일 수 있으며, 특정 환경에서는 마키아벨리니즘 성향을 가진 개인이 더 성공적인 방식으로 일하도록 동기부여될 수 있다. 예를 들어, 스미스(Smith)와 웹스터(Webster)(2017)의 연구에 따르면, 높은 마키아벨리니즘 성향을 가진 개인이 직장에서 사회적으로 위협이나 약화 상황을 경험할 때 오히려 정치적 기술이 활성화되어 상사로부터 더 좋은 평가를 받는 것으로 나타났다. 정치적 기술은 직장에서 사회적 상황을 정확히 이해하고, 자신에게 유리한 전략적 인맥을 형성하는 능력과 관련이 있다. 따라서 경력 개발의 측면에서 정치적 기술은 마키아벨리니즘 성향이 강한 사람들이 직장에서 앞서 나가기 위한 전략적 수단이 될 수 있다.

다른 연구에서는 성격 6요인 모델(HEXACO)의 특성 중 하나인 낮은 정직-겸손성을 "어두운" 성격으로 개념화하였으며, 이는 어두운 성격의 3요소와 밀접한 관련이 있다(제1장 참조). 정직-겸손성이 낮은 사람들은 이기적이고, 타인을 이용하려 하며, 신뢰하기 어려운 특성을 보인다. 템플러(Templer)(2018)는 직장에서 낮은 정직-겸손성이 상사가 평가한 업무 성과, 정치적 기술, 팀워크 촉진의 성공과 어떤 관련이 있는지를 살펴보았다. 연구 결과, 정직-겸손성이 낮으면서 스스로의 정치적 기술을 높게 평가한 직원들은 상사로부터 업무 수행과 팀워크 촉진에서 좋은 평가를 받았는데, 이는 해당 직원의 정치적 기술을 실제로 높게 평가한 상사들에게서만 나타난 현상이었다. 업무 성과는 경력 향상에 중요한 요소이며, 이러한 결과는 어두운 성격을 가진 사람들이 때때로 직장에서 성공을 거두는 이유를 일정 부분 설명해 준다.

경력의 성공은 개인이 자신의 경력 경로에 대해 느끼는 주관적 만족도로도 측정될 수 있다. 몇몇 연구에서는 어두운 성격의 3요소를 객관적 성과(연봉, 승진)와 주관적 성과(직무 만족도) 측면에서 살펴보았다. 아이젠바르트(Eisenbarth), 하트(Hart) 및 세디키데스(Sedikides)(2018)는 사이코패시의 3요소 모델(자기중심적 충동성, 대담한 지배성, 냉담성)에 주목하여, 이것이 주관적 경력 만족도(승진, 급여)와 객관적 물질적 성공(연봉, 전문적 지위, 승진 횟수)에 어떤 영향을 미치는지를 연구하였다. '성공한 사이코패시'라는 개념은 냉담성과 대담한 지배성이 더 큰 물질적 성공과 관련될 수 있다는 예측을 가능하게 한다. 연구 결과, 대담한 지배성은 만족감과 물질적 성공 모두와 정적 상관을 보이는 것으로 나타났다. 즉, 사이코패시의 특성 중 두려움 없는 태도가 직장 내 행동으로 이어져 주관적·객관적 성공을 이끌어낼 수 있음을 시사한다.

또 다른 연구에서는 어두운 성격의 3요소와 승진, 임금 인상에서의 성공, 그리고 직무 만족도 간의 관계를 조사하였다(Spurk, Keller, & Hirschi, 2016). 연구자들은 독일 민간 부문에서 초기 경력 단계에 있는 약 800명의 직원들로부터 데이터를 수집하였다. 그 결과, 나르시시즘은 더 높은 급여와 정적 상관을 보였고, 마키아벨리니즘은 주관적 직무 만족도 및 리더십 지위와 관련이 있었으며, 사이코패시는 낮은 직무 만족도, 급여, 리더십 지위와 관련이 있는 것으로 나타났다(Spurk 외, 2016). 이러한 결과는 나르시시즘과 마키아벨리니즘이 긍정적인 직업적 성과와 연관되는 반면, 사이코패시는 부정적인 직업적 성과와 연결된다는 점을 시사한다. 다만, 이 연구는 12문항으로 구성된 더티 더즌(Dirty Dozen) 척도를 사용하였는데, 이는 사이코패시나 나르시시즘의 세부 하위 요인을 구분하지 못한다는 한계가 있다. 따라서 사이코패시의 일부 특성이 직업적 성공과 연관될 가능성은 여전히 존재하나, 각 연구 결과는 연구자가 사용한 측정 도구에 크게 의존한다는 점을 고려해야 한다.

조나손(Jonason), 컨(Koehn), 오칸(Okan) 및 오코너(O'Connor)(2018)는 호주의 일반 인구 500여 명을 대상으로 연간 소득을 조사하였다. 그 결과, 독일 고용주 표본과 유사하게 나르시시즘은 참가자들의 연봉과 정적 상관을 보였다. 그러나 스퍼크(Spurk)와 동료들의 연구와는 달리, 호주 표본에서는 사이코패시가 급여와 약한 정적 상관을 보였으며, 이는 주로 여성 참가자들에게서 두드러졌다. 이러한 차이는 연구자들이 사용한 측정 도구의 특성에 기인했을 수 있다. 조나손과 동료들은 27문항으로 구성된 어두운 성격 3요소 단축형 설문지를 사용했는데, 이는 기존의 장문형 검사도구보다 더 나은 수렴타당도를 보였다. 여러 연구를 종합하면, 나르시시즘은 일관되게 높은 소득과 같은 성공적 결과와 관련이 있는 것으로 나타난다. 즉, 나르시시즘 성향이 강한 사람들의 과도한 자신감과 단호함은 승진이나 초봉 협상에서 유리하게 작용하여, 결과적으로 더 높은 급여로 이어질 수 있다.

울리히(Ullrich), 패링턴(Farrington) 및 코이드(Coid)(2008)는 런던 도심에 거주하는 48세 영국 남성 304명을 대상으로 인터뷰를 실시하였다. 참가자들은 어린 시절 경험, 대인관계, 건강 문제, 주거 환경, 공격적·폭력적 행동, 약물 남용 등에 관한 질문에 답변하였다. 면접관은 인터뷰 과정에서 나타난 행동과 응답을 바탕으로 사이코패시 체크리스트의 스크리닝 버전을 사용하여 사이코패시 수준을 평가하였다. 연구 결과, 소득이나 사회적 지위 측면에서 사이코패시와 직업적 성공

간의 관련성은 발견되지 않았다. 오히려 1차 사이코패시 특성(정서적 결핍)과 2차 사이코패시 특성(충동적 생활양식 및 반사회성) 모두 지위와 부와 부적 상관관계를 보였다. 따라서 이 표본에서 사이코패시는 성공에 부정적인 영향을 미치는 것으로 나타났다.

마지막으로, 어두운 성격의 3요소는 기업가적 활동과 관련이 있다. 새로운 사업을 시작하는 일은 위험을 수반하며, 일정 수준의 대담함과 확고함을 필요로 한다. 실제로 학생들의 창업 관심을 조사한 연구에서는 특히 나르시시즘이 창업 의도와 정적 관련이 있음을 발견하였다(Hmieleski & Lerner, 2016). 젊은 전문직 종사자들을 대상으로 한 연구에서는 1차 사이코패시(냉담하고 감정이 결여된 성향)와 2차 사이코패시(위험 감수와 충동성)를 구분하여 살펴보았다. 그 결과, 1차 사이코패시는 기업가적 성향과 중간 정도의 정적 상관을 보였으나, 실제 자기보고식 기업 활동과는 연관성이 없었다(Akhtar, Ahmetoglu, & Chamorro－Premuzic, 2013). 연구자들은 1차 사이코패시의 주요 특성인 유창한 언변, 냉담함, 대담함이 새로운 기회를 탐색하는 과정에서 유리하게 작용할 수 있다고 보았다. 그러나 동시에 1차 사이코패시는 지역사회에 기여하는 사회적 기업가 정신과는 부적 상관관계를 보였다.

기업가 정신의 동기는 의미 있는 일에 참여하고, 타인을 고용하며, 사회에 이로운 서비스를 제공하려는 '생산적 동기(가치 창출)'부터, 자신의 소득을 늘리려는 욕구인 '비생산적 동기(가치 전유)'까지 다양할 수 있다. 흐미엘레스키(Hmieleski)와 러너(Lerner)(2016)의 연구에 따르면, 효과 크기는 작지만 사이코패시는 비생산적 동기와, 나르시시즘은 생산적 동기와 각각 연관이 있는 것으로 나타났다.

6.6 어두운 성격 3요소와 반생산적 업무행동

"워털루빌 직원 회사 자금 약 7만 8천 파운드 횡령 후 새 옷과 휴가비로 탕진… 임원진 '배신감' 느껴"(Salked, 2018)

"패스트푸드점 직원, 고객 음식에 침 뱉고는 '집에 가고 싶다'고 말해"(Buck, 2018)

"불만을 품은 직원, 3년간 '씰릿 뱅(Cillit Bang, 세정제)'으로 업무용 컴퓨터를 파손"(텔레그램(The Telegraph), 03/02/ 2013)

이러한 신문 헤드라인들은 절도, 파괴, 방해 행위를 저지른 직장인들의 흔한 사례를 보여준다. 회사 자금을 다루는 직책으로 승진한 일부 직원들은 권력을 남용하여 회사 자금을 횡령하기도 한다. 또 다른 이들은 승진 기회가 박탈된 것에 대한 조용한 항의로 회사 자산을 의도적으로 훼손하거나, 부적절한 행동으로 회사 이미지를 실추시키기도 한다. 이는 직원들이 회사에 직접적인 피해를 끼치는 수많은 반생산적 업무행동(Counterproductive Work Behaviors: CWBs) 중 일부 사례에 불과하다. 반생산적 업무행동은 직장 내에서 동료를 대상으로 나타나기도 하고(예: 괴롭힘, 성희롱, 타인의 업무 방해), 회사 자체를 대상으로 나타나기도 한다(예: 절도, 의도적인 비효율적 업무 수행, 회사 자산 파괴, 회사 평판 훼손). 이러한 행위의 동기는 복수와 게으름에서부터 금전적 탐욕에 이르기까지 행위만큼이나 다양하다.

어두운 성격 3요소와 반생산적 업무행동 간의 관계는 복잡하며, 이는 특정 성격 특성, 조직 맥락, 그리고 개인을 움직이는 동기에 따라 크게 달라진다(O'Boyle, Forsyth, Banks, & McDaniel, 2012). 어두운 성격이 항상 부정적인 직장 내 행동으로 이어지는 것은 아니다. 적절한 상황에서는 어두운 성격 3요소가 높은 개인도 동료에게 도움을 주고, 생산적으로 일하며, 회사의 이익을 진심으로 고려할 수 있다. 성격과 반생산적 업무행동 사이에는 수많은 매개 및 조절 요인이 존재하며, 현재까지의 연구는 직장 내에서 어두운 성격이 어떠한 방식으로 작동하는지를 아직 표면적으로만 탐색한 수준에 머물러 있다.

반생산적 업무행동(CWBs)을 이해하기 위한 주요 이론적 틀 중 하나는 '사회교환 이론(Social Exchange Theory)'이다. 이 이론에 따르면 직장 내 직원들의 행동은 직장에서 자신이 받는 혜택을 어떻게 인식하느냐에 달려 있다. 그 혜택은 금전적 보상, 사회적·정서적 지원, 지위와 권력의 획득 등으로 다양하다. 직원들이 이러한 혜택을 충분히 받는다고 느낄수록 조직에 기여하고 해가 되는 행동을 자제할 가능성이 크다. 반면, 낮은 급여, 인정 부족, 승진 기회의 제한 등 혜택이 낮다고 인식할 때에는 반생산적 업무행동에 가담할 가능성이 높아진다. 또한 '개인-

상황 접근법(person–situation approach)'에 따르면, 개인이 환경에 반응하는 방식은 성격에 따라 다르며 상황에 따라 달라질 수 있다. 따라서 어두운 성격 3요소가 높은 사람일지라도 "모범 직원"으로 행동하는 것이 자신에게 이득이 된다고 판단하면 성실하고 신뢰할 만한 태도로 일할 수 있다. 실제로 어두운 성격 3요소, 반생산적 업무행동, 그리고 지각된 조직적 지지 간의 관계를 살펴본 연구에서는, 전반적으로 어두운 성격 3요소가 CWBs의 높은 빈도와 연관되었지만, 특히 사이코패시와 나르시시즘 성향이 강한 직원들도 직장 환경을 지지적이라고 인식할 때는 CWBs 발생률이 낮았다(Palmer, Komarraju, Carter, & Karau, 2017). 또 다른 연구에서는 마키아벨리니즘, 자원 경쟁, 그리고 동료를 해하는 행동 간의 관계가 분석되었다(Castille, Kuyumcu, & Bennett, 2017). 그 결과, 마키아벨리니즘 성향이 강한 사람들은 경쟁이 치열한 업무 환경에서만 동료를 더 많이 해하는 경향을 보였다. 마키아벨리니즘 성향의 개인들은 경쟁의 신호를 파악하는 데 능숙하고, 직장에서 정치적 술수를 부리는 데 뛰어나기 때문에, 경쟁이 격화될수록 동료를 깎아내리는 반생산적 업무행동을 통해 더 큰 성공을 추구하려는 경향이 있다.

블리클(Blickle)과 슈트(Schutte)(2017)는 161명의 목표대상–동료 삼자관계(target–coworker triads) 표본을 통해 자기중심적 충동성과 대담성이라는 사이코패시 특성이 반생산적 업무행동(CWBs), 교육 수준, 그리고 조직 내 타인에 대한 영향력과 어떤 관련이 있는지 조사했다. 연구 대상자들은 사이코패시 측정도구를 사용해 자기보고를 했으며, 각 대상자의 동료 2명이 해당 직원의 업무 성과, 사회적 영향력, 반생산적 업무행동을 평가했다. 연구 결과, 자기중심적 충동성은 동료들이 평가한 반생산적 업무행동과 정적 상관관계를 보였다. 또한 '두려움 없는 지배성(fearless dominance, 성공한 사이코패시의 한 측면으로 알려짐)'은 교육 수준이 낮고 대인 영향력이 부족한 직원들일수록 반생산적 업무행동과 더 강하게 연관되었다. 그러나 교육 수준과 대인 영향력이 높은 직원들에게서는 두려움 없는 지배성과 반생산적 업무행동 간의 관련성이 나타나지 않았다. 이러한 결과는 직원이 반생산적 업무행동에 가담할 가능성은 단순히 성격 요인만이 아니라, 상황적 맥락과 개인차 요인에 의해 크게 좌우된다는 점을 보여준다.

6.6.1 반생산적 업무행동의 유형

연구를 통해 여러 가지 유형의 반생산적 업무행동(CWBs)이 확인되었다. 로빈슨(Robinson)과 베넷(Bennett)(1995)은 CWBs를 행동의 심각성 정도와 '대상(개인 혹은 조직)'에 따라 분류하였다. 이는 (1) 개인적 공격(예: 성희롱, 언어적 학대, 신체적 학대), (2) 정치적 일탈(예: 편애, 험담, 타인 비난, 비생산적 경쟁), (3) 생산성 일탈(예: 조기 퇴근, 자원 낭비, 과도한 휴식), (4) 자산 일탈(예: 방해, 거짓말, 절도)로 구분될 수 있다. 다수의 실증 연구와 기존 연구에 대한 메타분석 결과, 어두운 성격 3요소는 실제로 다양한 유형의 CWBs와 관련이 있는 것으로 나타났다. 일반적으로 어두운 성격 3요소(특히 사이코패시와 마키아벨리니즘) 점수가 높은 사람들은 무단결근, 직장 내 장비나 자산의 고의적 파손·절도, 타인을 해치거나 괴롭힘, 지속적으로 업무를 부정확하거나 게으르게 수행하는 행동을 보일 가능성이 높다(Jonason & O'Connor, 2017; Jonason, Slomski, & Partyka, 2012; Palmer 외, 2017).

6.6.2 어두운 성격 3요소와 반생산적 업무행동 동기

반생산적 업무행동(CWBs)의 동기는 매우 다양하며, 스릴 추구와 지위 향상에서부터 단순한 게으름, 그리고 복수심에 이르기까지 폭넓다. 특히 복수심은 강력한 CWB 동기로 작용한다. 조직심리학 연구에 따르면, 개인이 상사나 조직으로부터 부당한 대우를 받았다고 인식할 때 복수를 통해 앙갚음을 하려는 경향이 높다(Jones, 2009). 복수는 업무에 충분한 노력을 기울이지 않는 소극적 형태에서부터, 장비나 성과를 의도적으로 훼손하는 적극적 방해행위에 이르기까지 다양한 강도로 나타날 수 있다. 상황에 따라 이러한 행위의 대상은 직속 상사, 직장 동료, 또는 조직 자체가 될 수 있다. 특히 어두운 성격 3요소가 강한 사람들은 타인보다 부당함에 더 민감하게 반응할 가능성이 있다. 이를 뒷받침하는 연구에서, 지암마르코(Giammarco)와 버넌(Vernon)(2014)은 사이코패시와 마키아벨리니즘 특성이 높은 사람들이 더 보복적 성향을 보이는 반면, 나르시시즘은 이러한 경향과 유의한 관련이 없었다고 보고하였다. 이러한 결과는 어두운 성격 3요소가 전반적인 복수심과 연결되어 있음을 시사한다. 그러나 조직 맥락에서의 구체적 작동 방식은 아직 충분히 연구되지 않은 영역으로, 후속 탐구가 필요한 주제이다.

반생산적 업무행동(CWBs)의 또 다른 강력한 동기는 자기 이익을 극대화하려는 욕구이다. 어두운 성격 3요소의 핵심은 이기심, 즉 타인을 고려하지 않고 자신의 이익만을 추구하는 성향에 있다. 이러한 이기적 성향은 지위, 권력, 자원을 얻고자 하는 동기로 이어지며, 이는 CWBs를 통해 더 쉽게 달성될 수 있다. 주로 직장 외 환경에서 수행된 연구에 따르면, 어두운 성격 특성이 높은 사람들(특히 사이코패시와 마키아벨리니즘)은 거짓말(Jonason, Lyons, 외, 2014; Jonason, Wee, 외, 2014)이나 절도(Lyons & Jonason, 2015)를 저지를 가능성이 높았다. 이러한 행위들은 일시적이지만 지위와 자원을 확보하는 효과를 낼 수 있다. 따라서 마키아벨리니즘과 사이코패시 특성이 높은 개인의 경우, 직장 내에서 지위를 추구하려는 욕구가 반생산적 업무행동과 긴밀히 연관될 것으로 예상된다.

6.6.3 직장에서의 괴롭힘

직장 내 괴롭힘은 조직의 생산성에 부정적인 영향을 미칠 뿐만 아니라, 피해자의 정신적·신체적 건강을 해치는 심각한 문제이다. 개인적 차원에서 괴롭힘 피해자는 신체 건강 악화, 수면 장애, 자살 사고와 같은 문제를 겪는다. 또한 피해자화는 불안과 우울을 비롯한 다양한 정신건강 문제와 연관되며(Einarsen & Nielsen, 2015), 일부 심각한 경우에는 정신병이나 외상 후 스트레스 장애로까지 이어질 수 있다(Nolfe, Petrella, Blasi, Zontini, & Nolfe, 2007). 조직 차원에서는 괴롭힘으로 인한 결근이 생산성 저하와 직원 이직률 증가로 연결될 수 있다. 괴롭힘의 결과에 대해서는 비교적 많은 연구가 이루어져 왔지만, 괴롭힘을 가하는 사람들의 개인적 특성에 주목한 연구는 상대적으로 부족하다.

어두운 성격 3요소는 직장 내 괴롭힘과 관련된 주요 성격 특성으로 주목받고 있다. 나르시시즘이 높은 사람들은 자아가 취약하기 때문에, 자아가 위협받는다고 인식하면 대인관계에서 공격적인 행동을 보일 수 있다. 마키아벨리니즘의 조종적이고 교활한 대인관계 전략은 따돌림이나 험담과 같은 괴롭힘을 통해 조직 내 개인의 입지를 강화하는 데 활용될 수 있다. 조직 외 맥락에서 이루어진 몇몇 연구는 어두운 성격 3요소가 괴롭힘 빈도의 증가와 관련이 있음을 보여주었다. 예를 들어, 보맨(Baughman) 외(2012)의 설문 연구에서는 어두운 성격 3요소 중 사이코패시가 괴롭힘과 가장 강한 정적 상관관계를 보였으며, 그다음이 마키아벨리니즘이었다. 이는 신체적 괴롭힘뿐 아니라 언어적 괴롭힘에서도 동일하게 나타났다. 나르시시즘 역시 괴롭힘과 관련이 있었지만, 그 정도는 상대적으로 약했고, 주로 간접적 형태에서 두드러졌다. 이러한 관계는 온라인 환경에서도 유사하게 나타난다. 연구에 따르면 세 가지 특성 모두 괴롭힘 증가와 관련이 있지만, 그 중심에는 사이코패시의 독특한 특성이 자리하고 있었다(Goodboy & Martin, 2015; Pabian, De Backer, & Vandebosch, 2015). 따라서 이러한 결과를 기업 맥락에 확장해 본다면, 특히 사이코패시가 직장 내 괴롭힘과 가장 밀접한 관련을 가질 것으로 예상된다.

가해자와 피해자의 관계는 결코 단순히 구분되지 않는다. 직장 내 괴롭힘 가해자가 동시에 피해자인 경우가 있으며, 특히 언어적 폭력이나 업무 방해 상황에서는 피해자가 다시 가해자로 변하는 일이 빈번하다(Lee & Brotheridge, 2006). 즉, 가해와 피해의 상호적 관계는 직장 내 공격성에 연루된 사람들이 유사한 성격 특성을 공유하고 있음을 시사한다. 실제로 린톤(Linton)과 파워(Power)(2013)의 연구에서도 피해자와 가해자 모두 어두운 성격 3요소 특성을 보였다. 다만 이 연구는 낮은 급여의 초급 직책에 종사하는 대학생 표본을 대상으로 했기 때문에 일반화에는 한계가 있다. 폴란드 직장인을 대상으로 한 필치와 투르스카(Pilch & Turska, 2015)의 연구에서는 가해자이거나 가해자이면서 동시에 피해자인 사람들이 단순 피해자이거나 괴롭힘과 무관한 사람들보다 마키아벨리니즘 점수가 더 높게 나타났다. 이러한 결과는 어두운 성격 3요소가 높은 사람들이 종종 '도발적 피해자(provocative victim)'의 특징—즉, 적대적이고 공격적이며 성가시고 앙심을 품는 성향—을 보일 수 있음을 시사한다. 이러한 특성은 같은 성향을 가진 타인의 괴롭힘을 유발하거나, 피해자 자신이 보복성 괴롭힘을 시작하게 되는 상황을 촉발할 수 있다.

6.7 조직시민행동

조직시민행동(Organizational Citizenship Behaviors: OCB)은 직무의 필수적인 요소는 아니지만 조직 운영에 긍정적으로 기여하는 자발적 친사회적 행동을 의미한다. 이러한 행동은 고용주의 압력에 의한 것이 아니라, 직원 개인의 선택과 의지에서 비롯된다. 대표적인 예로는 신입사원을 기꺼이 지도하는 것, 동료들의 업무를 돕기 위해 정보를 공유하는 것, 혹은 반드시 필요하지는 않지만 회의나 세미나에 자발적으로 참여하는 것 등이 있다. 비록 공식적으로 인사 기록에 반영되지는 않더라도, OCB는 조직의 효율적 운영과 문화 형성에 중요한 역할을 한다. 또한, 조직시민행동을 실천하는 직원들은 대체로 친사회적이며, 동료를 돕는 데 적극적이고, 조직문화에 긍정적인 영향을 미친다. 따라서 OCB가 내포한 친사회성은 여러 측면에서 어두운 성격 3요소의 자기중심적이고 이기적인 행동 성향과 대조적이라 할 수 있다.

많은 연구가 조직시민행동(OCB)과 어두운 성격 3요소의 관계를 집중적으로 다루지는 않았다. 사보(Szabó), 치보르(Czibor), 레슈타시(Restás) 및 베레츠케이(Bereczkei)(2018)는 헝가리의 직장인 256명을 대상으로 이를 탐구하였다. 연구자들은 OCB를 두 가지 유형으로 나누었다. 첫째는 동료를 직접적으로 돕는 행동(예: "신입 직원을 돕기 위해 특별히 노력한다"), 둘째는 조직 전체에 이로운 행동(예: "출근이 어려울 때 미리 알린다")이었다. 또한 실제 직무 성과와의 관련성을 보기 위해 자기 평가식 직무 내 행동(예: "공식적인 직무 성과 기준을 충족한다")을 측정하였다. 분석 결과, 모든 어두운 성격 3요소는 조직을 향한 OCB와 부적 상관을 보였으며, 특히 마키아벨리니즘과 사이코패시는 동료를 향한 OCB와도 부적 상관을 나타냈다. 그러나 통제 변인(직무 만족도, 조직 동일시 정도, 성격 6요인 특성 등)을 고려한 회귀분석에서는 양상이 달라졌다. 사이코패시만이 개인 및 조직을 향한 OCB, 그리고 직무 내 행동 모두와 부적 상관을 보여, 사이코패시가 높은 직원은 자발적으로 동료나 조직을 돕지 않을 뿐 아니라 주어진 직무 과제 수행도 기피함을 시사했다. 반대로, 마키아벨리니즘은 통제 변인을 고려했을 때 조직을 향한

OCB와 정적 상관을 보였다. 이는 마키아벨리니즘 성향이 강한 사람들이 상사에게 긍정적으로 보이는 추가적 역할을 전략적으로 수행함으로써 자신의 경력을 발전시키려는 계산적 성향을 반영하는 것으로 해석된다.

6.8 결론

조직 내 어두운 성격 3요소에 관한 연구는 아직 초기 단계에 머물러 있다. 그러나 최근의 증거들은 사회적으로 반감을 사는 성격 특성을 지닌 사람들이 권력과 금전을 얻기 위해 무자비한 전술을 활용할 수 있는 직종과 진로를 스스로 선택한다는 점을 시사한다. 채용 면접 단계에서는 어두운 성격 3요소가 높은 개인들, 특히 자기애 성향이 강한 사람들이 자기 과시와 자기 고양 전략을 구사해 고용주를 매료시키고 채용 가능성을 높인다. 고용 이후에는 절도, 괴롭힘, 자산 파괴와 같은 반생산적 업무행동(CWBs)과 밀접히 연관된다. 이들이 리더십 위치에 오를 경우, 부하 직원들은 스트레스 수준이 높아지고 이직 의도를 보이는 경우가 많다. 다만 어두운 성격 3요소의 성공적 측면은 조직적 맥락과 개인의 다른 특성들에 따라 달라질 수 있다. 따라서 어두운 성격 3요소와 직무 성과 간의 관계를 조절하는 요인을 규명하는 추가 연구가 절실히 요구된다. 전반적으로, 사회적 적대성을 띤 성격에서 나타나는 착취적이고 기만적인 전략은 직장 환경뿐 아니라 삶의 여러 영역에서도 이기적인 행동으로 이어질 수 있음을 알 수 있다.

추가 읽을 자료

Babiak, P., Neumann, C. S., & Hare, R. D. (2010). Corporate psychopathy: Talking the walk. *Behavioral Sciences & the Law, 28*(2), 174–193.

Braun, S. (2017). Leader narcissism and outcomes in organizations: A review at multiple levels of analysis and implications for future research. *Frontiers in Psychology, 8*, 773.

Eisenbarth, H., Hart, C. M., & Sedikides, C. (2018). Do psychopathic traits predict professional success? *Journal of Economic Psychology, 64*, 130－139.

Volmer,J., Koch, I. K., & Göritz, A. S. (2016). The bright and dark sides of leaders' dark triad traits: Effects on subordinates' career success and well－being. *Personality and Individual Differences, 101*, 413－418.

어두운 성격 3요소와 인터넷 행동

The Dark Triad of Personality

제 7 장

어두운 성격 3요소와 인터넷 행동

7.1 도입

지난 수십 년간 사이버 공간은 심리학 연구에 풍부한 정보를 제공하는 원천이 되어왔다. 매일 32억 명 이상의 사람들이 인터넷에 접속하며, 이를 사회적, 개인적, 그리고 비즈니스 목적으로 다양하게 활용하고 있다(International Telecommunication Union, 2015). 온라인 환경에서는 익명성이나 물리적 가시성의 부재로 인해 사람들이 현실의 오프라인 상호작용보다 덜 억제된 행동을 보일 수 있다. 예를 들어, 데이트 웹사이트에서 대화를 나눈 여성에게 원치 않는 성기 사진을 보낸 남성이 실제 데이트 상황에서 자신의 성기를 드러낼 가능성은 얼마나 될까? '성기 사진(dickpicks)'을 보내는 행위는 온라인 환경에서는 흔히 발생하는 저비용, 저위험 행동으로 여겨지지만(Waling & Pym, 2017), 오프라인에서는 범죄 행위인 불법 노출에 해당한다.

인터넷의 익명성은 때때로 부정적인 행동 성향을 강화시키는데, 이는 종종 처벌받지 않기 때문이다. 이는 두 가지 유형의 탈억제 효과와 관련된다. 하나는 긍정적 탈억제 효과로, 감정·두려움·소망을 드러내거나 친절과 관대함을 보이는 것이며, 다른 하나는 유독한 탈억제 효과로, 분노·증오·위협·비판을 표출하거나 오프라인에서는 접근하지 않을 폭력적·포르노그래픽한 정보에 접근하는 것이다(Suler, 2004). 단기적 짝짓기 지향성이 어두운 성격 3요소 중 무절제하고 해로운 특성과 결합될 때, 이는 온라인 행동을 연구하는 데 중요한 연구 대상으로 작용한다. 인터넷의 익명성과 단절성은 어두운 성격 3요소 성향의 부정적인 측면을 증폭시킬 가능성이 크다.

다양한 온라인 행동 유형과 관련하여, 어두운 성격 3요소는 주로 소셜 네트워킹 플랫폼에서 가장 많은 주목을 받아왔다. 페이스북, 트위터, 인스타그램과 같은 소셜 미디어 사이트는 사용자들이 개인 정보를 생성·수정·공유하여 온라인 커뮤니티를 형성하게 한다. 이러한 사이트들은 지난 수십 년간 크게 확장되었으며, 세계 인구의 약 3분의 1이 소셜 미디어를 적극적으로 사용하는 것으로 추정된다(Statista, 2017). 사람들이 이러한 사이트를 이용하는 이유는 관계 유지와 사교에서부터 시간 때우기와 게임에 이르기까지 다양하다(Ryan, Chester, Reece, & Xenos, 2014). 때로는 소셜 미디어 사용이 중독적 성향을 띠어, 사용자가 온라인에 지나치게 많은 시간을 보내면서 다른 활동을 방해하는 경우도 있다.

온라인 환경은 중독성을 유발할 가능성이 있을 뿐만 아니라, 사람들이 자신을 표현할 때 속임수와 과장을 사용하도록 유혹한다. 흥미로운 점은 오프라인 세계에서는 어두운 성격 3요소가 기만과 관련이 있지만, 온라인 세계에서는 누구나 자기 표현 과정에서 거짓말쟁이가 될 수 있다는 것이다. 드루앵(Drouin), 밀러(Miller), 베일(Wehle) 및 에르난데스(Hernandez)(2016)는 사람들이 온라인 데이팅, 채팅방, 소셜 미디어, 성인 웹사이트 등 다양한 온라인 맥락에서 속임수를 사용하는지를 조사했다. 그 결과, 온라인 거짓말의 가장 강력한 예측 요인은 어두운 성격 3요소 특성이 아니라 '다른 사람도 모두 거짓말을 하고 있다'는 인식이었다. 이는 온라인 사회 규범이 거짓말을 허용하고 이를 당연하게 기대하기 때문에, 어두운 성격 3요소 수준과 무관하게 속임수가 나타날 수 있음을 시사한다.

이 장에서는 어두운 성격 3요소와 인터넷 행동에 관한 증가하는 연구들을 종합할 것이다. 어두운 성격 3요소와 관련된 인터넷 환경 연구는 자기 표현(즉, 사람들이 외부 세계에 자신을 어떻게 보여주고 싶어 하는지), 사이버 공격(즉, 트롤링[1] 스토

1 (역자주) 온라인에서 의도적으로 타인을 도발하거나 화나게 하거나 혼란을 일으키기 위해 공격적·부적절한 댓글을 다는 행위를 뜻한다.

킹, 위협, 괴롭힘), 성적 및 범죄적 행동(즉, 포르노 접근) 까지 폭넓게 다룬다. 인터넷과 어두운 성격 3요소에 관한 연구는 빠르게 증가하고 있으며, 이 글을 읽는 지금도 수십 편의 새로운 연구가 이미 발표되었을 가능성이 크다. 문헌에는 여전히 놀랄 만한 공백이 존재하며(예: 어두운 성격 3요소와 인터넷 데이팅), 이는 가까운 미래에 새롭게 등장하는 연구자들과 연구 프로그램에 의해 보완되기를 기대한다.

7.2 인터넷 사용 강도와 인터넷 중독 문제

인터넷, 특히 소셜 미디어 사용의 급격한 증가는 임상심리학자들의 관심을 끌었다. 비록 인터넷 중독이 진단 매뉴얼에서 공식적인 정신질환으로 인정받지는 않았지만, DSM-5의 최신 버전에는 '인터넷 게임 장애'를 진단할 수 있는 항목이 포함되어 있다. 소셜 미디어 사용 문제에 대한 관심은 소셜 미디어 사용이 삶에 미치는 부정적 영향을 평가하기 위한 측정 도구의 개발로 이어졌다. 그중 하나인 '소셜 미디어 장애 척도'(Social Media Disorder scale, van den Eijnden, Lemmens, & Valkenburg, 2016)는 총 9개 항목으로 예/아니오 형식으로 구성되어 있다. 이 문항들은 소셜 미디어 사용이 다른 활동을 소홀히 하게 만드는지, 타인과 갈등을 일으키는지, 부정적 감정을 회피하기 위해 사용하는지, 사용 사실을 숨기려 거짓말을 하는지 등을 묻는다. 소셜 미디어에 과도하게 몰두하는 사람들은 SNS를 확인하려는 통제되지 않은 욕구를 가지며, 이를 사용할 수 없을 때 불안을 경험한다. 연구에 따르면, 소셜 미디어의 중독적 사용은 불안, 우울 등 다양한 정신적 고통과 연관되어 있다. 그러나 그 인과관계는 아직 명확히 밝혀지지 않았다. 즉, 소셜 미디어가 정신적 고통을 유발하는 것인지, 아니면 정신적 고통을 겪는 사람들이 더 쉽게 소셜 미디어에 중독되는 것인지는 분명하지 않다.

성격은 소셜 미디어 문제적 사용 가능성에 영향을 미치는 요인일 수 있다. 어두운 성격 3요소 점수(특히 나르시시즘과 사이코패시)는 이미 물질 남용(Stenason & Vernon, 2016)과 도박 중독(Trombly & Zeigler-Hill, 2017)과 같은 중독과 연관되어 있음이 보고되었다. 즉각적 만족을 추구하는 경향이 강한 어두운 성격 3요소 성향은 인터넷을 과도하게 사용하게 만들 가능성이 있다. 현재까지 어두운 성격 3요소가 높은 개인의 중독적 온라인 행동을 조사한 연구는 많지 않다. 관련 연구로, 커르자부룬(Kircaburun), 데메트로비치(Demetrovics) 및 토순타쉬(Tosuntas)(2018)는 터키 대학생을 대상으로 어두운 성격 3요소와 소셜 미디어 중독의 관계를 조사했으며, 소셜 미디어 장애 척도를 사용했다. 연구진은 척도 점수를 기반으로 참가자를 소셜 미디어 중독 위험군과 비위험군으로 나누었다. 그 결과, 중독 위험군으로 분류된 집단이 어두운 성격 3요소의 모든 특성에서 더 높은 점수를 보였다. 경로 분석에서는 마키아벨리니즘과 나르시시즘(그러나 사이코패시는 아님)이 소셜 미디어의 문제적 사용과 관련이 있었다. 연구자들이 제시한 가능한 설명 중 하나는 외로움이었다. 이전 연구에서는 어두운 성격 3요소가 외로움과 관련됨을 밝혔으며(Zhang, Zou, Wang, & Finy, 2015), 소셜 미디어 중독 또한 외로움을 증가시킨다는 결과가 보고된 바 있다(van den Eijnden 외, 2016). 나르시시즘과 마키아벨리니즘 성향이 강한 사람들은 사이코패시 성향이 강한 사람들보다 인간관계에 더 관심을 가질 수 있지만, 조작적이고 자기중심적이며 공감이 부족한 특성으로 인해 질 낮은 관계를 형성하게 되고 결국 외로움을 경험할 수 있다. 인터넷은 일시적으로 사회적 접촉의 느낌을 제공할 수 있으며, 이로 인해 실생활 관계 대신 소셜 미디어를 대체하게 될 가능성이 있다.

인터넷 사용 강도가 높다고 해서 반드시 문제가 있는 것은 아니다. 소셜 미디어 중독과 유사한 사용을 보고하는 연구 외에도, 어두운 성격 3요소(특히 나르시시즘) 점수가 높은 사람들이 소셜 미디어에 더 많은 시간을 할애한다는 결과가 있으며(Fox & Rooney, 2015), 이는 해를 끼치기보다는 개인에게 긍정적인 영향을 줄 수 있다. 나르시시스트들은 소셜 미디어에서 자신이 필요로 하는 주목을 얻으며, 이로 인해 정신적 안녕감이 향상될 수 있다. 실제로, 더 적응적인 나르시시즘 성향을 지닌 사람들이 불안정한 나르시시스트들보다 소셜 미디어를 더 많이 사용하는 경향이 있다. 예를 들어, 13,000명 이상의 사용자를 대상으로 한 메타분석에서는 웅대한 나르시시즘(불안정한 나르시시즘 제외)이 소셜 미디어 사용 시간, 트윗이나 상태 업데이트 빈도, 친구나 팔로워 수, 셀카 게시 빈도와 관련이 있다는 결과가 나타났다(McCain & Campbell, 2016). 더 최근의 또 다른 메타분석에서도 유사한 결과가 보고되었으며, 웅대한 나르시시즘이 소셜 미디어에서 자기 표현과 친구,

'좋아요'를 모으는 데 중요한 역할을 한다는 점이 확인되었다(Gnambs & Appel, 2018). 흥미롭게도 두 메타분석 모두 웅대한 나르시시즘이 소셜 미디어 활동과 관련이 있음을 보여주었다. 웅대한 나르시시즘은 건강한 자존감, 자신감, 행복과 연결되는 반면, 나르시시즘적 취약성은 불안정한 자아감과 정신적 고통에 대한 취약성과 관련이 있다. 웅대한 나르시시스트들은 소셜 미디어를 실생활 사회적 네트워크의 대체물이 아니라 확장 수단으로 활용할 수 있다.

소셜 미디어 사용 강도와 나르시시즘 사이의 인과 관계는 여전히 중요한 질문이다. 페이스북(Facebook)과 같은 플랫폼을 더 많이 사용하면 사람들의 나르시시즘이 증가할 수 있을까? 결국 소셜 미디어의 많은 활동은 자신을 매력적으로 보이게 만드는 자기 홍보와 관련이 있기 때문이다. 월터스(Walters)와 호튼(Horton)(2015)은 미국 남자 대학생들을 대상으로 4일간의 일기 연구를 통해 웅대한 나르시시즘과 페이스북 사용 간의 방향성을 조사했다. 참가자들은 페이스북 사용 강도를 여러 차례 기록하고, 웅대한 나르시시즘을 측정하는 설문에 응답했다. 데이터 분석 결과, 웅대한 나르시시즘은 페이스북 사용 강도와 관련이 있었지만, 페이스북 사용이 나르시시즘 수준을 증가시키지는 않았다. 연구자들은 "페이스북 사용이 나르시시즘을 촉진한다는 개념은 더 이상 논할 필요가 없을 것 같다. 데이터는 그런 결론을 지지하지 않는다"(Walters & Horton, 2015, p. 329)라고 결론지었다. 그러나 할퍼른(Halpern), 발렌수엘라(Valenzuela) 및 카츠(Katz)(2016)의 또 다른 연구에서는 셀카를 찍고 공유하는 것이 시간이 지남에 따라 촬영자의 나르시시즘을 증가시킨다는 결과가 나타났다. 이는 소셜 네트워크 사이트가 자기중심성을 높이는 데 기여할 수 있음을 시사한다.

소셜 미디어는 자기 표현과 인상 관리를 위한 독보적인 공간을 제공한다. 실제로 많은 연구 증거들은 소셜 미디어가 나르시시즘적 목표인 자기 홍보와 자아 강화에 중요한 역할을 한다는 점을 보여준다. 어두운 성격 3요소와 중독적·병리적 소셜 미디어 사용 간에 연관성이 있을 수 있으나, 이 관계를 조절하는 다른 요인들도 존재할 가능성이 크다. 또한 웅대한 나르시시즘 성향이 강한 사람들은 소셜 미디어에서 더 활발히 활동하며 팔로워들의 주목을 받음으로써 큰 만족감을 경험할 수 있다.

7.3 사이버 폭력

사이버 폭력은 인터넷에서 흔히 발생하는 유해한 행동으로, 피해자에게 극심한 부정적 결과를 초래할 수 있다. 그리그(Grigg)(2010)는 사이버 폭력을 "전자적 수단을 통해 의도적으로 해를 가하는 행위로, 피해자는 나이와 상관없이 이를 모욕적, 해롭거나 원치 않는 행위로 인식한다"(p. 152)라고 정의했다. 사이버 폭력은 피해자에게 오프라인 괴롭힘만큼 해로울 수 있으며, 심각한 정신적 고통을 유발하고, 불행한 경우 자살로 이어지기도 한다. 따라서 사이버 폭력의 원인과 결과를 이해하는 것은 미래의 괴롭힘을 예방하고 피해자에게 도움을 제공하는 데 매우 중요하다.

실제로 사이버 공격성은 다양한 형태로 너무나 만연해져 인터넷의 본질 자체를 바꾸어 놓았다(Stein, 2016). 많은 사람들은 가해자가 타인을 공격하도록 만드는 특별한 특성을 지녔다고 생각할 수 있지만, 청(Cheng), 다네스쿠-니쿨레스쿠-미질(Danescu-Niculescu-Mizil), 레스코벡(Leskovec) 및 번스타인(Bernstein)(2017)의 실험 연구에 따르면, 적절한 상황에서는 누구나 가해자가 될 수 있다. 사이버 폭력의 역학은 다차원적이고 미묘하며, 온라인 환경은 악의적인 사회 규범을 형성할 수 있다. 이는 현실 세계에서는 쉽게 나타나지 않을 행동을 촉발할 수 있다. 누구나 온라인의 익명성을 활용해 타인을 공격할 수 있지만, 성격은 여전히 다양한 유해한 인터넷 행동의 강력한 예측 요인으로 작용한다. 특히 어두운 성격 3요소가 높은 사람들은 공격적이고 지배적이며 괴롭힘 성향이 강하기 때문에, 이들의 특성을 이해하는 것은 온라인 괴롭힘을 설명하는 데 핵심적이다.

트롤링, 괴롭힘, 스토킹은 사이버 폭력의 서로 다른 유형으로, 각각 다른 근본적 동기를 가질 수 있다. 트롤링은 사이버 괴롭힘과 구별되는데, 피해자를 무의미하게 자극하고 괴롭히는 것으로, 가해자가 피해자를 개인적으로 알지 못하는 경우가 많다. 반면, 사이버 괴롭힘은 주로 가해자가 이미 알고 있는 사람을 대상으로 하며, 무의미한 행위가 아니라 특정한 이유로 피해자를 겨냥한다. 사이버 스토킹은 낯선 사람이나 피해자가 아는 사람 모두에 의해 이루어질 수 있는 반복적이고 원치 않는 접촉과 감시를 의미한다. 사이버 스토킹은 특히 연애 관계에서 흔히 발생하며, 파트너나 전 파트너가 가해자의 강박적 감시에 노출되기도 한다. 이 세 가지 형태의 사이버 공격성은 모두 적대적이고 폭력적 성격을 띨 수 있으며, 피해자에게 심리적 피해를 초래할 수 있다. 표 7.1에는 이러한 세 가지 행위의 간략한 설명과 어두운 성격 3요소 또는 4요소와의 공유 분산을 통제한 연구 요약이 제시되어 있다.

7.1 사이버 폭력 유형과 어두운 성격 3요소/4요소와의 관련성

행동유형	특성	동기	어두운 성격 3요소/ 4요소와의 관련성
불링	반복적이고 고의적인 괴롭힘과 협박. 가해자는 피해자를 알고 있는 경우가 많음.	가해자의 이익을 위해 피해자의 행동/기분을 변화시킴(가해자의 사회적 가학성 수준 증가).	• 사이코패시 성향이 강한 아동(Pabian 외, 2015) • 사이코패시 성향이 강한 성인(Gibb & Devereux, 2014; Goodboy & Martin, 2015) • 가학적 성향이 강한 성인(Van Geel 외, 2017)
스토킹	반복적이고 원치 않는 접촉 및 피해자 감시. 가해자는 피해자를 알 수도 모를 수도 있음.	거부를 되돌리거나 수정하거나 복수하고자 함. 새로운 관계를 위한 모색	모든 어두운 성격 4요소 특성 = 친밀한 파트너에 대한 사이버 스토킹(Smoker & March, 2017)
트롤링	반응을 불러일으키기 위해 목적 없이 피해자를 괴롭히는 가혹 행위. 선동적인 댓글을 달면서 싸움을 시작하거나 화를 냄. 가해자는 피해자를 개인적으로 알지 못하는 경우가 많음.	반응을 불러일으키는 즐거움 "ㅋㅋㅋㅋ"를 위해 하는 것(웃음) → "ㅋㅋㅋㅋ"(웃음)를 유도하기 위해 하는 것	• 높은 사이코패시 = 익명의 트롤링(Seigfried-Spellar & Lankford, 2018) • 높은 사디즘(가학성) 및 사이코패시 = 트롤로서의 정체성 • 높은 마키아벨리니즘 = 트롤링을 즐김(Buckels 외, 2014). • 높은 사이코패시 = 유명인에 대한 트롤링 용인(Lopes & Yu, 2017) • 높은 사이코패시와 사디즘(가학성) = 타인에게 권력을 행사하기 위한 트롤링(Craker & March, 2016) • 트롤은 남성일 가능성이 높으며 사이코패시와 가학적 특성이 높고 정서적 공감 능력이 부족함(Sest & March, 2017).

7.3.1 트롤링

트롤링은 피해자의 소셜 미디어 페이지에 위협적이거나 비방적인 댓글을 남기는 행동을 포함하며, 이는 종종 익명으로 이루어진다. 이러한 댓글은 사회적·도덕적 규범을 위반하는 경우가 많고, 인종, 성별, 성적 지향, 정치적 성향, 종교 등에 대한 공격을 담기도 한다. 또한 때로는 사망한 사람과 그 가족을 조롱하거나, 피해자 및 그 가족에게 폭력을 가하겠다는 위협을 포함하기도 한다.

예를 들어, 한 페미니스트 블로거는 어린 딸을 강간하겠다는 위협 때문에 소셜 미디어 페이지를 일시적으로 폐쇄해야 했다(추가 사례는 Stein, 2016 참조). 안타깝게도 이와 같은 사례는 드물지 않으며, 트롤링이 징역형으로 이어진 사례도 존재한다. 트롤링의 동기에 관해서는, 피해자에게 두려움과 혐오를 불러일으키고 반응을 유도하는 것 외에는 다른 목적이 없는 듯하다. 트롤은 그 반응을 즐기기 위해 이러한 행위를 한다.

인터넷 트롤의 정체성과 관련하여, 다른 사람에게 부정적인 영향을 끼치려는 경향과의 연관성 때문에 어두운 성격의 3요소(Dark Triad)와 어두운 성격의 4요소(Dark Tetrad)가 특히 주목받고 있다(Craker & March, 2016). 어두운 성격의 4요소 중 사디즘(sadism) 측면은 특히 중요하다. 이 성향이 강한 사람들은 타인에게 고통을 가하는 행위 자체에서 즐거움을 얻기 때문이다. 이것은 또한 트롤링 행동의 핵심적인 특징이기도 한데, 바로 다른 사람을 괴롭히는 것이 그 자체로 목적이며 단지 '웃음(laugh out loud)'을 얻기 위한 것이라는 점이다. 혐오적 성격 특성과 온라인 트롤링 참여 간의 관계를 살펴본 몇몇 연구들이 있으며, 그 결과는 어쩌면 그리 놀랍지 않다. 네 가지 성격 특성 가운데, 사디즘이 단순히 행위 자체의 즐거움 때문에 타인에게 해를 끼치는 가장 강력한 예측 요인으로 나타났다.

버클스(Erin Buckels), 트랩넬(Trapnell) 및 폴허스(Paulhus)(2014)는 인터넷 트롤링에 대한 전반적 평가(Global Assessment of Internet Trolling, GAIT) 질문지를 제작하였으며, 이를 1,000명 이상이 참여한 두 개의 대규모 온라인 표본을 대상으로 어두운 성격의 4요소와의 관련성을 검증하였다. GAIT 문항에는 자신을 인터넷 트롤로 인식하는 정도와, 온라인 환경에서 다른 사람을 무의미하게 괴롭힘으로써 트롤이 얻는 즐거움의 수준이 포함되어 있다. 연구자들은 특히 사디즘이 트롤

정체성과 더 강하게 관련되어 있음을 발견했으며, 이는 사디즘 성향을 가진 개인이 타인에게 고통을 주는 데서 즐거움을 얻기 때문일 수 있다고 보았다. 다소 약한 정도이지만, 마키아벨리니즘은 트롤링에서 즐거움을 느끼는 중요한 긍정적 예측 요인으로 나타났으며, 사이코패시는 트롤 정체성과 더 강하게 관련되어 있었다. 연구 결과는 나르시시즘이 트롤링에서 비교적 작은 역할을 한다는 점을 보여주는데, 아마도 나르시시즘 성향을 지닌 개인들은 타인을 괴롭히며 즐기기보다는 자기 자신에게 집중하느라 바쁘기 때문일 수 있다.

다른 연구들은 어두운 성격 3요소 성향이 강한 사람들이 왜 트롤링에 참여하는지 그 이유를 탐구해 왔다. 로페스(Lopes)와 유(Yu)(2017)의 연구에서는 인기도가 높거나 낮도록 조작된 가짜 페이스북 프로필을 사용하였다. 이 프로필들은 트롤링을 나타내는 댓글과 함께 제시되었다. 예를 들어, 상태 업데이트에 시험에서 좋은 성적을 받았다는 내용이 올라오면, 그 아래 달린 트롤링 댓글은 프로필 소유자가 그 성적을 받기 위해 어느 강사와 잠자리를 했는지를 묻는 식이었다. 참가자들은 이러한 악의적인 댓글에 얼마나 동의하는지를 평가해야 했다. 연구 결과, 사이코패시 성향이 강한 사람들은 특히 대상이 인기 있는 프로필을 가진 경우 트롤링 댓글에 더 많이 동의하는 것으로 나타났다. 사이코패시 성향이 강한 사람들은 스스로 트롤링에 더 많이 가담하는 경향이 있기 때문에, 자신이 하는 행동을 합리화하듯 다른 사람의 트롤링도 수용하는, 이른바 "행동을 설교"할 가능성이 있다. 또한 흥미로운 점은, 트롤링 수용이 주로 인기 있는 프로필을 가진 사람들에게 향했다는 사실인데, 이는 사이코패시 성향이 강한 개인이 질투나 경쟁과 관련된 동기에 영향을 받을 수 있음을 시사한다.

사이코패시와 사디즘 성향이 강한 사람들에게는 타인에 대해 부정적인 힘과 영향력을 행사하려는 욕구, 즉 '부정적 사회적 영향력'이라 불리는 동기가 트롤링에 영향을 줄 수 있다. 크레이커(Craker)와 마치(March)(2016)는 어두운 성격의 4요소와 부정적 사회적 영향력의 관계를 조사하였고, 그 결과 사이코패시와 사디즘이 페이스북에서의 트롤링을 유의하게 예측하는 요인임을 발견했다. 이는 타인 위에 권력을 행사하려는 동기에서 비롯된 것일 수 있다. 반면, 나르시시스트는 지나치게 자기중심적이며, 마키아벨리언은 지나치게 계산적이어서 부정적 사회적 보상을 위해 트롤링에 가담하지 않을 가능성이 있다.

그렇다면 왜 인터넷 트롤들은 더 사디스틱하고 사이코패시적인가? 어두운 성격 4요소 중 이 두 측면과 관련된 다른 특성이 존재하여, 트롤링에서의 유사성을 설명할 수 있을까? 세스트(Sest)와 마치(March)(2017)는 인터넷 트롤에 관한 연구를 확장하여, 부정적 행동에서 중요한 또 다른 측면인 공감(empathy)에 주목했다. 이들은 공감을 정서적 공감(타인이 느끼는 것을 함께 느낄 수 있는 능력)과 인지적 공감(타인의 감정과 그 원인을 이해하되 감정 자체는 느끼지 않는 능력)으로 구분하여 살펴보았다. 연구 결과, 트롤들은 남성일 가능성이 더 높고, 사이코패시와 사디즘 수준이 높으며, 정서적 공감 수준이 낮은 것으로 나타났다. 이는 가해자의 관점에서 볼 때, 자신을 피해자의 입장에 두어 그들이 느낄 감정을 상상하지 못하는 것이 트롤링을 가능하게 하는 요인일 수 있음을 시사한다. 흥미롭게도, 인지적 공감 수준이 높은 것은 인터넷 트롤링을 더 많이 예측했는데, 이는 사이코패시 점수가 높은 참가자들에게만 해당되었다. 이러한 결과는 타인의 감정을 이해하고 예측할 수 있는 능력이 온라인 괴롭힘의 도구가 될 수 있음을 보여주며, 특히 본래 냉담한 성향(즉, 높은 사이코패시)을 가진 개인에게서 그 경향이 두드러진다는 점을 시사한다.

페이스북과 같은 소셜미디어 사이트는 일반적으로 완전히 익명적이지 않으며, 사용자들은 댓글을 다는 사람이 누구인지 대략적으로라도 짐작할 수 있다. 그러나 사용자 간의 완전한 익명을 보장하는 애플리케이션(앱)은 훨씬 더 위협적으로 다가올 수 있다. 익명성의 장막 아래에서는 결과를 고려하지 않고 자유롭게 행동할 수 있으며, 이는 이미 부정적 행동 성향을 가진 사람들이 더욱 탈억제된 방식으로 행동하도록 부추길 수 있다. 이러한 익명 기반 소셜미디어 앱의 대표적 사례가 바로 현재는 폐쇄된 Yik Yak이었다. 이 앱은 지리적으로 가까운 사람들끼리 익명으로 메시지를 올릴 수 있도록 했으며, 인종차별과 통제 불능의 괴롭힘 문제로 인해 미국 내 많은 교육기관에서 금지되었고, 일부 트롤들이 체포되기에 이르렀다. 시그프리드-스펠러(Seigfried-Spellar)와 랭크퍼드(Lankford)(2018)는 Yik Yak에서의 어두운 성격 3요소와 트롤링의 관계를 연구했으며, 그 결과 이전 연구들과 유사하게 나르시시즘이나 마키아벨리니즘이 아닌 사이코패시가 익명 기반 온라인 앱에서의 트롤링과 긍정적으로 관련되어 있음을 발견했다. 이러한 결과들은 소셜미디어 앱의 특성과 무관하게, 사이코패시와 사디즘 성향을 가진 사용자들이 다른 사용자들에게 더 큰 해악을 끼칠 가능성이 높다는 점을 시사한다.

인터넷 트롤들에게 또 다른 활동 무대를 제공하는 온라인 앱 유형은 데이팅 애플리케이션이다. 온라인 데이팅 앱은 진지한 관계뿐만 아니라 캐주얼 섹스를 찾기 위한 목적으로 점점 더 인기를 얻고 있다. 특히 틴더(Tinder)와 같은 위치 기반 실시간 데이팅 앱은 지리적 근접성을 기반으로 사람들이 실시간으로 서로 연결될 수 있다는 원리에 따라 만들어졌다. 그러나 이러한 앱들은 적대적 성차별의 주요 무대가 되었으며, 트롤링은 종종 트롤이 잠재적 데이트 상대에게 거절당했을 때 시작된다. 실제로 이는 매우 흔한 행동으로, 많은 온라인 데이팅 사용자들, 특히 여성들이 거절에 대한 반응으로 트롤링을 경험해 왔다. 이에 대한 대응으로 인스타그램의 #byefelipe와 같은 수많은 온라인 캠페인이 등장하여, 무시되거나 거절당했을 때 악의적으로 변한 남성들을 폭로하기도 했다. 마치(March), 그리브(Grieve), 매링턴(Marrington) 및 조나슨(Jonason)(2017)은 위치 기반 실시간 데이팅 앱에서의 자기보고식 트롤링을 조사하였으며, 예측 변인으로 역기능적 충동성(dysfunctional impulsivity)과 어두운 성격의 4요소를 포함시켰다. 연구 결과, 사이코패시, 사디즘, 그리고 역기능적(즉, 통제되지 않은) 충동성이 데이팅 앱 트롤링을 예측하는 요인으로 나타났다. 보다 구체적으로, 역기능적 충동성은 성격적 사이코패시 수준이 중간 이상인 사람들에게서 트롤링과 관련이 있었다. 즉, 충동을 통제하는 데 어려움이 있는 개인일수록 충동적으로 모욕적인 댓글을 남길 가능성이 높지만, 이는 이미 높은 수준의 사이코패시 성향을 지닌 경우에만 해당된다는 것이다.

어두운 성격의 4요소와 인터넷 트롤링을 탐구한 연구들에서 드러나는 전반적 그림은, 이 행동의 주요 요인이 사디즘과 사이코패시라는 점을 가리킨다. 트롤링의 동기가 무엇인지는 여전히 명확하지 않지만, 사디스트는 단순히 고통을 주는 데서 즐거움을 얻기 때문에 트롤링을 하고, 사이코패시는 질투, 복수, 혹은 경쟁심 때문에 트롤링에 가담할 수 있다. 분명한 것은, 다양한 인터넷 사이트에서의 트롤링과 관련된 혐오적 성격 특성과 동기를 더 깊이 탐구하는 추가 연구가 필요하다는 점이다.

7.3.2 사이버 괴롭힘

괴롭힘은 전 세계적으로 수많은 사람들에게 영향을 미치는 만연한 문제이며, 특히 학교에 다니는 아이들이 많이 겪는 문제 중 하나이다. 사이버 환경에서는 가해자들이 학교에서 집까지 장소에 구애받지 않고, 직접적인 대면 없이 피해자를 따라다니며 악의적인 행동을 할 수 있다. 사이버 괴롭힘은 가해자들이 새로운 애플리케이션, 소셜 네트워킹 사이트, 웹사이트 등을 통해 끊임없이 피해자를 괴롭히는 새로운 방법을 찾아내기 때문에 대처하기가 어렵다. 온라인에서의 괴롭힘은 피해자에게 파괴적인 결과를 초래할 수 있으며, 극단적인 경우 자살로 이어지기도 한다(http://www.puresight.com/Real-Life-Stories/real-life-stories.html). 사이버 환경은 타인을 사칭하거나, 괴롭히거나, 배제하는 수단으로 사용되며, 그 동기는 복수, 지루함, 질투, 또는 타인의 인정을 추구하는 데에서 비롯된다. 괴롭힘의 형태에는 피해자의 창피한 사진을 게시하거나, 비방적인 발언을 하거나, 공공연하게 또는 비공개적으로 위협하는 행위가 포함된다. 괴롭힘은 더 은밀한 방식으로 나타날 수도 있는데, 예를 들어 피해자가 초대받지 못한 사회적 행사에 대해 알게 하여 소외감을 주는 방법 등이 있다. 점점 더 많은 증거들은 사이버 괴롭힘 가해자들이 오프라인 괴롭힘 가해자들과 유사한 성격적 특성을 가지고 있음을 보여준다. 이들은 일반적으로 타인에게 공격적인 행동을 하지 못하게 막아주는 성향(예: 공감)이 낮은 것으로 나타난다(Doane, Pearson, & Kelley, 2014).

사이버 괴롭힘이 청소년에게 미치는 영향에 대한 연구는 아직 많지 않지만, 일부 연구들은 어두운 성격 3요소가 젊은이들의 사이버 괴롭힘에 어떻게 영향을 미치는지를 조사해왔다. 파비안(Pabian), 드 바커(De Backer) 및 반데보스크(Vandebosch)(2015)의 연구에서는 네덜란드의 14세에서 18세 사이의 고등학생 324명을 대상으로, 페이스북을 괴롭힘의 도구로 사용하는 방식에 대해 조사하였다. 이들은 반복적인 악성 댓글, 피해자의 계정 해킹, 루머 유포, 창피한 사진 게시, 위협 등 8가지 사이버 괴롭힘 행동을 분석하였다. 연구 결과, 페이스북을 더 많이 사용하고 사이코패시 점수가 높은 학생들이 사이버 괴롭힘을 할 가능성이 가장 높은 것으로 나타났다. 굿보이(Goodboy)와 마틴(Martin)(2015) 역시 성인을 대상으로 한 연구에서 유사한 결과를 보고하였다. 상관분석 결과, 어두운 성격 3

요소 모두 시각적 괴롭힘(예: 창피한 비디오·사진 전송) 및 텍스트 기반 괴롭힘(예: 피해자의 소셜 미디어에 비방 댓글 작성)과 긍정적 상관을 보였다. 그러나 회귀분석에서 세 특성 간의 공유 분산을 통제한 결과, 사이코패시만이 사이버 괴롭힘의 유의미한 예측 요인으로 나타났다. 이 두 연구는 아동과 성인 모두에서 사이버 괴롭힘이 주로 사이코패시 성향이 강한 사람들에 의해 발생할 가능성이 크며, 마키아벨리니즘이나 나르시시즘은 반드시 주요 요인이 아니었음을 시사한다.

사이버 괴롭힘 가해자들은 오프라인 괴롭힘 가해자들과 유사한 성격 특성을 지닐까? 온라인 괴롭힘은 피해자에 대한 지배력을 행사할 수 있는 쉽고 비용이 적게 드는 방법이다. 비방 댓글을 작성하는 것은 몇 번의 클릭만으로 가능하며, 피해자를 더 많은 사람들 앞에서 모욕할 수 있는 잠재력을 지닌다. 반면 전통적인 괴롭힘은 피해자와의 직접적인 대면을 동반하며, 가해자는 피해자의 반응을 실시간으로 확인할 수 있다. 그러나 온라인 환경에서는 반응이 덜 가시적이고 간접적이다. 온라인 괴롭힘과 오프라인 괴롭힘의 성격 특성을 비교한 연구는 많지 않다. 판 힐(van Geel), 후만스(Goenians), 토프라크(Toprak), 베더(Vedder)(2017)는 네덜란드의 청소년 및 젊은 성인을 대상으로 전통적 괴롭힘, 사이버 괴롭힘, 성격 간의 연관성을 조사했다. 연구에 따르면 전통적 괴롭힘 가해자들은 낮은 우호성과 높은 사이코패시, 마키아벨리니즘, 사디즘 점수로 특징지어졌다. 반면 온라인 괴롭힘 가해자들은 낮은 우호성과 높은 사디즘 점수를 보였다. 마키아벨리니즘과 사이코패시는 사이버 괴롭힘과 양의 상관관계를 보였으나, 통계적으로 유의미하지는 않았다. 이 연구는 온라인 괴롭힘 가해자와 전통적 괴롭힘 가해자가 서로 다른 동기를 가지고 있을 가능성을 시사한다. 오프라인 환경에서 괴롭힘의 동기 중 하나는 피해자를 조작하고 지배력을 얻는 것이며, 이는 사이코패시와 마키아벨리니즘 성향이 강한 사람들이 동기부여를 받기 쉽다. 그러나 사디즘 성향이 강한 사람들은 타인에게 고통을 주는 것 자체에서 즐거움을 얻기 때문에 괴롭힘에 더 열성적으로 가담할 수 있다. 결국 온라인 환경은 사디스트들이 무의미한 괴롭힘을 저지르는 데 더 적합한 반면, 오프라인 괴롭힘은 보다 전략적이며 사이코패시와 마키아벨리니즘 성향을 가진 사람들이 반사회적 영향력을 행사하는 수단이 될 수 있음을 보여준다.

괴롭힘은 종종 이미 형성된 관계, 즉 가해자와 피해자가 서로 친구인 상황에서도 발생한다(제4장에서 다룬 "유해한 우정" 참고). 특히 인터넷, 그중에서도 소셜 미디어를 통한 간접적이고 미묘한 괴롭힘은 흔히 일어날 수 있다. 예를 들어, 친구들과 모임을 가진 사진을 소셜 미디어에 게시하는 것은 초대받지 못한 친구에게 강한 배제의 메시지를 전달할 수 있다. Mumsnet.com에 게시된 한 글은 소셜 미디어에서 친구 그룹에서 배제될 때 느끼는 외로움과 소외감을 잘 보여준다.

> "… 몇 주 후 어느 날 밤, 루시가 페이스북에 '멋진 친구들과의 멋진 밤'이라는 제목의 사진을 올린 것을 봤어. 알고 보니 그들 셋은 영화 보고 식사하러 갔는데, 나만 초대받지 못했더라고. 속상했지만, 애정에 굶주린 사람처럼 보이고 싶지 않아서 아무 말도 하지 않았어. 신경 쓰지 않는 척하기로 했지만 사실은 정말 신경 쓰여… 그들의 남편들도 모두 페이스북에서 나를 친구 목록에서 삭제했어. 이제는 그냥 넘어가야 한다는 걸 알지만, 어젯밤 그들이 페이스북에서 서로 '좋은 우정'과 '서로를 소중히 여기자'는 내용의 시를 공유하는 걸 보고 나 자신이 너무 불쌍하게 느껴졌어"(nuttynittynora; 2015년 7월 27일 월요일; 09:03:08; https://www.mumsnet.com/Talk/relationships/2434873-Totally-excluded-from-group-of-friends-and-no-idea-why).

제4장에서 다루었던 어두운 성격 3요소와 친구 관계에서의 관계적 공격성에 관한 연구는 주로 마키아벨리니즘 성향에 집중되어 있다. 현재 연구 대부분은 마키아벨리니즘 성향이 강한 사람들이 친구를 조종하기 위해 미묘한 괴롭힘 전술을 사용하는 것을 보여주고 있다. 로렌 아벨(Loren Abell)과 게일 브루어(Gayle Brewer)(2014)의 연구는 마키아벨리니즘이 페이스북에서 가까운 친구 사이의 온라인 괴롭힘에 어떤 영향을 미치는지를 조사하였다. 이들은 친구가 페이스북 채팅으로 대화를 시도할 때 무시하거나, 친구의 상태 업데이트에 창피한 내용을 쓰는 등 페이스북 활동의 빈도를 측정하는 설문을 사용했다. 또한, "나는 종종 실제로 하지도 않은 흥미로운 일을 하고 있다고 상태를 업데이트한다." 또는 "나는 페이스북 친구 수를 늘리기 위해 모르는 사람에게 친구 요청을 보낸다."와 같은 항목을 통해 페이스북에서의 정직성도 측정했다. 흥미롭게도 연구 결과는 마키아

벨리니즘 성향이 강한 여성이 남성보다 온라인 괴롭힘을 더 많이 한다는 점을 보여주었다. 이러한 여성들은 페이스북에서 무시, 배제, 비방과 같은 미묘한 전술을 사용했으며, 동시에 자신의 이미지를 유지하기 위해 과장하거나 거짓말을 하는 경향도 더 컸다. 이러한 성별 차이는 마키아벨리니즘 성향이 강한 여성들이 소셜 네트워크 사이트를 친구를 조종하고 통제하는 수단으로 사용한다는 것을 시사한다. 그러나 이 한 연구를 제외하면 어두운 성격 3요소(및 4요소)와 온라인 우정 전략에 대한 연구는 여전히 부족한 상황이다. 어두운 성격 성향이 강한 사람들은 오프라인에서 친구를 조종하는 것처럼, 온라인 환경을 그들의 조작 전략을 확장하는 수단으로 사용할 가능성이 크다고 예상된다.

7.3.3 사이버스토킹

사이버 세계는 스토킹과 같은 형태로 타인의 사생활을 침해하기에 이상적인 공간이다. 스토킹은 가해자가 피해자를 지배하여 그들의 관심을 얻고자 하는 강박적인 행동으로, 범죄로 분류된다. 피해자는 종종(그러나 항상 그렇지는 않지만) 스토커와 어떤 형태로든 개인적인 관계를 가졌던 경우가 많다. 전통적인 스토킹은 원치 않는 전화나 문자 메시지, 피해자의 집이나 직장에 나타나기, 원치 않는 선물 보내기, 피해자의 삶을 감시하는 등의 행동을 포함한다. 그러나 인터넷, 특히 소셜 미디어의 발명은 스토커들이 피해자에게 공포를 행사하는 데 사용할 수 있는 더 많은 도구를 제공하게 되었다.

실제로 사이버 스토킹은 이제 대면 스토킹보다 더 많은 사례를 차지할 정도로 흔해졌다(영국의 통계는 McVeigh, 2011 참고). 피해자에게 미치는 영향은 전통적인 스토킹만큼이나 해롭다. 사이버 스토킹의 피해자들은 자신을 보호하기 위해 여러 가지 조치를 취하게 되며, 이는 일상생활에 큰 영향을 미칠 수 있다. 노블스(Nobles), 레인스(Reyns), 폭스(Fox) 및 피셔(Fisher)(2014)는 피해자들이 취하는 자기 보호 전략을 다음과 같이 나열하였다 – 일시적인 휴학이나 휴직, 직장이나 학교를 그만두거나 옮기기, 출근 혹은 등교길의 변경, 친척, 친구 또는 명절 행사 피하기, 직장이나 학교 외의 일상적인 활동 변경하기, 친구나 친척과 함께 지내기 혹은 그들이 함께 머물도록 하기, 알아볼 수 없도록 외모 변화시키기, 자기 방어를 위한 무술 수업 수강하기, 호신용 스프레이 소지하기, 총기 소지하기, 다른 종류의 무기 소유하기, 사회 보장 번호 등 개인정보 변경하기, 이메일 주소 변경하기, 전화번호 변경하기, 발신자 식별 혹은 통화 차단 시스템 설치하기, 보안 시스템 변경 및 설치하기(p. 998). 이처럼 지속적인 온라인 스토킹은 개인의 삶에 심각한 영향을 미치며, 피해자가 두려움 없이 일상적인 활동을 이어가는 것을 어렵게 만들 수 있다.

온라인 데이팅 환경은 사이버 스토킹이 특히 자주 발생할 수 있는 장소이다. 사이버 스토킹의 상당 부분은 현재 혹은 과거의 친밀한 파트너를 지속적으로 괴롭히는 것을 포함한다. 때로 피해자는 스토커를 처음 온라인 데이팅 플랫폼에서 만난 경우도 있다. 흔히 볼 수 있는 사례로는 여성이 데이팅 웹사이트에서 남성을 만나 몇 차례 데이트를 한 뒤 관계를 끝내는 경우이다. 그러나 상대방은 이 관계를 다르게 해석하며, 관계의 친밀도와 중요성에 대해 망상에 빠질 수 있다. 이러한 망상적 스토커는 끊임없는 온라인 메시지 전송, 전화, 심지어 피해자의 집이나 직장까지 찾아가는 방식으로 괴롭힘을 시작할 수 있으며, 이는 때때로 비극적인 결과로 이어지기도 한다(실제 사례는 Patrick, 2017 참조). 또한 스토커들은 망상적 사랑 외에도 다른 동기를 가질 수 있는데, 일부는 순수한 악의나 지배하려는 욕구 때문에 피해자를 괴롭히기도 한다.

사이버 스토킹의 만연함과 심각성에도 불구하고, 이 현상을 과학적으로 조사한 연구는 상대적으로 적다(Nobles 외, 2014). 특히, 어두운 성격 3요소 성향이 강한 사람들이 온라인에서 사용하는 전략에 대해서는 더 알려진 바가 적다. 수감된 범죄자들을 대상으로 한 연구에서는, 전반적으로 스토커들이 다른 범죄자들보다 사이코패시 점수가 낮은 경향이 있음이 발견되었다(Reavis, Allen, & Meloy, 2008). 이는 사이코패스 성향이 강한 사람들이 본질적으로 감정적으로 단절된 대인관계를 형성하기 때문에, 타인에게 집착할 만큼 신경을 쓰지 않기 때문일 수 있다. 다시 말해, 사이코패스는 타인에 대해 강박적으로 매달릴 정도의 관심을 두지 않으므로 스토킹에 가담할 가능성이 낮을 수 있다. 반면, 연구자들은 나르시시즘의 일부 특징이 로맨틱한 접근이 거절되었을 때 집착으로 이어질 수 있다고 제안했으며, 이는 특정 대상에 대한 스토킹 가능성을 높일 수 있다(Wilson, Ermshar, & Welsh, 2006). 따라서 스토킹 가해 가능성은 어두운 성격 3요소 각각에서 다르게 나타날 수 있음을 알 수 있다.

스모커(Smoker)와 마치(March)(2017)는 사이버 스토킹 경향을 측정하기 위해 질문지를 구성했는데, 여기에는 상대방의 전화나 컴퓨터 기록을 확인하는 행위, 파트너의 위치를 항상 알기 위해 추적 앱을 설치하는 행위, 소셜 미디어를 지속적으로 확인하는 등의 집착적인 온라인 행동들이 포함되었다. 연구 결과는 성별 차이 측면에서 흥미로웠다. 여성들이 남성보다 온라인 환경에서 더 자주 파트너를 모니터링하는 경향을 보였다. 연구자들은 온라인 스토킹이 여성들에게 친밀감을 얻고 관계를 유지하는 저비용의 은밀한 방법일 수 있다고 제안했다. 또한 참가자의 성별과 무관하게, 어두운 성격 4요소 모두가 친밀한 관계의 파트너를 사이버 스토킹하는 것과 유의한 긍정적 상관관계를 보였다는 점도 발견되었다. 이는 혐오적 성격 특성이 현대 기술을 이용해 파트너를 추적하고 감시하는 사람들을 이해하는 데 중요한 요소임을 시사한다.

7.4 사이버 범죄

외로운 러시아 여성이 친구를 찾는다거나, 나이지리아 왕자가 당신의 돈을 이용해 투자금을 예치해야 한다는 이메일을 받아본 적이 있는가? 아마도 그럴 가능성이 높다. 인터넷이 확장됨에 따라 웹의 어두운 측면도 그에 맞춰 성장했다. 인터넷은 사기, 절도, 그리고 해를 끼치는 행위에 적합한 플랫폼을 제공하며, 이는 개인뿐만 아니라 조직화된 범죄 집단에 의해서도 자주 저질러진다. 사이버 범죄는 해킹, 바이러스 유포, 돈세탁에서부터 피싱, 사기, 테러에 이르기까지 다양하다. 이러한 사기 행위들은 신뢰성 있어 보이는 가짜 청구서부터 복권 당첨을 알리는 메시지까지 여러 형태로 나타난다. 가장 신뢰하기 어려운 것들 중 일부는 불행이나 질병, 혹은 대규모 투자의 필요성을 이야기하는 조악하게 쓰인 하소연 같은 이야기다. 이러한 범죄의 동기는 다양하다. 예를 들어, 지적 호기심("이 시스템을 어떻게 해킹할 수 있을까?"), 악의("바이러스를 퍼뜨리고 남들에게 해를 끼쳐 재미를 보겠다"), 그리고 이기심("누군가를 속여 돈을 벌고 싶다") 등이 있다.

어두운 성격 3요소는 인터넷 범죄의 성향과 성공 여부에 있어 매우 관련이 깊지만, 상대적으로 적게 연구된 성격 특성이다. 이러한 사회적 혐오 성향을 지닌 사람들은 이타주의나 사회적 규범보다는 자기 이익과 교활함에 도덕적 기준을 맞추는 경향이 있다. 피상적인 도덕성 및 죄책감의 부재는 범죄 행위를 용이하게 하며, 이는 온라인 범죄뿐만 아니라 오프라인 범죄로도 이어질 수 있다.

피싱(phishing)은 피해자로부터 민감한 정보를 얻기 위해 시도되는 가장 일반적인 사이버 범죄 중 하나이다. 커티스(Curtis), 라지반(Rajivan), 존스(Jones), 곤잘레스(Gonzalez)(2018)는 피싱을 "범죄자(공격자)가 사회공학적 전략을 통해 사람들을 속여 유해한 소프트웨어를 설치하게 하거나 민감한 정보를 제공하게 만드는 가장 흔한 형태의 사이버 공격"이라고 정의했다(p. 175). 성공적인 피싱 이메일(즉, 피해자로부터 빠른 응답을 얻는 이메일)은 권위적인 어조를 띠거나, 실패를 전달하거나, 알림을 보내거나, 공통 관심사를 표현하거나, 친구인 척하는 특성을 보인다(Rajivan & Gonzalez, 2018). 피싱 메시지를 얼마나 잘 구성할 수 있는지는 개인차가 존재한다. 또한 이러한 사이버 범죄의 충동적 특성을 보여주듯, 발신자가 더 크고 즉각적인 보상을 받을수록 향후 피싱 이메일에 더 많은 노력을 기울일 가능성이 높다. 이와 같은 즉각적 만족 추구는 어두운 성격 3요소(Dark Triad)의 전형적인 특징으로, 피싱을 탐구하는 데 적합한 성격적 특성임을 시사한다.

성공적인 피싱은 공격자의 신뢰할 만한 메시지뿐만 아니라 그 메시지에 속아 넘어갈 피해자도 필요하다. 커티스(Curtis) 외(2018)는 어두운 성격 3요소가 피싱의 성공과 피싱 공격에 대한 취약성에 어떻게 영향을 미치는지 조사하기 위해 2단계 연구를 설계했다. 첫 번째 단계에서 온라인 참가자들은 스팸 필터를 피하면서 동시에 수신자가 메시지에 응답하도록 설득하는 피싱 이메일을 작성하도록 요구받았다. 두 번째 단계에서는 다른 참가자들이 사무실 관리자의 이메일을 정리하는 상황을 상상하게 하고, 어떤 이메일을 남기거나 응답할지, 그리고 어떤 이메일을 삭제할지를 결정하게 했다. 이때 이메일의 절반은 1단계에서 작성된 피싱 이메일이었고, 나머지 절반은 무해한 이메일이었다. 연구 결과, 어두운 성격 3요소는 피싱의 성공률이나 신뢰성과는 직접적인 관련이 없는 것으로 나타났다. 그러나 마키아벨리니즘 성향이 강한 사람들은 피싱 메시지를 구성하는 데 더 많은 노력을 기울였던 반면, 나르시시즘과 사이코패시 성향이 강한 사람들은 상대적으로 덜 노력했다. 피싱 공격에 대한 취약성과 관련해서는, 나르시시즘 성향이 강한 사람들이 특히 자기애적인 공격자가 보낸 이메일에 더 잘 속아 넘어가는 경향이 있었다. 이 연구는 사회적으로 적대적인 성향이 피싱 성공률 자체와는 직접적으로 연결되지는 않지만, 사회적으로 책략적이고 조종적인 성향인 마키아벨리니즘이 강한 사람들은 타인을 속이기 위해 더 많은 시간을 기꺼이 투자한다는 점을 시사한다.

다른 연구들은 온라인 사기와 관련된 어두운 성격 3요소의 개별 구성 요소에 대해 조사해왔다. 예를 들어, 시그프리드-스펠러(Seigfried-Spellar), 비야시스-부카디노비치(Villacís-Vukadinović), 라이넘(Lynam)(2017)은 사이코패시와 다양한 컴퓨터 범죄 행동을 인터넷 표본을 통해 연구하였다. 그 결과, 사이코패시의 '적대성(antagonism)'과 '탈억제' 성향이 강한 사람들이 사이버 범죄의 여러 측면을 시도할 가능성이 더 높다는 사실이 밝혀졌다. 여기에는 무단 접근, 네트워크 트래픽 모니터링, 바이러스 생성, 웹사이트 변조, 신원 도용 및 사기 등이 포함된다. 사이코패시는 일반적으로 범죄 행동과 연관되어 있으며, 이 연구 결과는 그러한 범죄적 성향이 오프라인을 넘어 온라인 환경에서도 그대로 확장됨을 시사한다.

7.5 소셜 미디어에서의 자기-제시, 가시성, 그리고 어두운 성격 3요소 탐지

소셜 미디어 웹사이트(예: 트위터, 페이스북, 인스타그램)는 친구, 지인, 심지어 낯선 사람들에게까지 자신을 표현할 수 있는 귀중한 도구를 제공한다. 연구자들은 어두운 성격 3요소(Dark Triad)가 소셜 미디어 사용 증가와 관련이 있는지, 그리고 상태 업데이트나 셀카(자신이 찍은 사진) 게시와 같은 활동을 통해 더 큰 가시성을 나타내는지에 대해 관심을 가져왔다. 이 섹션에서는 어두운 성격 3요소가 소셜 미디어 사용 빈도와 스타일에 어떻게 관련되는지, 그 배후 동기가 무엇인지, 그리고 사회적으로 혐오적 성격 특성이 강한 사람들을 구분할 수 있는 가시적 특징이 무엇인지에 대해 중점적으로 살펴볼 것이다.

7.5.1 셀카 게시(Selfie Posting)

소셜 미디어에서 셀카를 자주 게시하는 활동은 어두운 성격 3요소와 관련이 있을 것으로 예상된다. 실제로, 셀카를 찍고 게시하는 행위는 나르시시즘의 상징처럼 보인다. 휴대폰 카메라 앞에서 포즈를 취하고, 자신을 향해 미소를 지으며, 그 사진을 소셜 미디어에 게시하는 것은 나르시시스트들이 자신에 대해 가지고 있는 과장된 자기 이미지를 유지하기 위해 타인의 찬사를 얻는 이상적인 방법일 수 있다. 그러나 셀카의 동기가 항상 주목을 받으려는 욕구에만 의한 것은 아닐 수 있다. 예를 들어, 사람들은 친구 및 가족과 소통하거나, 자신의 삶을 기록하여 온라인 일기 형식으로 보관하거나, 시간을 보내며 재미를 느끼기 위해 셀카를 게시하기도 한다. 한국인을 대상으로 한 연구에서 성(Sung), 이(Lee), 김(Kim) 및 최(Choi)(2016)는 나르시시즘 성향이 강한 사람들의 셀카 게시 동기가 주로 주목받고자 하는 욕구에 의해 좌우되며, 소통이나 지루함 해소는 상대적으로 덜 중요한 동기임을 발견했다. 같은 연구에서 나르시시즘은 셀카 게시 빈도와 향후 셀카 게시 의도와도 관련이 있는 것으로 나타났다. 이러한 결과는 셀카 게시가 나르시시스트들이 갈망하는 타인의 관심을 얻기 위한 효과적인 수단임을 뒷받침한다.

또한, 셀카 게시 빈도와 어두운 성격 3요소에 대한 몇 가지 다른 연구들도 보고되었다. 폭스(Fox)와 루니(Rooney)(2015)는 어두운 성격 3요소와 자기 대상화(자신의 신체를 매력의 대상으로 바라보는 경향)가 남성의 소셜 미디어 행동에 미치는 영향을 탐구하였다. 이 연구는 전국 잡지 광고를 통해 모집된 1,000명의 미국 남성을 대상으로 진행되었다. 참가자들은 매일 소셜 미디어에 소비하는 시간, 지난 주 동안 셀카를 찍고 게시한 빈도, 그리고 자신을 더 매력적으로 보이게 하기 위해 사진을 편집(예: 포토샵 기법)한 빈도에 대해 응답하였다. 분석 결과, 어두운 성격 3요소 모두가 측정된 모든 소셜 미디어 행동과 양의 상관관계를 보였다. 그러나 성향 간 유사성을 통제했을 때, 나르시시즘만이 사진을 더 보기 좋게 편집하는 행동과 유의하게 관련되었다. 또한 나르시시즘과 자기 대상화 모두 개인이 소셜 미디어에 소비하는 시간을 예측하는 긍정적 요인이었으며, 나르시시즘과 사이코패시 성향이 강한 남성일수록 소셜 미디어에 셀카를 더 자주 게시하는 것으로 나타났다. 이러한 결과는 특히 나르시시즘이 대중의 명성과 찬사를 얻고자 하는 욕구와 깊이 관련되어 있으며, 자기 홍보를 위한 소셜 미디어 사용의 가시성과 빈도에 영향을 미친다는 점을 보여준다. 나르시시즘 성향이 강한 남성들이 온라인에서 사진을 편집하는 행동은 오프라인 연구 결과와도 일치한다. 조나슨(Jonason), 라이온스(Lyons), 보우맨(Baughman) 및 버넌(Vernon)(2014)의 연구에서는 나르시시즘이 높은 사람들이 잠재적 짝을 끌어들이기 위해 자신의 외모를 속이는 방식으로 조작하는 경향이 있음을 발견했으며, 온라인에서의 사진 편집 행동은 이러한 오프라인 결과를 뒷받침한다. 흥미로운 질문은, 그렇다면 나르시시즘 성향이 강한 여성들도 남성과 동일한 셀카 게시 패턴을 보이는지의 여부이다. 아르파치(Arpaci)(2018)는 터키 대학생을 대상으로 이를 조사했다. 연구 결과, 셀카 게시에 대한 태도("소셜 미디어에 셀카를 게시하는 것은 좋은 생각이다"), 의도("나는 소셜 미디어에 셀카를 게시할 계획이다"), 행동("나는 소셜 미디어에 셀카를 게시한다")은 모두 남성의 나르시시즘 점수와 높은 상관관계를 보였으나, 여성의 경우 그렇지 않았다. 아르파치(Arpaci)(2018)는 나르시시즘 성향이 강한 남성들의 셀카 게시 행동이 사회적 인정을 추구하고 높은 사회적 지위를 보여주기 위한 도구일 수 있다고 해석했다. 이러한 셀카 게시 동기가 지위 추구와 관련되어 있을 가능성이 있으며, 이는 향후 연구에서 더욱 심층적으로 탐구될 필요가 있다.

제1장에서 다룬 바와 같이, 나르시시즘은 단일한 성격 특성이 아니라 여러 하위 요소들로 구성되며, 그중 일부는 적응적 특성으로, 다른 일부는 부적응적 특성으로 간주된다. 나르시시즘의 다양한 특성들은 셀카 게시 행동에 독특한 방식으로 영향을 미칠 수 있다. 웨이저(Weiser)(2015)는 미국 거주자를 대상으로 한 대규모 표본 연구에서 나르시시즘의 3요인 모델과 셀카 게시 빈도의 관련성을 조사하였다. 그 결과, '리더십/권위(Leadership/Authority: 자신을 위대한 리더로 인식하고 지배력을 발휘하려는 특성)'와 웅대한 과시(Grandiose Exhibitionism: 허영심과 찬사를 받고자 하는 욕구) 요인이 셀카 게시 빈도와 높은 관련성을 보였다. 흥미롭게도, 사회적으로 독성이 강한 '특권 의식/착취 성향(Entitlement/Exploitativeness: 자신이 남들보다 더 많은 것을 받을 자격이 있다고 느끼고 이를 위해 타인을 착취하려는 성향)'은 셀카 게시와 유의한 관련이 없었다. 저자는 셀카 게시가 단순히 찬사를 추구하는 수단일 뿐 아니라, 지배력과 권위를 전달하는 방식이라고 해석하였다. 따라서 나르

시시즘의 특권 의식/착취 성향이 강한 사람들은 셀카보다는 타인의 부정적인 댓글에 대한 보복과 같은 다른 소셜 미디어 행동을 통해 목표를 달성하려 할 가능성이 크다고 제안하였다.

맥케인(McCain) 외(2016)는 두 개의 연구에서 어두운 성격 3요소와 다양한 소셜 미디어 행동(왜, 어디서, 언제 셀카를 게시하는지)의 관계를 조사하였다. 연구 결과, 근무 시간 동안 셀카를 게시하는 경향은 나르시시즘, 마키아벨리니즘, 사이코패시 성향이 강한 사람들에게서 더 두드러지게 나타났다. 반면, 사회적 행사나 여가 시간(예: 저녁이나 주말)에 셀카를 게시하는 경향은 나르시시즘과만 관련이 있었다. 셀카를 게시하는 동기에 대해 질문했을 때, 어두운 성격 3요소 모두가 '자기제시(self-presentation)'를 중요한 이유로 꼽았다. 이 외에도 '전문적 인맥 형성(networking)'과 같은 동기는 나르시시즘 및 사이코패시와는 관련이 있었으나, 흥미롭게도 마키아벨리니즘과는 관련이 없었다. 또한 셀카 게시 경험은 나르시시즘 성향이 강한 사람들에게는 긍정적으로 보고된 반면, 사이코패시 성향이 강한 사람들에게는 부정적인 경험으로 보고되었다.

신체 이미지는 셀카 게시와 성격 사이의 관계를 설명하는 중요한 요인이 될 수 있다. 왕(Wang) 외(2018)는 중국의 대학생들을 대상으로 소셜 미디어 사이트에서의 셀카 게시 행동을 조사하였다. 연구 결과, 나르시시즘 성향이 강한 사람들은 자신의 신체 매력에 대한 자신감이 높았으며, 이는 셀카를 더 자주 게시하게 만드는 요인으로 작용했다. 저자들은 셀카 게시가 나르시시스트들에게 '자기 규제 전략'이 될 수 있다고 제안했다. 즉, 타인으로부터 피드백을 받아 자아상을 유지하고 개선하는 수단으로 기능한다는 것이다. 실제로 나르시시즘과 관련된 긍정적인 신체 이미지는 셀카 문화를 통해 어느 정도 강화되고 있을 가능성이 있다.

7.5.2 소셜미디어 프로필과 상태 업데이트

성격이 온라인 환경에서 어떻게 드러나는지를 이해하는 한 가지 방법은 소셜 네트워킹 사이트에서의 상태 업데이트와 개인 프로필의 내용을 분석하는 것이다. 상태 업데이트는 페이스북과 같은 소셜 네트워킹 웹사이트에서 가장 인기 있는 기능 중 하나로 자리 잡았다. 그 내용은 재미있는 개인적 일화, 정치적 의견, 사랑이나 혐오의 표현부터 현재 혹은 미래의 사건, 심리적 상태, 미래 계획에 대한 언급까지 다양하다. 이러한 글들은 개인의 내면세계와 욕망, 동기에 관한 중요한 정보를 드러낼 수 있다. 연구자들은 최근 상태 업데이트를 어두운 성격 3요소 성향이 강한 사람들의 세계를 탐구할 수 있는 흥미로운 창으로 활용하기 시작했다.

상태 업데이트를 하는 이유 중 하나는 다른 사람들로부터 반응을 얻기 위함이다. 사람들은 자신의 상태나 프로필 업데이트에 대한 타인의 '좋아요'와 댓글에 대해 각기 다른 방식으로 반응한다. 일부는 관심의 양에 크게 신경 쓰지 않지만, 다른 일부는 소셜 미디어에서 자신의 존재가 인정받지 못하면 분노하거나 보복적인 태도를 보이기도 한다. 전반적으로, 상태 업데이트에 더 많은 반응을 받을수록 행복감과 자존감이 증가하며, 다른 사람들이 자신을 신경 쓰고 있다는 느낌을 갖게 된다(Zell & Moeller, 2018).

젤(Zell)과 모엘러(Moeller)(2017)는 대학생들의 나르시시즘과, 최근 상태 업데이트에 대한 타인의 반응에 대해 이들이 어떻게 반응하는지를 조사하였다. 연구자들은 나르시시즘의 다양한 측면을 살펴보았는데, 여기에는 특권 의식/착취 성향(Entitlement/Exploitativeness), 웅대한 과시(Grandiose Exhibitionism), '리더십/권위(Leadership/Authority)'가 포함되었다. 연구 결과, 특권 의식/착취 성향이 강한 참가자들은 다른 사람들로부터 더 많은 반응을 받고자 하는 강렬한 욕구를 지니고 있었으며, 실제로 받은 반응의 수와 상관없이 자신이 얻은 관심의 양에 만족하지 못했다. 또한 이 성향은 친구가 자신의 게시글을 인정하지 않았을 때 보복적 행동(예: 친구의 게시글에 '좋아요'를 누르지 않거나 댓글을 달지 않는 것)과도 관련이 있었다. 이처럼 부적응적 나르시시즘은 소셜 미디어 사용에 대한 불만족과 연결되며, 개인이 끊임없이 더 많은 관심을 갈망하게 만든다.

여러 연구들은 상태 업데이트와 어두운 성격 3요소(특히 나르시시즘) 사이의 연관성을 탐구해왔다. 나르시시즘은 이와 관련해 가장 주목받은 성격 특성 중 하나인데, 이는 나르시시스트들이 상태 업데이트를 팔로워들로부터 인정과 찬사를 얻는 수단으로 활용할 수 있기 때문일 것이다. 예상되는 바는 나르시시즘 성향이 강한 사람들이 자신에게 긍정적인 관심을 끌어낼 수 있는 방식으로 소통하며, 그 결과 게시물에 더 많은 '좋아요'를 받는다는 것이다. 이와 더불어 어두운 성격 3요소

(특히 나르시시즘)는 페이스북 상태 업데이트의 내용뿐만 아니라, 상태를 업데이트하는 동기와 관련해서도 꾸준히 연구 관심을 받아왔다.

상태 업데이트의 내용과 동기는 마셜(Marshall), 레프링하우즌(Lefringhausen) 및 페렌치(Ferenczi)(2015)의 연구 초점이었다. 이들은 555명의 미국 거주자를 대상으로 나르시시즘, 성격 5요인(Big Five), 자존감이 페이스북 업데이트에 미치는 영향을 살펴보았다. 연구 결과, 나르시시즘 점수가 높은 참가자들은 자신의 성취에 관한 게시물을 더 자주 올렸으며, 이러한 게시물은 다른 사람들로부터 인정을 얻기 위해 페이스북을 사용하는 동기와 관련이 있었다. 또한 그들은 다이어트와 운동에 대해 더 자주 게시했는데, 이는 나르시시스트들이 외모에 큰 중요성을 두기 때문일 수 있다. 더 나아가, 나르시시즘은 상태 업데이트 후 더 많은 '좋아요'와 댓글을 받는 것과도 관련이 있었다. 즉, 성취에 관한 업데이트는 긍정적인 주목을 받음으로써 강화되고, 이는 다시 더 많은 업데이트로 이어지는 순환을 형성한다. 그러나 이 연구에는 한 가지 눈에 띄는 한계가 있었다. 바로 페이스북 활동이 자기보고식 설문지에 의존했다는 점이다. 나르시시즘 성향이 강한 사람들은 자신이 받은 주목이나 '좋아요' 수를 정확하게 보고하지 않고, 그 수치를 과장했을 가능성이 충분히 있다.

페이스북 사용자의 상태 업데이트만 보고 그 사람의 성격 유형을 추측하는 것이 가능할까? 가르시아(Garcia)와 시크스트롬(Sikström)(2014)은 미국 시민 304명을 대상으로 어두운 성격 3요소가 상태 업데이트 내용에 어떤 영향을 미치는지를 연구하였다. 참가자들은 성격 검사를 실시하고, 자신의 페이스북 상태 업데이트 15개를 제출했다. 연구 결과, 나르시시즘과 특히 사이코패시가 사람들이 게시하는 상태 업데이트 유형을 예측하는 주요 요인으로 나타났다. 두 특성 모두 부정적인 정서적 내용을 담은 단어가 포함된 상태 업데이트와 관련이 있었으며, 나르시시즘과 사이코패시 성향이 강한 사람들은 기이하거나 비정상적인 내용의 업데이트를 더 자주 게시하는 경향을 보였다. 실제로 페이스북을 떠나고자 하는 사용자들의 공통적인 불만 중 하나는 다른 사용자들의 부정적인 콘텐츠를 감당하기 어렵다는 점이다. 이러한 점에서, 사회적으로 혐오적인 성격을 지닌 사람들이 부정적 콘텐츠를 양산하여, 결국 다른 사용자들이 소셜 미디어 사용을 중단할 만큼 기분이 나빠지게 만드는 주요 원인 제공자일 가능성이 있다는 사실은 매우 흥미롭다.

드월(DeWall), 버파르디(Buffardi), 본서(Bonser) 및 캠벨(Campbell)(2011)은 나르시시스트들이 소셜 미디어에서 사용하는 언어에 주목하였다. 구체적으로, 그들은 1인칭 단수 대명사(예: 나, 나를, 나의)의 사용을 살펴보고자 했다. 대면 의사소통에서 나르시시스트들은 자신의 성취를 자랑하고 1인칭 대명사를 과도하게 사용하는 경향이 있다. 이 연구의 목적은 나르시시스트들이 온라인 환경에서 어떻게 주목을 받으려 하는지, 그리고 그것이 도발적인 사진을 통해서인지, 혹은 자기 자신과 성취에 시선을 집중시키는 언어 사용을 통해서인지 확인하는 것이었다. 연구자들은 대학생들의 페이스북 프로필 페이지를 분석한 결과, 나르시시즘 성향이 강한 사람들은 자기 홍보 전략을 사용하는 것으로 나타났다. 이들은 1인칭 단수 대명사를 활용하거나, 이를 사용하지 않는 경우 자기 홍보적이고 섹시한 프로필 사진을 게시함으로써 자신을 드러냈다. 따라서 페이스북에서의 나르시시즘은 자기 홍보적 대명사의 증가된 사용 혹은 과장되게 눈길을 끄는 프로필 사진을 통해 나타날 수 있으며, 후자의 경우 자기 홍보적 언어는 불필요할 수 있다.

대부분의 소셜 미디어 게시물의 언어적 내용을 다룬 연구는 영어권 참가자들을 대상으로 이루어졌다. 이러한 경향에서 벗어난 예외적인 사례가 바로 올가 보골류로바(Olga Bogolyubova), 파니체바(Panicheva), 티호노프(Tikhonov), 이바노프(Ivanov) 및 레도바야(Ledovaya)(2018)의 연구이다. 이들은 러시아어를 사용하는 페이스북 사용자들과 그들의 게시물의 의미론적 내용에 관심을 가졌다. 연구 표본은 6,000명 이상의 페이스북 사용자와 이들이 작성한 15,000개의 게시물로 구성되었다. 연구 결과, 어두운 성격 3요소의 세 특성은 게시물 내용과 관련해 뚜렷하게 다른 양상을 보였다. 나르시시즘 성향이 강한 사람들은 사회적 상호작용이나 지위, 자기 이미지와 관련된 게시물을 더 많이 작성했다. 이는 오프라인 연구에서도 확인된 바와 같이, 나르시시스트들이 마키아벨리언이나 사이코패스보다 덜 "어두운" 성향을 지니고 더 사교적이라는 점을 반영한다. 나르시시즘은 과장된 자기 이미지와 높은 지위를 추구하는 특성과 연결되며, 이는 자기 이미지나 지위 유지와 관련된 사안을 적극적으로 드러내는 게시물로 이어진다. 사이코패시 성향이 강한 사람들은 음식이나 돈과 같은 기본적인 욕구, 정치, 권위에 관한 게시물을 더 많이 작성했다. 마키아벨리니즘 성향이 강한 사람들은 타인과의 상호작용이나 사회적 관계에 대한 게시물, 긍정적인 성격의 게시물을 덜 올리는 경향을 보였는데, 이는 마키아벨리니즘과 관련된 사회적으로 냉담하고 감정적이지 않은 스타일과 일치한다.

7.5.3 소셜 미디어에서 어두운 성격 3요소의 탐지

단순히 소셜 네트워킹 사이트를 훑어보는 것만으로 나르시시즘적, 사이코패스적, 또는 마키아벨리니즘적 개인을 탐지하는 것이 가능할까? 약탈적이고 착취적인 친구, 동료, 지인을 갖는 것은 잠재적으로 해로울 수 있으며, 따라서 사람들이 온라인 존재를 기반으로 어두운 성격 특성을 판단하려 할 때 우연 이상의 정확도를 보일 것으로 예상된다. 그러나 탐지에서의 문제 중 하나는 조작적인 사람들이 실제 성격이 아닌 이상화된 이미지를 보여줄 가능성이다. 만약 개인이 자신의 실제 성격과 일치하지 않는 프로필을 제시한다면, 탐지율은 낮게 유지될 수 있다. 그럼에도 불구하고 연구들은 "확장된 현실 생활(extended real life)" 가설을 더 많이 지지한다. 이 가설은 소셜 미디어 프로필이 실제 성격의 연장선이라는 주장으로, 백(Back) 등(2010)과 오레헥(Orehek) & 휴먼(Human)(2017)의 연구에서 뒷받침되었다. 만약 이 가설이 타당하다면, 현실에서와 마찬가지로 사람들은 사이버 세계에서의 존재를 기반으로 상대방의 성격을 상당히 정확하게 추론할 수 있을 것이다.

대면 상황에서와 마찬가지로, 온라인 프로필에서도 어두운 성격 3요소와 관련된 자기 평가와 관찰자 평가 간의 일치도가 높은 경우가 있다. 밴더 몰렌(Vander Molen), 카플란(Kaplan), 최(Choi) 및 몬토야(Montoya)(2018)는 145명의 대학생을 대상으로 어두운 성격 3요소를 측정하고 페이스북 프로필을 수집한 뒤, 다른 사용자의 프로필을 평가하여 어두운 성격 3요소가 어느 정도 예측되는지를 조사했다. 연구 결과, 나르시시즘은 어느 정도 정확하게 예측되었지만, 마키아벨리니즘과 사이코패시에 대한 자기-타인 일치는 유의하지 않았다. 또한 저자들은 페이스북 프로필에서 혐오적 성격을 정확히 식별할 수 있게 만드는 단서를 분석했다. 사이코패시의 경우 식별 가능한 단서가 거의 없었으며, 이는 사이코패시 성향이 강한 사람들이 애매한 프로필을 만들어 관찰자에게 많은 정보를 주지 않기 때문일 수 있다. 마키아벨리니즘 성향이 강한 사람들은 자신에 대한 글로 된 정보를 덜 게시하는 대신, 미래 사건에 대한 정보를 더 많이 공유했는데, 이는 타인에게 자신에 대한 정보를 전략적으로 제한하면서도 중요한 인물로 보이려는 경향을 시사한다. 한편, 나르시시즘은 '자기 과시적 단서(매력, 친구 수 등)'와 관련이 있었으며, 이는 나르시시스트들이 자신의 외모와 성격을 과장하려는 경향을 반영한다. 이러한 특성은 온라인 환경에서 나르시시즘을 정확하게 식별하는 데 기여할 수 있다. 이전 연구들은 어두운 성격 3요소 모두가 프로필 및 상태 업데이트의 차이와 관련이 있음을 보여주었으나, 실제로 다른 사람들이 온라인 행동을 통해 식별할 수 있는 것은 나르시시즘 관련 특성에 국한될 수 있다. 향후 연구에서는 트위터와 같이 정보가 훨씬 더 간결하게 제시되는 플랫폼에서 사이코패시나 마키아벨리니즘 성향이 더 정확하게 인식되는지를 탐구해 보는 것도 흥미로울 것이다.

7.6 어두운 성격 3요소와 온라인 교제 행동

이 절에 대한 문헌 조사를 시작했을 때, 어두운 성격 3요소가 온라인 환경에서의 교제 관련 행동과 어떻게 연관되는지에 대한 연구가 매우 적다는 사실에 놀랐다. 오프라인에서의 어두운 성격 3요소 연구는 주로 교제 행동에 초점을 맞추어 왔으며, 특히 나르시시즘과 사이코패시는 단기적 관계에 대한 강한 욕구와 밀접하게 연관되어 있음이 반복적으로 보고되었다(제3장 참조). 한편, 온라인 데이팅 애플리케이션은 장기적이고 진지한 관계를 찾는 데에도, 일시적인 성적 만남을 추구하는 데에도 널리 사용된다. 따라서 온라인 환경에서 어두운 성격 3요소가 교제 기회를 추구하는 방식이 어떻게 드러나는지를 탐구한 연구가 상당히 많았을 것으로 예상했었다.

틴더(Tinder)와 같은 온라인 데이팅 앱 사용에서의 개인차를 조사한 연구들은 흥미로운 결과를 보여주었다. 예를 들어, 성적 혐오감이 낮은 사람들(예: 다른 사람들이 성관계를 하는 소리를 듣는 것에 불쾌함을 느끼지 않는 경우)과 성적 개방성, 즉 단기적 성관계에 대한 관심이 높은 사람들이 틴더를 일시적인 성적 파트너를 찾는 목적으로 사용할 가능성이 더 높다는 점을 발견했다(Sevi, Aral, & Eskenazi, 2017). 따라서 가벼운 성관계에 대한 높은 관심은 온라인 환경에서 낯선 사람과 교류하는 위험을 기꺼이 감수하려는 태도와 연결될 수 있다. 앞으로의 연구는 어두운 성격 3요소가 온라인 데이팅 앱 사용의 전략과 동기에 어떤 영향을 미치는지 탐구할 필요가 있다. 특히 사용자 간 즉각적인 성적 만남을 가능하게 하는 틴더와 같은 애플리케이션에서 이와 같은 성향이 어떻게 드러나는지를 더 깊이 살펴볼 필요가 있다.

한 가지 흥미로운 미래 연구 주제는 온라인에서의 섹스팅(sexting) 행동이다. 섹스팅은 문자 메시지나 온라인 커뮤니케이션을 통해 성적으로 암시적인 자료를 보내거나, 받거나, 전달하는 행위를 포함한다. 이는 잠재적 데이트 상대에게 요청되지 않은 누드 사진을 보내는 형태를 취할 수도 있다. 이성 간 만남의 맥락에서, 특히 온라인 데이팅을 시도한 여성들은 종종 첫 번째(그리고 마지막) 대화에서 상대방으로부터 누드 사진을 받는 경험을 보고한다. 여성들도 누드 사진을 보내지만, 이는 보통 어느 정도 관계가 형성된 후에, 그리고 대개 상대방의 요청이 있을 때만 이루어진다. 대부분의 여성들은 요청하지 않은 남성의 성기 사진(dick pics)을 우습거나, 불쾌하거나, 혐오스럽다고 인식한다(Vitis & Gilmour, 2017). 이러한 행동은 남성들에게 단기적 성적 만남을 위한 전략처럼 보일 수 있으나, 실제로 이 전략이 성공하는지는 분명하지 않다. 어두운 성격 3요소 중 특히 사이코패시가 단기적 성적 관계에 대한 관심과 가장 강하게 연결되어 있기 때문에, 타인에게 자신의 성기 사진을 보내는 사람들의 성격을 조사할 때 이 특성이 주요한 설명 요인으로 고려될 것으로 예상된다.

마치(March)와 왜그스태프(Wagstaff)(2017)는 어두운 성격 4요소가 요청되지 않은 자신의 누드 사진 전송(측정 항목: 빈도, 전송 시의 자신의 즐거움, 수신자가 느낀다고 생각되는 즐거움)에 어떤 역할을 하는지에 주목했다. 연구 결과, 성별(남성), 자신이 지각한 짝짓기 가치(self-perceived mate value), 그리고 마키아벨리니즘이 다른 사람들에게 요청되지 않은 성기 사진을 보내는 행동의 중요한 요인으로 나타났다. 흥미로운 점은, 사이코패시가 이러한 섹스팅 행동(요청되지 않은 누드 사진 전송)에는 영향을 미치지 않았다는 것이다. 저자들은 이를 마키아벨리니즘의 특성과 연관된 전략적 조작 전략으로 설명했다. 그들은 명시적인 이미지를 보내는 행위가 공격적인 교제 전략의 일부일 수 있다고 보았다. 즉, 개인이 '운을 시험해 보는' 방식으로 이미지를 보내며, 설령 성공률은 낮더라도 불특정 다수에게 이미지를 뿌리는 '산탄총식 접근(scattergun approach)'을 통해 가끔은 운 좋게 성공할 수 있다는 것이다.

7.7 결론

최근 수십 년간 인터넷의 폭발적인 성장으로 인해, '트롤링(trolling), 괴롭힘(bullying), 스토킹(stalking)'과 같은 혐오스러운 행동들이 온라인 환경에서 왜 발생하는지, 그리고 그 가해자가 누구인지 이해해야 할 필요성이 대두되었다. 또한 인터넷은 어두운 성격 3요소 성향이 강한 사람들이 어떤 전략을 사용하는지 탐구할 수 있는 귀중한 연구 도구를 제공한다. 지금까지의 연구 결과에 따르면, 중독적 특성을 가진 문제가 있는 인터넷 사용은 사이코패시와 나르시시즘이 높은 사람들에게서 더 전형적으로 나타나지만, 소셜 미디어와 같은 애플리케이션에 사용하는 시간이 반드시 개인에게 해롭다고만 볼 수는 없다. 특히 웅대한(grandiose) 나르시시즘이 높은 사람들에게는 그러한 사용이 오히려 사회적 만족을 강화하는 역할을 할 수 있다. 사이버 폭력(cyber-aggression) 연구에서는 사디즘과 사이코패시가 핵심 요인으로 밝혀졌다. 이들은 트롤 정체성을 강화하고, 괴롭힘과 스토킹 발생률을 높이는 경향을 보인다. 반면, 나르시시즘은 소셜 미디어 맥락에서 가장 두드러진 관련성을 가지며, 셀카를 더 자주 올리고, 자신의 게시물이 다른 사람들에게 인정받지 못하면 분노하며, 디지털 편집 기술을 사용해 자신을 더 매력적으로 보이려 한다. 오프라인에서와 마찬가지로, 나르시시스트들은 온라인 소셜 네트워킹 사이트에서 받는 주목과 관심으로부터 큰 만족을 얻는다. 앞으로의 연구에서 가장 유망한 분야 중 하나는, 어두운 성격을 가진 사람들이 왜(why), 어떻게(how), 그리고 언제(when) 온라인 환경을 '데이팅과 교제(dating and mating)'에서 활용하는지를 탐구하는 것이다. 특히 어두운 성격 3요소 성향이 강한 사람들은 온라인에서 파트너를 찾을 때 강압적이고 조작적인 전술을 사용할 것으로 예상되며, 이는 오프라인에서의 교제 행동과 크게 다르지 않을 가능성이 크다.

추가 읽을 자료

Seigfried-Spellar, K. C., Villacís-Vukadinović, N., & Lynam, D. R. (2017). Computer criminal behavior is related to psychopathy and other antisocial behavior. *Journal of Criminal Justice, 51*, 67-73.

Sung, Y., Lee, J. A., Kim, E., & Choi, S. M. (2016). Why we post selfies: Understanding motivations for posting pictures of oneself. *Personality and Individual Differences, 97*, 260-265.

Trombly, D. R., & Zeigler-Hill, V. (2017). The dark triad and disordered gambling. *Current Psychology, 36*(5), 740-746.

참고문헌

본 QR코드를 스캔하시면
이 책의 참고문헌을 확인하실 수 있습니다.

세 가지 어두운 성격 특질(Dark Triad)
나르시시즘 · 마키아벨리언 성향 · 사이코패시의 심리학

초판발행 2026년 1월 5일

지은이 민나 라인스(Minna Lyons)
옮긴이 이동귀·박종철·오현주·이나희·손하림
펴낸이 노 현

편 집 이혜미
표지디자인 이은지
제 작 고철민·김원표

펴낸곳 ㈜피와이메이트
서울특별시 금천구 가산디지털2로 53, 210호(가산동, 한라시그마밸리)
등록 2014. 2. 12. 제2018-000080호
전 화 02)733-6771
f a x 02)736-4818
e-mail pys@pybook.co.kr
homepage www.pybook.co.kr
ISBN 979-11-7279-186-5 93180

정 가 17,000원